SHANGHAI'S
FINANCIAL DEVELOPMENT
REPORT 2020

上海金融发展报告

2020

严旭 解冬 主编

上海人民出版社

编 委 会

前　　言

建设上海国际金融中心是党中央、国务院从我国改革开放和现代化建设全局高度做出的一项重大战略决策。2009年，国务院颁布实施《关于推进上海加快发展现代服务业和先进制造业建设国际金融中心和国际航运中心的意见》，就2020年基本建成上海国际金融中心作出全面的战略部署。2018年11月，习近平总书记在上海考察并出席首届中国国际进口博览会开幕式期间宣布交付给上海三项新的重大任务，是上海进一步加快推动金融创新发展的重大历史机遇。2019年1月，人民银行、国家发展改革委等八部委联合印发了《上海国际金融中心建设行动计划(2018—2020年)》，吹响了决胜基本建成上海国际金融中心的号角。2020年2月，在举国上下齐心协力防控新型冠状病毒的关键时刻，经国务院同意，人民银行、银保监会、证监会、外汇局、上海市政府联合发布了《关于进一步加快推进上海国际金融中心建设和金融支持长三角一体化发展的意见》，为上海国际金融中心建设注入了强大动力，带来了新的生机。

在党中央、国务院的坚强领导下，在社会各界的共同支持下，经过30年的努力奋斗，上海国际金融中心建设已经取得了重要进展，并逐渐成为世界金融治理新的重要力量。今天的上海，已经成为全球金融要素市场和基础设施最齐备的城市之一，中外金融机构最重要的集聚地之一，我国金融产品最为丰富、金融开放程度最高的城市之一，我国金融发展环境最佳的城市之一。在2020年9月全球金融中心指数(GFCI)排名中，上海首次晋级全球第3位，连续五次位列全球五大国际金融中心行列。

当前，从外部环境看，疫情的影响还在持续，国际金融市场动荡加剧，世界格局面临重构，国际金融关系出现新的整合，给上海的经济金融发展带来了巨大的挑战。但同时，从内部环境看，中央确定了要加快形成以国内循环为主、国际国内相互促进的双循环发展格局，给上海国际金融中心建设提出了新的要求，带来了新的机遇。与此同时，新一轮的科技革命和产业革命正在蓬勃发展，中国金融开放的步伐不断加快，也给上海的金融改革创新带来了新的动能。面向未来，上海将继续按照国家对上海的部署，在更深层次、更宽领域以更大力度推进全方位更高水平的开放，提供金融创新发展的更好环境、更多机会和更广前景，将上海打造成为具有较强全球资源配置能力的国际金融中心。

我们将打造金融开放的枢纽门户，不断强化全球金融资源配置能力。抓紧贯彻落实国家放宽市场准入、加快制造业和服务业开放的重大举措，在银行业、证券业、保险业对外开放方面率先取得突破，大力推进全球资产管理中心、跨境投融资服务中心、金融科技中心、国际保险中心、全球人民币资产定价和结算中心、金融风险管理与压力测试中心建设。巩固作为金融市场基础设施和外资金融机构聚集地的“上海优势”，进一步提升“上海金”“上海油”等“上海价格”的国际影响力，提高全球资源配置的能力和话语权。

我们将打造金融改革创新的平台，不断拓展金融市场的广度和深度。深入推进党中央交付给上海的三项新的重大任务，推动新片区各项金融政策落地，落实“浦江之光”行动计划，积极推动更多科技创新企业在科创板上市，加快推进长三角金融服务同城化。

我们将打造智慧和普惠金融，不断增强金融服务实体经济的效率和能力。积极发挥上海国际金融中心在推动产业体系协调发展中的重要作用，面向长三角、面向全国，拓展金融服务实体经济的空间。加强对国家重大发展战略、重大改革举措、重大工程建设的金融支持。积极应对疫情冲击，切实加大对中小微企业、重点行业和薄弱环节的金融支持力度。大力发展绿色金融、普惠金融、科技金融，探索综合金融服务创新。

我们将打造国际一流营商环境，不断优化金融良性发展的生态。继续完善金融业发展支持政策，显著降低金融机构在沪展业成本，建立并拓宽金融人才“绿色通道”，拓宽对金融人才的奖励范围，以更优的营商环境激发更强的市场活力。进一步强化地方监管责任，注重在稳增长的基础上防风险，坚持在推动高质量发展中防范化解风险。建设金融风险管理与压力测试中心，坚决守住不发生区域性系统性金融风险的底线。

Introduction

After considering China's overall reform, opening-up and modernization efforts, the CPC Central Committee and the State Council have made the significant strategic decision to build Shanghai into an international financial center("Shanghai International Financial Center"). In 2009, the State Council issued the *Opinions on Accelerating the Development of a Modern Service and Advanced Manufacture Industry and Establishing International Financial and Shipping Center in Shanghai*, which made a comprehensive strategic plan for building Shanghai into a basically international financial center by 2020. In November 2018, General Secretary Xi Jinping attended the opening ceremony of the inaugural China International Import Expo and proposed three new tasks to Shanghai. These tasks offer a historic opportunity for further advancing the city's financial innovation and development. In January 2019, eight ministries and commissions, including the People's Bank of China and the National Development and Reform Commission, jointly released the *Action Plan for Building the Shanghai International Financial Center (2018—2020)*, a rallying cry to all for making the Shanghai International Financial Center a reality. In February 2020, people across China made concerted efforts to prevent and control the Covid-19 pandemic. At that time, the People's Bank of China, China Banking and Insurance Regulatory Commission, China Securities Regulatory Commission, State Administration of Foreign Exchange, and Shanghai Municipal Government, upon the approval of the State Council, jointly issued the *Opinions on Further Accelerating the Building of Shanghai into an International Financial Center and Financially Supporting the Integrated Development of the Yangtze River Delta*. This *Opinions* has provided a strong impetus for the development of the Shanghai International Financial Center, heralding a new chapter for the city.

Under the strong leadership of the CPC Central Committee and the State Council, and with the joint support of all sectors of society, after three decades of efforts, Shanghai has made significant strides in the building of the Shanghai International

Financial Center and is emerging as a major force in the global financial governance. Now, Shanghai is: one of the cities having the most complete components of the financial market and infrastructures and one of the most important hubs for domestic and foreign financial institutions, in the world; and one of the cities boasting the largest array of financial products and the most accessible financial industry and one of those offering the best environment for financial development, in China. In fact, the city was ranked the third in the Global Financial Centers Index(GFCI) for the first time in 2020, and has been among the world's top five international financial centers for five consecutive years.

Internationally, the continuing fallout of the pandemic, a more turbulent global financial market, a to-be-remodeled global landscape, and restructured global financial relations have posed great challenges to the economic and financial development of Shanghai.

Domestically, however, the CPC Central Committee has determined the development policy that takes the domestic market as the mainstay while making domestic and international markets boost each other. This policy has brought new requirements and opportunities for the development of the Shanghai International Financial Center. Moreover, a new round of technological and industrial revolution is booming, and China is accelerating the opening-up of the financial industry. This also fuels the financial reform and innovation of Shanghai.

Looking forward, Shanghai will, according to the national arrangement, continue to make greater efforts to promote the further opening-up of more sectors in a more comprehensive manner by providing a better environment, more opportunities, and broader prospects for the innovative development of the financial industry. The goal will be to build Shanghai into an international financial center with a strong capability in allocating global resources.

We will endeavor to build Shanghai into an open financial hub to strengthen its capability as a distributor of the global financial resources. We will: implement, as soon as possible, major national measures to relax market access criteria and expedite the opening-up of the manufacturing and service industries; make a breakthrough first in the opening-up of the banking, securities, and insurance industries; promote the building of Shanghai into a global center for asset management, a center for cross-border investment and financing services, a fintech center, an international insurance center, a global center for the pricing and settlement of RMB-denominated assets, and a center for financial risk management and stress test; and consolidate Shanghai's advantage as a financial market infrastructure and a hub for foreign financial institutions, and further enhance the international influence of "Shanghai Price", including "Shanghai Gold" and "Shanghai Oil", and make the city become more capable and have more say in the distribution of the global resources.

We will endeavor to build Shanghai into a platform for financial reform and innovation to increase the breadth and depth of the financial market. We will: duly perform the three new significant tasks assigned by the CPC Central Committee to Shanghai; implement financial policies specific to the Lingang New Area of the Shanghai FTZ; carry out the *Implementation Opinions on Leveraging the Capital Market to Promote the High-Quality Development of Shanghai-Based STAR Market-Listed Companies* ("Light of Huangpu River" action plan); support more innovative technology companies to be listed on the STAR Market; and speed up the integrated development of financial services in the Yangtze River Delta.

We will endeavor to develop smart and inclusive finance to make the financial industry more efficient and capable in serving the real economy. We will: enable the Shanghai International Financial Center to play a crucial role in promoting the coordinated development of industries, and increase the scope of services provided by the financial industry to the real economies of the Yangtze River Delta and the whole country; provide more financial support for major national development strategies, reform programs, and construction projects; proactively deal with the impact of the Covid-19, and increase financial support for micro, small and medium-sized enterprises, major industries, and vulnerable sectors; and develop green finance, inclusive finance, and fintech, and explore innovations in comprehensive financial services.

We will endeavor to create a world-class business climate to promote the sound development of the financial ecosystem. We will: continue to upgrade policies supporting the development of the financial industries, significantly reduce the business costs of financial institutions in Shanghai, establish a broad green channel for attracting financial professionals, and provide them with a wider range of rewards, and vitalize the market with a better business environment; place greater responsibilities on the local regulatory authorities, seek stable growth while preventing risks, and promote qualitative development while mitigating risks; and build Shanghai into a center for financial risk management and stress test to forestall both regional and systemic financial risks.

目　　录

业 务 篇

环 境 篇

专栏

附　　录

Contents

Business Development

Market Environment

Features

Appendices

综　合　篇

第一章　2019 年上海金融业发展概述

第一节　2019 年上海金融业发展情况

2019 年，上海金融业认真贯彻落实习近平总书记在首届中国国际进口博览会和上海考察时的重要讲话精神，稳步推进实施“三大任务”，金融开放不断扩大，对供给侧结构性改革和实体经济发展的金融服务持续深化，加强地方金融监管、防范化解金融风险等工作进一步落实，上海作为发展中的金融中心城市国际影响力进一步增强。

上海金融业增长势头良好，已经发展成为上海的重要支柱产业之一，对全市经济发展发挥了重要作用。2019 年，上海实现金融业增加值 6 600.6 亿元，同比增长 11.6%，占全市生产总值的 17.3%，对经济增长的贡献度 34%。上海金融市场成交总额 1 934 万亿元，同比增长 16.6%；金融市场直接融资额 12.7 万亿元，同比增长 32.6%。

1. 全力以赴落实“三大任务”。2018 年 11 月 5 日，习近平总书记在首届中国国际进口博览会开幕式上对上海提出三项新的重大任务，将在上海增设自贸试验区新片区、在上海证券交易所设立科创板并试点注册制、实施长江三角洲区域一体化发展国家战略。目前各项任务均在稳步推进中。自贸试验区新片区方面，2019 年 8 月 20 日自贸试验区临港新片区揭牌，《中国(上海)自由贸易试验区临港新片区总体方案》、上海市“临港新片区特殊支持政策 50 条”和实施细则出台。自由贸易账户累计拓展区外企业四批共 6 626 家。科创板及注册制试点方面，科创板于 6 月 13 日陆家嘴论坛期间开板，于 7 月 22 日开市，从宣布到落地实施仅历时 9 个月。7 月 31 日，上海市政府办公厅印发《关于着力发挥资本市场作用　促进本市科创企业高质量发展的实施意见》(“浦江之光”行动)，支持上海证券交易所设立科创板并试点注册制，着力发挥资本市场服务科技创新作用，促进科创企业高质量发展。截至 2019 年底，上交所已受理 205 家企业申请，其中 70 家已上市，募集资金 824 亿元，总市值 8 638 亿元。长三角区域一体化方面，上海市贯彻《长江三角洲区域一体化发展规划纲要》实施方案发布。长三角科创板企业金融服务一体化合作会议召开，三省一市地方金融监管局签署《长三角科创板企业金融服务一体化合作协议》。

2. 深入推进金融改革开放。金融中心建设统筹推进。1月17日，经国务院同意，人民银行、国家发展改革委等八部委在国家层面发布《上海国际金融中心建设行动计划(2018—2020年)》。2020年2月，经国务院同意，人民银行、银保监会、证监会、外汇局、上海市政府联合发布《关于进一步加快推进上海国际金融中心建设和金融支持长三角一体化发展的意见》("金融30条")。金融对外开放持续深化。上海市贯彻落实国家进一步扩大金融开放部署，2019年上报国务院和国家金融管理部门第四、第五批金融业对外开放项目，累计上报48个项目。全国首家外资独资保险控股公司安联(中国)保险控股有限公司获批开业、全国首批新设外资控股合资券商野村东方国际证券有限公司和摩根大通证券(中国)有限公司获批开业、全国首家外资控股合资理财公司汇华理财有限公司获批筹建等。金融市场进一步创新发展。中日ETF互通产品、20号胶期货、沪深300ETF期权、沪深300股指期权、天然橡胶期权、不锈钢期货、国债期货期转现、票据"贴现通""票付通"、长三角一体化ETF、黄金期权、标准化票据、债券回购违约处置业务等多项创新陆续推出。贷款市场报价利率(LPR)形成机制改革顺利推进。重点金融机构集聚发展。交银理财有限责任公司开业，中银金融科技有限公司揭牌。英国施罗德等国际知名机构在沪设立投资管理公司。上海金融科技中心建设加快推进。推动出台《加快推进上海金融科技中心建设实施方案》，上海金融科技中心影响力进一步扩大。

3. 深化金融服务供给侧结构性改革。金融支持科创中心建设不断推进。上海银行业多渠道与外部股权投资机构开展合作，探索多种形式的投贷联动融资服务模式创新，加强金融对集成电路、生物医药、人工智能等战略性新兴产业发展和科技创新企业的支持。民营企业金融服务持续强化。上海市贯彻《中共中央办公厅、国务院办公厅关于加强金融服务民营企业的若干意见》的实施方案("金融服务民营十九条")发布。上海市大数据普惠金融应用上线运行。金融服务民生社会进一步深化。《关于促进金融创新支持上海乡村振兴的实施意见》发布，推动上海乡村振兴美丽家园、绿色田园、幸福乐园"三园"工程建设。《关于做好农村承包土地的经营权抵押贷款推广工作切实改善农村金融服务的通知》发布，在全市郊区范围推广农村土地经营权抵押贷款业务。《上海市农业保险大灾风险分散机制实施办法》发布，进一步完善本市政策性农业保险制度。上海市健康保险交易平台上线，建设工程质量潜在缺陷保险实施细则发布。

4. 防范化解金融风险。地方金融监管体系不断完善。《上海市地方金融监督管理条例》由立法计划预备项目转为正式项目，通过市人大常委会一审。基本摸清"7+4"类监管对象行业家底，建立市区两级监管机制，强化事中事后监管，加强现场检查，引导行业自律。防范化解金融风险稳步推进。《上海市打好防范化解重大金融风险攻坚战实施方案》发布，市级层面打非工作"一办三组"+区级层面"一事一案一专班"工作格局进一步健全。

深入开展互联网金融风险专项整治，网贷整治工作取得平台家数、存量规模、涉及人数显著下降的阶段性成效。推动重点交易场所清理整顿，清理整顿工作总体平稳有序，存量风险基本可控，初步建立长效机制。金融风险矛盾稳妥化解。妥善处置重大风险案(事)件，坚持全链条防控打击非法金融活动，全力做好信访维稳各项工作，会同相关部门积极探索适应特大型城市风险防范化解的有效途径，确保经济金融秩序和社会大局安全稳定。

5. 全面优化营商环境。境内外金融合作交流不断加强。“第十一届陆家嘴论坛(2019)”成功举办，国务院领导出席并发表主旨演讲，一行两会主要领导参会并发布一系列新的金融开放政策措施。上海国际金融中心专家咨询委员会(SIFAC)成立。上海与全球其他金融中心城市及“一带一路”沿线国家和地区主要金融中心城市以及沪港、沪澳、沪台之间的金融合作进一步加强，境内外金融交流进一步深化。营商环境进一步优化。开展世界银行营商环境测评相关工作，推动提升金融信贷服务便捷性。在全国率先开展动产担保统一登记试点。对金融机构和金融人才的服务水平不断提升。评选 2018 年度金融创新奖，58 个项目获创新成果奖，9 个项目获创新推进奖。金融人才奖政策调整工作加快推进，加强人才服务，为吸引、留住高端金融人才营造良好环境。

第二节　2020 年工作打算

当前，上海基本建成国际金融中心正处于决胜冲刺阶段，上海国际金融中心建设将牢牢抓住我国金融业新一轮扩大开放和全面实施中央交给上海三项新的重大任务的历史机遇，以《上海国际金融中心建设行动计划(2018—2020)》为蓝图，以落实《关于进一步加快推进上海国际金融中心建设和金融支持长三角一体化发展的意见》为抓手，推动国际金融中心建设取得新成效、新突破，为在新起点上建设更高水平的国际金融中心奠定坚实基础。

1. 全力以赴做好新冠肺炎疫情防控工作。一是加强对受疫情影响较大行业及中小微企业的金融服务。加大信贷资金支持，落实人民银行再贷款政策，引导银行加大信贷资金投放，加强企业信贷服务，加大融资担保支持，发挥保险保障作用。支持地方金融组织对受疫情影响的中小微企业提供融资对接服务及降低息费水平。二是做好金融业自身防疫，推动金融机构和地方金融组织有序复工复产，保障人员安全健康。三是全面评估疫情影响，切实采取举措，努力将疫情影响降到最低。积极争取国家金融管理部门支持举措在上海落实落地。

2. 全力助推三大任务加快实施。一是加快推进上海自贸试验区新片区金融开放创新。深化外汇管理改革,推动人民币国际化,协同本外币跨境资金管理政策,打造全功能账户体系。更好支持在岸业务和离岸业务发展,在风险可控前提下发展跨境证券投资、跨境保险资产管理、跨境再保险等跨境金融业务。二是积极推动更多科创企业在科创板上市。配合证监会和上交所支持和鼓励更多"硬科技"企业上市。落实"浦江之光"行动,完善科创企业培育库建设,健全政策资源工具库,做好上海市潜在优质科创企业的培育和筛选。三是深化长三角区域一体化金融合作。积极发挥上交所长三角资本市场服务基地的作用,推动更多长三角企业在科创板挂牌上市。探索建立长三角跨省(市)联合授信机制,推动信贷资源在长三角地区流动。加强长三角金融政策协调和信息共享,建立风险联控和重大金融案件协处机制。

3. 全力提升全球资源配置功能。一是推动金融要素资源加速向上海集聚。抓住新一轮金融对外开放的契机,推动各类重要机构落沪,跟踪已上报的5批对外开放项目,进一步加快全球资管中心建设。推动国际再保险中心建设规划等尽快出台。二是提升在沪金融市场国际化水平。探索建立跨境投融资平台,加快推进航运指数期货等产品创新,推动存量商品期货品种市场国际化。以服务共建"一带一路"为切入点和突破口,大力发展人民币债券市场。鼓励交易所积极参与全球范围的交易平台兼并整合,提高国际金融市场规则制定参与度与话语权。三是完成好基本建成上海国际金融中心的战略任务。结合"十四五"规划,进一步强化战略预判和前瞻布局,明确下阶段目标。四是高质量办好2020年陆家嘴论坛,巩固论坛作为重大金融政策发布平台的地位。

4. 全力服务经济高质量发展。一是强化金融对实体经济服务保障功能。配合国家金融管理部门做好宏观政策逆周期调节,避免信贷顺周期紧缩现象与经济下行的相互作用,保持本市货币信贷平稳增长。推动"金融服务民营企业十九条"各项工作落地落实,保障对民营和小微企业的贷款,推动社会融资成本总体下降。二是发挥金融在推动产业体系协调发展中的重要作用,利用多层次资本市场融资功能,支持本市集成电路、人工智能和生物医药等重点高端产业发展,提升科创中心和金融中心联动效应。三是强化金融服务社会民生发展。大力发展普惠金融、绿色金融。推动落实个税递延养老保险、巨灾保险等重点项目。进一步深化大数据普惠金融应用试点。四是积极布局构建金融科技产业生态链。吸引推动一批重要金融科技企业在沪设立,培育一批创新性强、示范性良好的金融科技创新项目,积极推进"监管沙箱"等监管创新试点。

5. 全力打好防范化解重大风险攻坚战。一是强化地方金融监管机制,加快推动上海市地方金融监督管理条例高质量出台,依法规范加强监管。二是推进分级分类监管,研究企业分类监管工作指引,探索开展年度监管计分、实施监管评级,对不同评级的企业实施分级分类监管。三是探索信息科技监管手段,建设上海市地方金融监管("7+4")信息平台。四是做好P2P网贷整治的收尾工作,落实分类处置、引导转型,有效化解存量风险。

五是加强风险预警和处置，加强工作协同，夯实各区属地监管及风险防范处置责任。定期组织风险排查，做好风险预警和处置工作。牢牢守住不发生区域性系统性金融风险底线。

专栏 1：

《关于进一步加快推进上海国际金融中心建设和金融支持长三角一体化发展的意见》正式发布

2 月 14 日，在举国上下齐心协力做好新冠疫情防控的关键时刻，经国务院同意，人民银行、银保监会、证监会、外汇局和市政府共同印发《关于进一步加快推进上海国际金融中心建设和金融支持长三角一体化发展的意见》(简称“金融 30 条”)。“金融 30 条”的出台，充分体现了党中央国务院对一手抓疫情防控一手抓深化改革的坚定决心，充分体现了国家对加快推进上海国际金融中心建设的重视。上海市第一时间建立了由人行上海总部、市金融工作局牵头的推进工作机制，在国家金融管理部门指导支持下，全力推进落实。

一、“金融 30 条”对加快推进上海国际金融中心建设产生积极重大影响

一是有利于丰富国际金融中心“6＋1”格局。通过深化跨境人民币业务创新、贸易融资资产跨境转让、人民币利率期权等，加快提升投资贸易自由化便利化水平，集聚国内外知名金融机构，有助于如期完成“基本建成与我国经济实力及人民币国际地位相适应的国际金融中心”目标。

二是有利于深化金融业对外开放。进一步强化上海新时代改革开放排头兵的责任担当，推动上海在更大范围、更宽领域进行更深层次的高水平开放发展，为全国探索积累更多可复制、可推广的经验，更好地引领我国参与全球金融合作与竞争。

三是有利于长三角高质量一体化发展。支持长三角地区率先打破金融机构、基础设施及配套服务跨区域经营的障碍，推进深度融合和协同发展，显著增强长三角地区在世界经济格局中的能级和水平，为我国高质量发展探索更有借鉴意义的模式和路径。

二、“金融 30 条”取得重要成效

一是大力推进新片区金融改革创新，便利资金收付的跨境金融管理制度体系正在形成。率先推出优质企业跨境人民币结算便利化、境内贸易融资资产跨境转让等试点，并推广到全市。至 6 月末，跨境人民币结算便利化已惠及 335 家企业；跨境转让业务规模达 2.1 亿元，惠及 26 家企业。支持符合条件的企业开展一次性外债登记。五大行金融资产投资公司获批在沪开展股权投资业务，直接投资新片区重点产业。制定新片区重点企业贷款贴息办法，支持区内集成电路、航空航天等重点领域发展。启动金融科技

创新监管试点,首批32个申请试点项目已完成初步筛选。落地融资租赁母子公司共享外债额度政策。

二是加快提升上海金融国际化水平,全球资源配置和开放枢纽门户功能不断强化。推出挂钩贷款市场报价利率(LPR)的利率期权产品,至6月末,累计成交257笔、429亿元。上线低硫燃料油期货,是继原油期货之后又一个采用"净价交易、保税交割"模式的国际化能源期货合约。优化债券市场对外开放,银行间与交易所债券市场相关基础设施机构开展互联互通合作,目前共有845家境外机构持债约2.5万亿元,较上年末增加3 061亿元。推出境内首只专门投资法国股票市场的跨境ETF产品。落地本外币合一的跨境资金池,累计已有1 000多家企业设立各类跨境资金池。多个全国"首家"或"首批"金融开放项目落地上海,如安联保险、野村证券、摩根大通证券、友邦人寿、信利再保险、汇华理财公司、先锋领航投顾等,首批提交独资公募基金申请的贝莱德、路博迈、富达国际均拟落户上海。金融营商环境持续优化,推动境外机构自主选择签署NAFMII或ISDA衍生品主协议。上海金融法院在全国率先实施证券纠纷代表人诉讼机制。创新解决红筹企业科创板上市汇兑难题,打通科创板上市前的关键环节。

三是多点发力长三角金融服务"同城化",金融支持高质量一体化发展取得积极进展。发布"示范区金融16条",推进示范区金融改革创新。指导交通银行、浦发银行在示范区设立机构,探索联合授信机制。启动长三角地区法人银行跨行账户信息验证服务。建设供应链票据平台,探索在长三角区域推广应收账款票据化、试点推广"贴现通"业务。支持区域内科创企业直接融资,长三角地区新增申报科创板企业86家。积极探索绿色发展,搭建长三角绿色项目库,建设长三角绿色金融信息管理系统。深化跨区域金融政策协调,建立长三角金融消费纠纷非诉解决、征信机构协同监管、反洗钱合作、金融稳定信息共享、普惠金融指标体系等机制。

专栏2:

上海金融业对外开放持续深入推进

2018年4月10日,习近平总书记在博鳌亚洲论坛上发表了主旨演讲,宣布了包括金融业对外开放在内的若干重大举措,亮明了中国以更加积极的姿态向全世界扩大开放的鲜明态度和坚定决心。4月11日,人民银行易纲行长宣布了中国金融业对外开放的具体措施,涉及放宽外资准入门槛、放宽或取消外资持股比例限制、扩大外资经营范围等一系列具有突破意义的政策。

2019 年，国家金融管理部门更加密集地出台了一系列金融对外开放政策，包括：银保监会宣布推出银行保险业 12 条对外开放新措施；国家金融委办公室发布进一步扩大金融业对外开放 11 条措施；证监会公布在 2020 年取消证券公司、基金管理公司、期货公司外商持股比例限制的时间节点；国务院发布修订后的《外资银行管理条例实施细则》和《外资保险公司管理条例实施细则》。

上海市委、市政府高度重视、认真贯彻落实中央金融对外开放的重要精神，以梳理并落实上海市金融对外开放项目清单为抓手，抓住机遇加快推进上海国际金融中心建设。从 2018 年 5 月开始，上海相继推出了五批共 48 个上海金融业对外开放项目上报国务院和国家金融管理部门(2018 年 3 批，2019 年 2 批)，得到了国务院领导重要批示以及一行两会的积极反馈支持。截至 2019 年底，已有 20 余个重大开放项目落地，其中不乏具有全国性示范效应的项目，包括：全国首家外资保险控股公司安联(中国)保险控股有限公司获批开业；全国首批新设外资控股合资券商野村东方国际证券有限公司和摩根大通国际证券有限公司获批开业；工银安盛资产管理公司和交银康联资产管理公司正式开业；法国巴黎银行成为全国首批获银行间债券市场 A 类主承销牌照的外资银行之一；法国东方汇理资产管理公司与中银理财获批合资设立全国首家外资控股的理财公司——汇华理财；先锋领航与蚂蚁金融成立的合资公司成为全国首家获批第三方基金销售公司投顾试点资格的公司等。此外，还有多个涉及扩大外资金融机构经营范围、提升外资持股比例等开放项目落地，包括：安盛集团收购安盛天平财产险公司中方股东股份至 100%持股，韦莱、怡和保险经纪公司和申港证券获批扩大经营范围等。

同时，外资金融机构也以参与对外开放为契机，不断整合在华业务，进一步丰富在华业务类型，突出优势业务，形成跨业务合力。由于此前大部分外资金融机构进入中国都选择上海作为首站，业务规模最大的核心分支机构也设在上海，因此上海已经成为众多外资金融机构整合升级在华业务的主要平台。比如安联(中国)控股在沪成立后，德国安联集团计划以其作为在华业务的旗舰，统筹布局集团在华的寿险、财险、资管、基金等一系列业务；汇丰集团、星展集团等机构也依托在上海的汇丰银行、星展银行积极梳理集团在华的银行、保险、证券、资管业务，计划或是增持已参股机构的持股比例，或是新设机构补齐业务短板。

上海推出 5 批金融业对外开放清单以及过半项目的成功落地，是上海进一步扩大金融开放、鼓励外资金融机构加大在华投资的重要成果，也体现了国家金融管理部门对上海国际金融中心建设的信任和支持，以及全球顶级金融机构积极参与上海国际金融中心建设的信心和决心。随着 2020 年我国对券商、基金公司、期货公司以及寿险公司的外资股比限制的放开，一系列外资独资的证券公司、公募基金公司、寿险公司等开放项目正在积极筹备中，这将成为上海金融业对外开放的新成果。

专栏3:

《加快推进上海金融科技中心建设实施方案》出台

建设上海金融科技中心是新时代深入推进上海国际金融中心建设的新内涵,是贯彻国家战略、推动上海国际金融中心和科技创新中心联动发展的重要着力点。为加快推进上海金融科技中心建设,落实国家关于金融科技的顶层设计,前期,上海市地方金融监管局会同相关部门研究制订了《加快推进上海金融科技中心建设实施方案》,今年1月8日由市政府办公厅正式印发。

一、《实施方案》出台的背景

2019年初,中国人民银行、国家发展改革委等八部门联合印发《上海国际金融中心建设行动计划(2018—2020年)》,明确上海将建成包括金融科技中心在内的"六大中心",并将以金融科技为新动力加快形成支撑有力的创新体系。中国人民银行印发的《金融科技发展规划(2019—2021年)》,进一步从国家金融管理部门层面对金融科技发展工作做出了总体部署。

二、上海金融科技中心建设的优势和基础

上海金融中心地位和国际影响力稳步提升,在最新一期的全球金融中心指数(GFCI)排名中位列第四。上海金融市场体系齐备,集聚了股票、债券、期货、货币、票据、外汇、黄金、保险、信托等各类金融要素市场,上海拥有各类中外资持牌金融机构1 646家,其中外资机构约占1/3,是国内金融对外开放的最前沿。

上海科技要素和高科技企业集聚,科技人才和科技创新成果丰富,拥有张江、紫竹、临港等一批各具特色的科技创新园区,并加快推动国际金融中心和具有全球影响力的科技创新中心联动发展,吸引了支付宝、建信金科、金融壹账通等一批重要的金融科技企业落沪,已具备成为全球金融科技中心的实力。

上海法治环境和营商环境良好,设有全国唯一的金融法院。上海知识产权法院是全国最早成立的三家知识产权法院之一。司法部门的专业性和独立性将为金融科技知识产权保护提供坚实保障。上海国际集团联合相关金融要素市场、金融机构和高校等单位,倡议设立上海金融科技产业联盟,致力于推动金融科技领域的合作与资源共享。同时,上海营商环境持续优化,已经形成营商环境3.0版改革方案。

三、《实施方案》的主要内容

《实施方案》立足于上海雄厚的金融和科技实力,牢牢把握新一轮科技革命契机,提出力争用5年时间,将上海打造成为金融科技的技术研发高地、创新应用高地、产业集聚高地、人才汇集高地、标准形成高地和监管创新试验区，将上海建设成为具有全球竞争力的金融科技中心的总体目标。

《实施方案》牢牢把握金融科技发展新趋势，积极抢占金融科技发展制高点，从五个方面，提出了 25 条创新务实的工作举措，可以归纳为“五个全”，即全速推进金融科技关键技术研发，全面提升金融科技应用水平，全要素促进金融科技产业集聚，全力推进金融科技监管创新试点，全方位营造一流金融科技发展环境。

专栏 4:

上海市大数据普惠金融应用上线运行

中小微企业是我国经济社会发展的重要力量。但由于财务制度不健全、信用记录缺失、可抵押资产较少，特别是银企信息不对称，融资难融资贵一直是困扰中小微企业生存和发展的难题。为此，本市推出全国首家省级层面信用信息普惠大数据平台——上海市大数据普惠金融应用，向银行开放相关政务数据，促进银行加大对中小微企业的金融支持。

1. 具体做法

2019 年底，市金融工作局、市经济信息化委、上海银保监局、市大数据中心会同上海市科委、市人力资源社会保障局、市规划资源局、市生态环境局、市住房城乡建设委、市市场监管局、市税务局、市高法院等 8 家部门，依托“一网通办”“公共数据开放平台”，正式推出大数据普惠金融应用，向银行开放与普惠金融密切相关的政务数据。建行上海市分行、交行上海市分行、上海银行、浦发银行上海分行等 4 家银行作为首批试点成功上线。银行在企业授权后，可以获取企业注册登记、缴纳社保、住房公积金、纳税、高新技术企业认定、发明专利、商标登记、房产抵押、行政处罚、司法诉讼等 10 家部门提供的 386 项公共数据。

为支持在沪银行加大普惠型贷款投放，在首批试点基础上，本市又推动工行上海市分行、上海农商银行、招商银行上海分行等 14 家银行上线，已上线的 18 家银行 2019 年末普惠贷款余额占全市近 90%。同时，本市还创新推出了“大数据＋担保＋银行”的融资模式，即银行利用大数据普惠金融应用对企业进行“精准画像”基础上，通过市政策性担保基金的担保增信支持，降低风险敞口，加大对中小微企业信贷投放。

2. 取得成效

大数据普惠金融应用的推出是本市依靠大数据等金融科技手段，推动普惠金融创新发展的一大创新举措,有力提升本市银行普惠金融服务效能。截至2020年6月底,本市已上线的18家银行通过大数据普惠金融应用已为近4 000户企业提供服务,数据调用约6万次,通过大数据技术为超过30亿元普惠金融贷款提供支持。

大数据普惠金融应用的推出受到银行和企业的欢迎。从银行服务看,通过上线大数据普惠金融应用,运用权威、丰富、全面的公共数据,可快速地为缺乏抵押物的中小微企业"画像",多维度、全方位了解企业经营和诚信情况,特别是有助于为中小微企业办理无还本续贷、信用贷款、流动资金贷款等业务时,让银行更有"底气"。从企业感受看,"大数据+担保+银行"融资模式更方便、及时,符合条件的企业不仅审批时间大大缩减,还可获得市担保基金担保,企业获得贷款更加高效、便捷。

专栏5:

"金融服务民营企业十九条"发布

为贯彻落实中共中央办公厅、国务院办公厅印发《关于加强金融服务民营企业的若干意见》,通过综合施策,实现各类所有制企业在融资方面得到平等待遇,确保对民营企业的金融服务得到切实改善,市委办公厅、市人民政府办公厅于2019年6月转发《市金融工作局、人民银行上海分行、上海银保监局、上海证监局关于贯彻〈中共中央办公厅、国务院办公厅关于加强金融服务民营企业的若干意见〉的实施方案》(沪委办发〔2019〕108号,以下简称《方案》)。

《方案》结合上海民营企业发展实际,共提出了19条工作措施,包括发挥货币信贷工具导向支撑作用、建立"敢贷、愿贷、能贷"长效机制、发挥多层次资本市场优势、优化金融营商环境、加强部门协同等5个方面。

在发挥货币信贷工具作用方面,《方案》提出将不少于100亿元的再贷款额度聚焦用于科技创新、先进制造业等重点领域民营小微企业,力争每年办理民企和科技型小微企业再贴现超过150亿元,对支持成效突出的商业银行在200亿元常备借贷便利额度内优先给予流动性支持。

在创新信用融资产品方面,《方案》明确未来3年内,为优质民营中小企业提供信用贷款和担保贷款200亿元。发挥市中小微企业政策性融资担保基金增信作用,对民营中小微企业担保贷款中信用贷款比重不低于90%。

在引导社会资本方面,《方案》提出从2019年起连续3年每年增加财政资金10亿元补充上海创业投资引导基金、天使引导基金,同时推动形成千亿元资金规模的股权投资基金。

在落实民企公平信贷原则上，《方案》提出，同等条件下民企与国企贷款利率和贷款条件保持一致。金融监管部门对商业银行实施公平信贷专项考核。商业银行在新发放公司类贷款中，要进一步提高民企贷款比重。

在完善绩效考核机制和尽职免责制度上，《方案》明确，商业银行要提高民企金融业务在全行的考核分值权重，加大正向激励力度。落实授信尽职免责制度，重点明确对分支机构和基层人员的尽职免责认定标准和免责条件。《方案》要求合理设置流动资金贷款期限，加强续贷产品开发和推广，加大公共信用信息对商业银行开放等，并将加强统计监测和考核评估，对贯彻执行不力的，依法依规予以严肃问责，确保各项政策措施落地实施。

此外，《方案》结合发挥上海金融市场完备、金融机构集聚优势，推动金融业加大对民企的支持力度。如，配合推进在上海证券交易所设立科创板并试点注册制，支持符合条件的民企在多层次资本市场上市挂牌、并购重组和再融资。支持上海股权托管交易中心做精做强科技创新专板。支持金融机构通过创设信用风险缓释工具、投资民企股权、债权、资产支持计划等形式，助力相关民企平稳健康发展。

市　场　篇

第二章 信贷市场

第一节 市场运行情况

1. 信贷市场呈“前高、中低、后弹”走势，运行整体平稳

2019年末，全市本外币各项贷款余额为79 843.01亿元，同比增长9%，较上年末小幅回落0.1个百分点。其中，中外资金融机构人民币和外币贷款余额分别为73 823.66亿元和862.84亿美元，同比分别增长9.3%和3.8%，增速分别较上年末回落1.2个百分点和提高13.2个百分点。

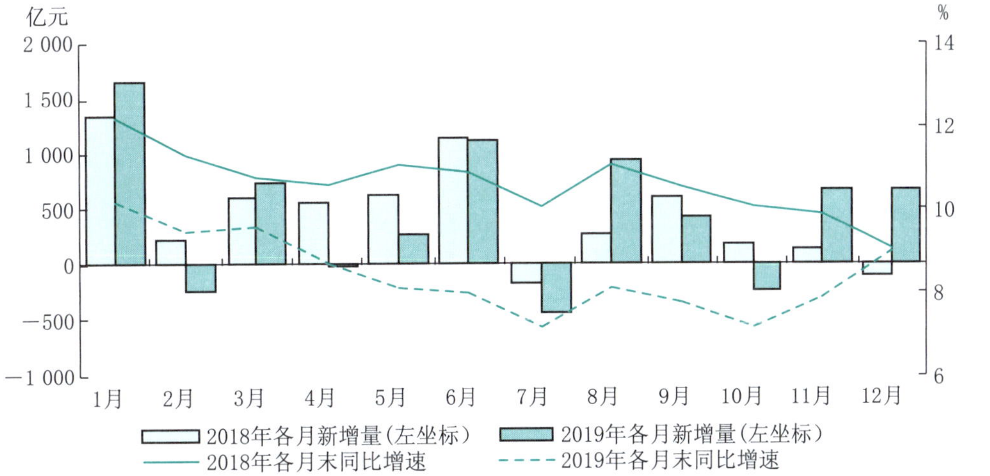

图2-1 2018年、2019年金融机构本外币贷款增长情况

数据来源：中国人民银行上海总部。

2019年，全市本外币贷款累计增加5 609.84亿元，同比少增126.83亿元。分币种看，人民币各项贷款增加5 297.82亿元，同比少增1 005.05亿元；外币各项贷款增加31.26亿

美元,同比多增 159.76 亿美元。分主体看,境内贷款累计增加 5 502.83 亿元,同比少增 115.43 亿元;境外贷款累计增加 107.01 亿元,同比少增 11.40 亿元。

年末各项贷款增速触底回升,其中第四季度新增贷款 1 111.73 亿元,同比多增 892.47 亿元,扭转前三个季度各项贷款增量均同比少增的态势。

2. 企业信贷稳步回升,小微企业贷款投放加快

非金融企业贷款增速稳步回升,2019 年末增速为 7.2%,连续五个月呈上升走势,主要与下半年利率下行和重大基建项目建设冲刺带动固定资产贷款需求扩张有关。全年境内非金融企业中长期贷款增速为 10.1%,高出各项贷款 1.1 个百分点;全年增加 2 360.13 亿元,同比多增 758.76 亿元;新增额占非金融企业贷款增量的 70.2%,占比同比上升 17.1 个百分点。

政策调控引导票据融资和民营企业贷款较快增长。年末非金融企业票据融资同比增长 17.0%,高于各项贷款 8 个百分点,较好支持企业流动资金周转便利化需求。年末民营企业贷款同比增长 6.7%,增速连续七个月持续上升;全年新增民营企业贷款 945.4 亿元,同比多增 535.9 亿元。

受个贷监管影响,个人经营贷款拉动普惠小微贷款增长作用趋弱,小微企业贷款投放加快。全年向小微企业主和个体工商户发放的个人经营性贷款增加 721.1 亿元,其中下半年新增 232.1 亿元,占同期普惠小微企业贷款新增额的 55%,占比较上半年回落 5 个百分点。受小微信贷政策支持和监管考核影响,12 月发放单户授信 1 000 万元以下小微企业贷款增加 84.3 亿元,创今年最高单月增量,环比多增 64.1 亿元。

3. 信贷资源向第三产业倾斜,房地产信贷运行平稳

贷款投向优化明显,信贷资源向第三产业倾斜。2019 年新增的本外币企业贷款(不含

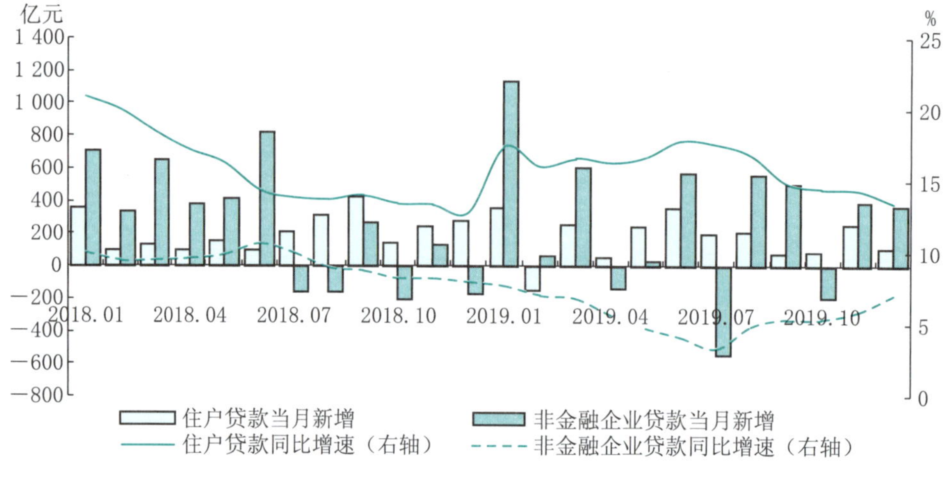

图 2-2 金融机构本外币贷款增长情况(分部门)

数据来源:中国人民银行上海总部。

票据融资）中，投向第二产业的贷款累计增加 703.9 亿元，同比多增 177.5 亿元；投向第三产业的贷款累计 2 299.5 亿元，同比多增 1 234 亿元，占全部境内企业贷款（不含票据融资）增量的 76.9%。从行业看，租赁和商务服务业、制造业、电力热力燃气及水生产供应业，三个行业贷款同比分别多增 698 亿元、86 亿元和 97 亿元。

房地产信贷运行平稳。2019 年，全市房地产开发贷款累计增加 548.6 亿元，同比少增 71 亿元；占全部新增贷款的 9.8%，较上年回落 1.0 个百分点。全年本外币个人住房贷款增加 1 009 亿元，同比多增 424 亿元；年末余额同比增长 7.4%，增速同比上升 2.9 个百分点，低于同期各项贷款增速 1.6 个百分点。住房开发贷款和商业用房开发贷款分别增加 271.8 亿元和 427.5 亿元，同比分别少增 28 亿元和多增 71.2 亿元；年末住房开发贷款和商业用房开发贷款同比分别增长 12.1%和 16.2%，增速同比分别下降 1.9 个百分点和上升 1.1 个百分点。

第二节　市场运行主要特点

1. 信贷成本同步下行，融资贵问题明显缓解

市场资金面总体宽松，银行间融资成本下降。2019 年货币市场利率中枢有所下行，DR007 的中枢较上年下行 12BP 至 2.57%。12 月 DR007 回购利率平均值是 2.69%，比去年同期低 53BP，融资利率整体趋于下行。

包商银行事件后，农商行和城商行同业存单发行利率出现阶段性上升，但 6 月末利率重回下行通道。DR007 与 R007 的利差也曾出现过短暂扩大，但在人民银行、证监会的协调下，大型券商发挥大银行与非银机构间的流动性桥梁作用，加之《同业拆借回购违约处置实施细则》等政策的引导，利差又重回稳定水平。

不同品种贷款利率同步下行。12 月份，上海人民币企业贷款加权平均利率为 4.88%，较上年 12 月下降 24 个基点。其中，一般贷款平均利率为 5.36%，较上年 12 月下降 21 个基点；票据融资平均利率为 3.17%，较上年 12 月下降 72 个基点。

2. 信贷结构变动明显，票据和债券融资增长较好

2019 年，上海社会融资规模为 8 642.1 亿元，同比多增 2 578.7 亿元。其中，人民币贷款与外汇贷款合计增加 5 373.2 亿元，同比少增 77.6 亿元，合计占比 62.2%，较上年末下降 31.4 个百分点。委托贷款减少 657.8 亿元，同比少减 638.1 亿元。信托贷款减少 885.1 亿元，同比少减 189.2 亿元。未贴现的银行承兑汇票增加 563.5 亿元，同比多增 788.4 亿元。

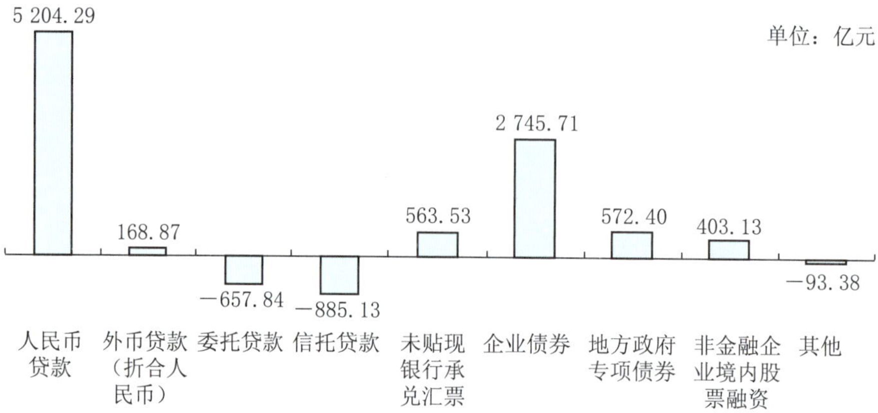

图 2-3　2019 年社会融资规模结构

数据来源：中国人民银行上海总部。

直接融资替代效应明显。2019 年，上海非金融企业境内股票融资 403.1 亿元，同比多增 217.0 亿元。由于债券市场利率下行，企业寻求更低成本的融资方式，全年非金融企业债券净融资 2 745.7 亿元，同比多增 730.9 亿元，占社融规模的 31.8%。

3. 信贷资产质量基本稳定，流动性环境较佳

贷存比有所上升，备付率水平有所下降。由于贷款增速高于存款，12 月末，全市中资商业银行人民币贷存比为 56.3%，比上年同期上升 0.5 个百分点；外资金融机构人民币贷存比为 66.6%，比上年同期下降 3.4 个百分点。12 月末，全市中资商业银行人民币备付率为 2.11%，比上年末下降 0.42 个百分点。

真实不良率略微上升，信贷风险基本可控。随着更多的逾期 90 天以上贷款纳入不良贷款，上海不良贷款率和不良贷款额较上年末出现上升。12 月末，上海金融机构不良贷款余额 731.7 亿元，比上年末增加 183.3 亿元；不良贷款率为 0.93%，比上年末提高 0.15 个百分点，但仍远低于 1.86%的全国平均水平。12 月末，在沪法人银行拨备覆盖率为 274.7%，较上年末下降 91.7 个百分点。综合来看，目前上海绝大多数商业银行资产质量基本稳定。

第三章 银行间货币市场和债券市场

2019年，银行间货币市场和债券市场运行平稳，市场建设稳步推进。货币市场流动性合理充裕，利率中枢整体下行，成交量同比显著增长。债券市场总体呈现区间震荡格局，收益率走势波澜不惊，信用利差稳步收窄，成交量同比大幅增长。中国债券市场对外开放水平持续提高，交易平台持续优化，产品和交易机制不断创新。

第一节 市场运行特点

1. 银行间货币市场流动性合理充裕，利率中枢整体下行

2019年，国内经济金融领域的结构调整出现积极变化，但经济下行压力仍然较大；国际经济金融形势错综复杂，世界大变局加速演变的特征更趋明显。面对美联储降息，欧洲央行实行负利率以及重启QE等全球范围内的宽松潮，中国人民银行坚持以我为主，实施稳健的货币政策，灵活运用多种货币政策工具提供不同期限流动性、有针对性地对中小企业和民营企业提供资金支持，进一步疏通货币政策传导机制，保持流动性合理充裕，保持广义货币M2和社会融资规模增速与国内生产总值名义增速相匹配。8月17日，人民银行发布公告，宣布改革贷款市场报价利率(LPR)的形成机制。这一改革对建立市场化利率传导机制、疏通货币政策传导路径具有深远意义。11月18日和12月18日，人民银行分别下调7天和14天逆回购中标利率各5个基点，11月5日下调中期借贷便利(MLF)利率5个基点。

2019年，人民银行先后三次降准，结合中期借贷便利(MLF)、逆回购等操作向市场投放不同期限的流动性，银行间货币市场流动性合理充裕，货币市场利率中枢整体下行。全年来看，隔夜、3个月、1年期Shibor、隔夜拆借加权利率(IBO001)年末较年初分别下降86个、33个、42个和44个基点，收于1.69%、3.02%、3.10%和1.90%；7天品种Shibor1W、7天质押式回购加权利率(R007)和存款类机构7天质押式回购加权利率(DR007)年末较

年初分别降低 17 个、48 个和 39 个基点,收于 2.74%、3.07%和 2.65%。

分阶段看,2019 年上半年,中国经济增长保持韧性,延续总体平稳、稳中有进的发展态势,继续运行在合理区间。金融体系结构性去杠杆延续,影响银行体系流动性供求的季节性、临时性因素较多且时有叠加,R007 每个月末跨月利率跳升明显,1—6 月 R007 月末跨月利率最高值相对当月月初值上升 3—77 个基点,5 月 28 日 R007 达到 3.63%年度高点,次日即迅速回落。IBO001 月末跨月利率最高值相对当月月初值变动 3—156 个基点,隔夜 Shibor 月末相对月初变动 4—158 个基点;两种利率均在 4 月 17 日达到年内高点,分别为 3.03%和 3.00%,次日即迅速回落。其他关键利率指标上半年相对平稳,1 周、3 个月、1 年期 Shibor 以及 DR007 都在不超过 100 个基点内波动。

2019 年下半年,国内经济下行压力明显增大,关键利率指标逐步下行,隔夜 Shibor 和 IBO001 均在 7 月 4 日降至年内最低点,分别为 0.84%和 0.91%,其余多数时间在 0.97%—2.86%的区间内波动。R007 震荡幅度明显降低,只在 12 月 31 日受跨年影响骤然抬升至 3.07%,其余多数时间在 1.99%—3.11%区间内波动。

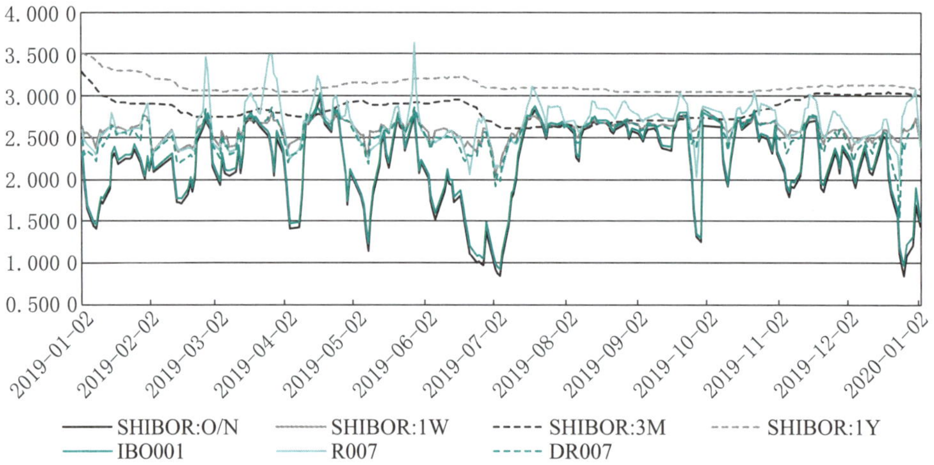

图 3-1　2019 年银行间货币市场利率走势

2019 年,货币市场成交 971.3 万亿元,同比增长 12.7%。其中,信用拆借成交 151.6 万亿元,同比增长 8.9%,质押式回购成交 810.1 万亿元,同比增长 14.3%,买断式回购成交 9.5 万亿元,同比下降 31.9%。从货币市场融资结构看,大型商业银行、政策性银行和股份制商业银行分列资金净融出额第一、第二和第三位,净融出额分别为 156.1 万亿元、108.3 万亿元和 54.7 万亿元;证券公司、基金公司和投资产品列资金净融入额第一、第二和第三位,净融入额分别为 111.9 万亿元、111.7 万亿元和 40.9 万亿元。

2. 债券市场走势平淡，利率震荡较小

2019 年，中国债券市场总体呈现区间震荡格局，货币政策张弛有度，收益率走势波澜不惊。全年看，利率市场化进一步推进，对外开放再进一步，刚性兑付有序打破，信用利差稳步收窄，但个体差异继续扩大。

利率债和高等级信用债收益率持续震荡、低等级信用债收益率维持高位。至 2019 年末，银行间和交易所共有 178 只债券发生违约，涉及的债券本金规模达 1 424.08 亿元。其中银行间共有 85 只债券发生违约，涉及的债券逾期本金规模达 1 102.03 亿元。年末，1 年、3 年、10 年期国债收于 2.36%、2.73%和 3.14%，较年初下行 24 个、14 个和 9 个基点，1 年、10 年期国债期限价差扩大 15 个基点。国开债收益率下行更为明显，1 年、3 年、10 年期国开债收于 2.50%、2 .92%和 3.58%，较年初下行 25 个、32 个和 6 个基点。信用债行情分化，中票 5 年期 AAA、AA 级收于 3.71%和 4.43%，较年初下行 34 和 60 个基点，AA－级收于 6.48%，较年初下降 62 个基点。

债券市场全年走势可分成四个阶段：

第一阶段，年初到 4 月中旬。国内经济、金融数据的改善使得市场情绪转向积极，中美贸易摩擦趋缓使得市场风险偏好回升，加之一季度地方债放量发行，债市在风险偏好上行的预期下，整体表现偏弱。人民银行一月份的降准，美联储货币政策转向、持续释放的偏鸽派信号以及美债收益率下行都成为债券市场的利多因素。在多空双方博弈下，该阶段债券利率上行明显，并在 4 月份达到了年度高点。4 月 17 日 1 年、3 年、10 年期国债收益率分别为 2.72%、3.05%和 3.39%，较年初上升 12、18 和 16 个基点。

第二阶段，5 月到 8 月。5 月，包商银行被接管事件点燃了新一轮避险情绪，也成为 2019 年市场风险偏好的转折点。央行一方面采取结构性措施，另一方面通过公开市场操作、超额续作 MLF 等措施达到总量上的“过度充裕”以协助流动性传导。该阶段经济基本面数据回落，加之中美贸易摩擦反复、美联储进入金融危机以来的首次降息周期，使得国内利率从高位逐步回落。当期，1 年、3 年、10 年期国债收益率逐步下行，8 月 13 日 1 年、3 年和 10 年期国债收益率分别跌至 2.59%、2.77%和 3%的阶段低点。

第三阶段，9 月至 10 月。猪肉价格疯涨导致 CPI 高企，较强的通胀数据叠加央行在 9 月末如市场预期降息，对货币政策由松转紧的担忧引发市场较大调整。8 月利率降至阶段内低点后，伴随着包商银行冲击的利好释放、美债长短期利率倒挂结束，资金价格快速上行。2019 年 10 月 30 日，1 年、3 年、10 年期国债收益率分别升至 2.66%、2.91%和 3.31%，到达年内第二高位。

第四阶段，11 月至 12 月。央行下调 11 月 MLF 引导公开市场利率和 LPR 报价下行，LPR 的下行对实体经济起到积极作用。债市悲观预期得以扭转，利率在前期大幅上行后开始修复性下行。2019 年 12 月 31 日，1 年、3 年、10 年期国债收于 2.36%、2.73%和

3.14%,较年初下行24个、14个和9个基点。

2019年,债券市场成交218.4万亿元,同比增长42.0%,其中债券借贷成交4.6万亿元。分券种看,政策性金融债、同业存单和国债成交占比排名前三,成交金额分别为91.4万亿元、50.4万亿元和34.8万亿元,市场占比分别为41.8%、23.1%和15.9%;中期票据、地方政府债、超短期融资券、短期融资券、政府支持机构债券等券种成交金额为41.8万亿元,市场占比19.1%。分期限看,5年期以下、5—10年期和10年期以上品种成交金额分别为152.6万亿元、57.5万亿元和3.6万亿元,市场占比分别为71.4%、26.9%和1.7%。此外,2019年海外资金持续增配国内债券,境外机构利率债持有量由2018年底的1.5万亿元增长到2019年末的2万亿元,三大国际债券指数已有两大指数将中国债券纳入其中。

总体来看,债券市场全年各阶段利率都是在多空较量间达到均衡,市场整体呈现出窄幅震荡的走势。

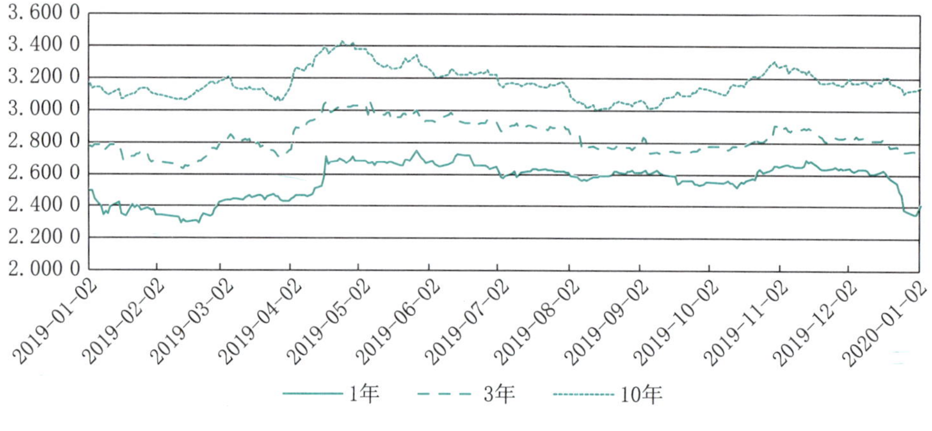

图3-2 2019年关键期限国债收益率走势

第二节 市场建设

1. 扎实推进制度建设

有序做好LPR系列制度建设、高效履行指定发布人职责、认真做好报价组织和考核,确保LPR报价质量。开展全国范围内LPR系列培训,确保市场化利率改革理念深入人心。LPR发布后,交易中心迅速完善相关产品序列,在本币交易系统中提供LPR利率互换合约交易服务，组织利率互换曲线报价商对 LPR 合约进行全曲线报价。

认真做好利率自律机制各项工作，协调推进服务央行履职、实现社会效应和推动中心发展的目标，按照“守住不发生系统性金融风险的底线”总要求，扎实开展银行间本币市场监测管理，加强对特定风险监测。严格市场交易纪律，严肃处理违规违约行为，发布《全国银行间同业拆借中心违规报价行为处分规程(试行)》。

2. 对外开放水平持续提升

2019 年 4 月，中国债券市场正式纳入彭博巴克莱债券指数，债券市场开放取得重大进展。交易中心系统与彭博实现债券通、结算代理双渠道的合作对接，扩大债券通报价机构至 47 家；完善 RFQ 交易机制和交易分仓，实现全量指示性报价在第三方平台展示，落地 T+3 结算周期，支持债券通投资人通过一级市场认购同业存单，上线一揽子交易(list trading)功能，实现通过 TW 运行 iDeal 功能。

3. 交易平台持续优化

新本币平台现券(一期)顺利上线，系统处理能力大幅提升。匿名点击处理能力提升 500 倍，做市报价处理能力提升 200 倍，接口承载能力提升 100 倍；用户体验和便利性大幅优化。匿名拍卖专场、利率互换 CCP 实时承接、CDS 指数双向报价等功能上线后运行平稳。

4. 产品和交易机制不断创新

产品方面：X-Trade 系列不断完善，市场份额不断提升。2019 年，X-Swap 占比约 60%、X-Repo 占比约 10.5%，较上年均有所提升。推出 IRS 实时承接业务，上线以来累计成交 357 亿元。推出 iDeal 承分销功能，将产品服务延伸至一级市场。上线全系列债券估值，持续完善分机构和大数据产品。

交易机制方面：试点推出旗舰店模式，发挥做市机构报价优势；完成国开债做市支持系统准备和市场动员，为做市机构提供更多存货管理工具。

实现回购违约质押券的快速处置。自回购违约担保品匿名拍卖业务推出以来，成功组织 12 场拍卖、处置 20 多亿质押券，有效防范了局部信用风险向全市场蔓延传染，实现包商事件后集中爆发的回购违约风险“软着陆”，关键时刻维护了投资者对市场的信心。

第三节 市场发展展望

2020 年是我国全面建成小康社会和“十三五”规划收官之年。2019 年中央经济工作会议提出,实现2020年预期目标,要坚持稳字当头,坚持宏观政策要稳、微观政策要活、社会政策要托底的政策框架,提高宏观政策的前瞻性、针对性、有效性,继续实施积极的财政政策和稳健的货币政策。可以预见,2020年银行间货币市场流动性将维持合理充裕格局,债券市场收益率以下行为主。

1. 货币市场流动性合理充裕,利率中枢将小幅下移

中央经济会议提出,稳健的货币政策要灵活适度,保持流动性合理充裕。这意味着,人民银行在总量上将适度加大逆周期调节力度,灵活运用存款准备金利率、中期借贷便利、公开市场操作等货币政策工具,稳定市场预期,保持流动性合理充裕。2020年,预计货币市场资金面将延续偏充裕的整体态势,货币市场利率中枢将小幅下移,但时点性、季节性波动不可避免。

2. 债券市场将延续交投活跃势头,收益率以下行为主

近年来,银行间债券市场机制不断完善,做市服务不断优化,做市机构报价能力全面提升,成为活跃债券市场交易的中坚力量。2020年,交易中心将继续与做市机构紧密合作,共同通过机制、系统、渠道的完善,激发市场内生动力,预计银行间债券市场将延续交投活跃势头,市场流动性将进一步提升。

2020年,中国经济面临的外部环境和内部条件仍复杂多变。外部来看,新冠肺炎疫情、贸易保护主义、英国脱欧僵局、地缘政治风险等将继续冲击全球经济增长前景。同时,全球主要经济体继续执行宽松的货币政策,部分经济体政策利率接近或达到历史低位。国内来看,新冠肺炎疫情对中国经济造成一定影响,经济下行压力加大,但中国经济长期向好、高质量发展的基本面没有变化。国内通胀预期基本平稳,对未来变化需持续观察。在稳健的货币政策灵活适度的总基调下,国内仍存在"降息""降准"空间。总的来看,2020年的内外部环境总体上有利于债券市场,债券收益率将以下行为主。

3. 银行间债券市场开放程度将进一步提高

随着市场开放进程的持续推进,境外机构对银行间债券市场的关注度在不断提高。一方面,中国作为主要经济体中少数实行稳健货币政策的国家,债券收益率在全球范围内具有较强的吸引力。另一方面,中国疫情防控有力,经济发展前景向好,人民币汇率稳定。所有这些均增强了境外机构投资中国债券市场的信心。随着更多国际债券指数将中国债券纳入其中,以及更多的支持政策出台,预计流入银行间债券市场的境外资金将进一步增加,境外机构持债比重随之进一步上升,我国债券市场将更加开放。

专栏 6:

贷款市场报价利率(LPR)形成机制改革顺利推进

按照国务院决策部署,2019 年 8 月 17 日,中国人民银行发布公告,决定改革完善贷款市场报价利率(LPR)形成机制,推动贷款利率市场化,利率市场化改革取得重要进展。

与原有的 LPR 相比,改革完善后的 LPR 形成机制在报价原则、形成方式、品种期限、参考范围、报价频率、运用要求等方面都有明显变化:一是采用新的报价原则。各报价行真正按照自身对最优质客户执行的贷款利率报价,充分体现市场化报价形成原则。二是新的形成方式。LPR 由参考基准利率改为按照公开市场操作利率加点形成,其中公开市场操作利率主要指中期借贷便利(MLF)。LPR 报价的市场化和灵活性明显提高。三是增加新的期限品种。在原有 1 年期一个期限品种的基础上,增加了 5 年期以上的期限品种,为银行发放住房抵押贷款等长期贷款的利率定价提供参考。四是增加了新的报价行。在原有 10 家全国性银行基础上,增加了城商行、农商行、外资行和民营银行各 2 家,扩大至 18 家,范围代表性增强。五是报价频率降低。由原来的每日报价改为每月一次,提高报价行的重视程度,提升 LPR 的报价质量。六是提出了新的运用要求。要求各银行尽快在新发放的贷款中主要参考 LPR 定价,同时坚决打破过去部分银行协同设定的贷款利率隐性下限,并将 LPR 运用情况纳入宏观审慎评估(MPA)和自律机制管理中。

总体来看,改革完善 LPR 形成机制已取得阶段性成效。报价机制改革后,新的 LPR 自 8 月 20 日首次发布至年末,已发布 5 次,1 年期 LPR 持续走低,5 年期 LPR 也处于下行趋势。截至 2019 年末,1 年期和 5 年期 LPR 较改革之初分别下行 10 个和 5 个基点,符合降低实体经济融资成本的初衷与预期。

从银行间利率衍生品市场的交易情况来看,自 2019 年 8 月以来,LPR 利率衍生品参与机构类型丰富;长期限交易占比提高,套保需求增加;衍生品价格走势反映市场预期,充分发挥价格发现作用。为助力 LPR 利率改革,中国外汇交易中心在中国人民银行指导下,推出 LPR 利率期权业务,挂钩的基准利率包括 1 年期 LPR 利率和 5 年期 LPR 利率,为金融机构提供了更为灵活多元的风险管理工具,助推 LPR 改革各项措施的推进落实;进一步完善了挂钩 LPR 的产品体系,有利于提升 LPR 传导效率;同时,利率期权市场为监管机构和市场参与者提供前瞻性信息,有助于进一步提高宏观调控政策的前瞻性和精准性。

第四章　银行间外汇市场

2019 年，我国外汇市场整体运行平稳。市场成交量稳步增长，人民币汇率先强后弱。外汇衍生品交易活跃度小幅下降。人民币市场化汇率形成机制进一步深化。外币对市场流动性持续提升，产品序列基本完备。产品和交易机制创新持续推进，制度建设和市场规范不断加强，会员服务和用户体验继续深化，保障了市场安全、稳定、高效运行。

第一节　市场运行基本情况

1. 人民币汇率双向波动明显增强

2019 年末，人民币兑美元中间价和交易价分别收于 6.976 2 和 6.966 2，较 2018 年末分别贬值 1.6%和 1.4%。2019 年人民币兑美元汇率双向波动频繁，汇率弹性明显增强。全

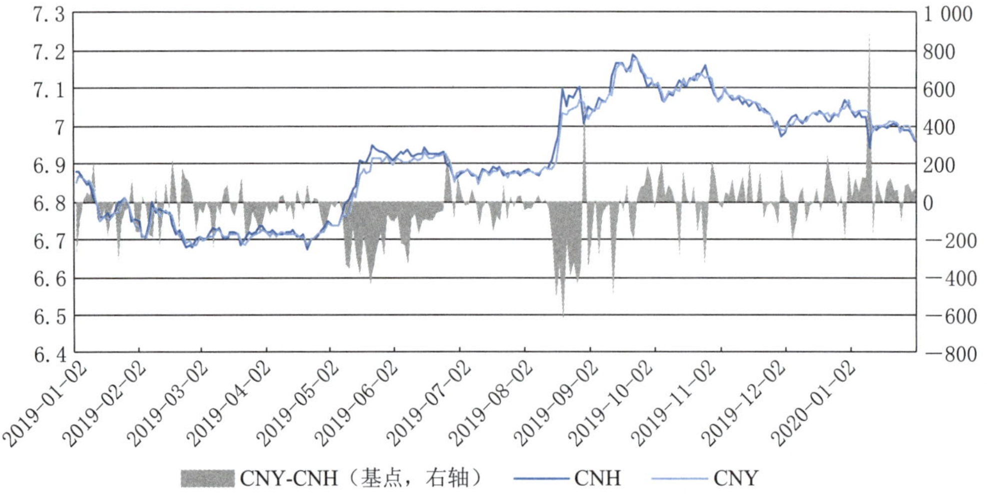

图 4-1　2019 年人民币对美元汇率走势及价差

年走势“两升两贬”呈 W 型，总体走贬。“两升”出现在 1 月和 10 月，“两贬”体现在 5 月和 8 月。8 月 5 日，汇率盘中突破整数关口“7”，随后持续走弱，于 9 月 3 日达到年内低位 7.18，同时创下 2008 年以来最低点。随着贸易谈判利好消息提振，后期汇率小幅升值。人民币兑美元中间价于 8 月 8 日突破 7，之后围绕波动中枢持续盘整。总体看，人民币汇率显示出极强的韧性，市场主体预期较稳定。

2. 外汇市场成交量稳步增长

2019 年，银行间外汇市场成交量保持稳步增长，全年成交 246.0 万亿元人民币，同比增长 9.1%。其中，人民币外汇市场、外币对市场、外币拆借市场成交分别为 172.4 万亿元、3.3 万亿元、70.3 万亿元，同比分别增长 4.4%、165.9%和 19.0%。

2019 年，银行间外汇即期成交 8.1 万亿美元，同比增长 4.8%；银行间汇率衍生品成交 17.4 万亿美元，同比增长 0.4%，其中远期成交 824.5 亿美元，同比下降 13.5%，掉期成交 16.7 万亿美元，同比增长 0.8%，货币掉期成交 513.4 亿美元，同比下降 22.0%，期权成交 5 813.3 亿美元，同比下降 4.9%。

第二节　市场运行特点

1. 人民币市场化汇率形成机制深化

2019 年，人民币虽经历了两轮贬值，但最终中间价和交易价均成功守住整数关口 7。中间价全年贬值幅度仅为 1.6%，远远小于 2016 年、2018 年的贬值幅度，表明人民币市场化汇率形成机制深化，人民币汇率具有弹性，具备在合理均衡水平保持基本稳定的能力。汇率波动率明显上升，波动区间逐步走宽。自“811 汇改”以来，人民币兑美元汇率波动率逐年上升。2016—2018 年，波动率分别为 2.85%、3.46%和 4.55%；2019 年，波动率保持在 4.1%左右。与几个重要的自由浮动货币比较，欧元的年均波动率约为 7%，日元的年均波动率约为 6%，人民币的波动率逐渐靠近发达经济体货币平均波动率。汇率的波动区间也逐步走宽，市场对人民币波动的接受度显著提高。全年中有 212 个交易日汇率的波动超过 100 bp。波动超过 400 bp 的交易日有 19 个，其中 6 月 20 日、12 月 13 日汇率日内波动超过 600 bp。

从 2019 年的情况看，人民币汇率的灵活性显著提高，同时，市场主体的预期保持稳定，人民币既没有大幅升值的基础，也不存在大幅贬值的压力。1—4 月，人民币累计升值约 1.7%；5—8 月，累计贬值约 6%；9—12 月，累计升值约 2.8%。人民币汇率能够依国内经济情况、国际贸易情况和外汇市场供求状况顺势调整，逐渐发挥其自动稳定器的作用，对宏观经济发展和国际收支调节起到促进作用。

2. 汇率影响因素更加复杂

2019年,全球流动性进入宽松阶段,美联储开启降息周期。美元指数全年高位窄幅震荡,交易区间位于95—99.5。人民币单月贬值幅度最大的8月份,汇率走势与美元指数的相关性明显提升。中间价破7后,在逆周期因子的作用下,人民币兑美元中间价走势平稳,有效稳定市场预期。国际收支基本平衡,经常项目维持合理顺差。资本项目在第一、第二季度保持顺差,第三季度转为逆差。逆差主要来自直接投资、其他投资。在资本市场持续对外开放的背景下,证券投资实现顺差。储备资产小幅波动,主要基于估值因素。贸易谈判进展显著影响人民币汇率走势,成为外汇交易市场不可忽视的力量。

3. 外币货币市场建设驶入快车道

交易中心持续加强外币对市场建设,外币货币市场建设驶入快车道。新增新西兰元和新加坡元外币拆借和外币回购交易、推出外币对期权交易、发布境内银银间美元拆借加权成交利率、引入首批FT账户参与银行间外币对交易、推出线上外币同业存款业务和以上海清算所托管的境内债券为抵押物的外币回购业务。4月16日,外币拆借单日交易量突破600亿美元;7月23日,以境外外币债为抵押品的外币回购累计交易量突破400亿美元。2019年外币对市场交易量增长明显,外币对即期共成交11 739.9亿元,同比大增74.5%;外币对掉期共成交20 676.1亿元,同比增长超过3倍;外币对货币掉期共成交7.8亿元,同比增长超过13倍。

第三节 市场建设

1. 扎实推进制度建设

正式成立外汇市场交易确认标准工作组,发布《标准建设工作组指引》,建立标准建设议事决事流程。

与交易商协会共同制定外币回购标准协议、推进将外币回购的抵押品范围扩展至人民币债券、推进以境外外币债为抵押品的外币回购业务境外托管直连,为外币回购业务长远发展奠定坚实制度基础。

持续推动形成规范的外汇市场交易环境。发布修订后的《银行间人民币外汇市场交易规则》,促进市场诚信、公平、有序、高效运行。完善多项外汇市场自律工作制度,发布《外汇市场自律机制工作指引》修订版、修订《自律管理措施工作指引》和《全国外汇市场自律机制成员自律行为评估办法》并提交审议。启动自律管理工作,要求机构切实落实自律规范,完善内控制度。

根据《CFETS人民币汇率指数货币篮子调整规则》(中汇交公告〔2016〕81号),交易中心调整CFETS人民币汇率指数货币篮子的权重以及BIS货币篮子人民币汇率指数的货币篮子和权重。新版指数自2020年1月1日起生效。

2. 对外开放水平持续提升

服务国家战略,提升“一带一路”合作服务水平。持续完善与乌鲁木齐中支合作共建的中国(新疆)—丝路货币区域交易信息平台,新增英文版和俄文版展示、增加个人市场报价行情等。

11月,交易中心与莫斯科交易所正式签署合作谅解备忘录,双方在工作组层面将就引入俄罗斯国家清算中心(NCC)成为交易中心特殊会员可行性、人民币对卢布交易互联合作设想等进行深入探讨和研究。

3. 交易平台持续优化

2019年完成多次新平台升级,CFETS FX2017业务功能不断优化,提升交易效率、促进价格发现的优势逐步显现。

在询价功能方面,丰富报价档位行情信息,提供灵活的单边询价和向最优价机构询价的快捷功能,同时在价格版面提供快速浏览预设对手方信息。在撮合功能方面,增加点击成交订单的滑点机制,提升交易匹配效率;推出止损订单(Stop Order),支持限价订单、市价订单、冰山订单和止损订单一揽子高效的交易策略。在交易管理功能方面,新增支持人民币跨境支付系统(CIPS)清算指令,规范清算指令要素维护标准,提升后台清算效率和准确性;优化新平台外汇交易成交单,通过增加交易中心水印、成交单专用章和数字签名提高成交单的安全性和合规性。

4. 产品和交易机制不断创新

产品方面:推出外币对期权交易,进一步丰富外币汇率风险管理工具,外币对产品序列已基本完备。继续培育外币货币市场,推出境内银银间美元拆借加权成交利率,引入自贸区FT账户外币资产负债管理需求。

推出市场数据高速接口服务(CMDS Pro)。支持每秒万笔的即期撮合行情,传输延迟低于10毫秒,为做市商提供更精准、高效的报价交易数据源。

交易机制方面:将衍生品协商交易机制覆盖的产品范围进一步扩展至外汇远期和掉期,支持与iDeal和货币经纪服务直连,便利线上货币经纪服务直连。合作引入外汇经纪报价等行情数据,助力交易前端协商和决策;对接国际市场全程留痕监管要求,提供聊天记录实时监控。

对C-Trade实现性能优化和撮合效率提升,引入高并发、低延迟的内存撮合技术,订单处理能力实现飞跃式提升。在性能升级的基础上,C-Trade交易、授信、行情三大接口使用效率全面提升,支持业务全流程自动化处理;潜在订单计算效率大幅提升,订单自动匹配效用显著增强。优化 C-Trade 授信额度管理和提单操作风险提示等功能，在实现交易效率优先的前提下保障交易安全、合规。

5. 服务市场水平持续提升

银行间外汇市场电子化服务平台(iSupport)上线，近百家机构已注册使用，平台支持在线办理会员资格及业务申请，全面提升服务效率和用户体验。

继续做好交易后服务，推出外币利率互换、NDF 及外币对期权交易确认服务，完善同步交收业务加强支付系统连接。支持中俄边贸金融机构的卢布交易全部纳入 PvP 机制。研究完善同步交收机制，参与欧央行会谈、成立跨部门项目组，形成人民币对欧元跨境同步交收机制建设方案。

第四节　市场发展展望

1. 完善基础设施建设，推动机制与产品创新

坚持以促进市场发展、满足交易需求为出发点，打造先进、高效的银行间市场交易基础设施，丰富市场产品序列，完善和创新交易机制，优化交易流程和配套服务，提升市场流动性、价格发现水平和资源配置效率，降低交易成本，服务金融改革和宏观政策执行传导，全面提升服务实体经济、支持供给侧结构性改革的能力。进一步活跃外币对市场。在外币对市场，近年来银行间外币对市场发展迅速，产品序列持续丰富，目前已覆盖即期、远期、掉期、期权、货币掉期和利率互换交易；参与主体持续扩容，至 2019 年底，有 22 家境内外外币对做市商为外币对市场提供流动性，近 200 家会员参与外币对交易。下一步将继续完善交易机制，丰富产品序列，引入更多活跃做市机构，推动境内外币对市场蓬勃发展。

2. 多方面采取措施，切实防范化解金融风险

加大银行间市场衍生产品创新力度，增强市场机构防范化解金融风险能力。进一步加强对市场交易秩序的管理，综合运用市场化机制和监测管理手段，防范化解各类市场风险。加强市场一线监测，增强跨市场、跨品种联动分析，提高重大事件风险预警能力，严密防范市场异常波动和外部冲击。提升市场透明度，消除非市场因素的信息不对称影响。充分发挥市场自律机制作用，进一步完善市场考评体系，维护市场正当秩序，加强市场规范化管理。

3. 加强沟通合作，共建市场生态圈

加强与国际和国内市场同业的沟通合作，深度参与国内外相关金融领域的标准建设，与市场参与各方携手建设更具包容性、适应性的多层次金融市场，共建更加国际化、市场化、专业化的市场生态圈。

第五章　黄 金 市 场

第一节　市场运行情况及特点

2019 年，上海黄金交易所（以下简称“上金所”）继续稳步实施市场化、国际化发展战略，市场运行平稳，各项业务成效显著，黄金交易量居全球交易所市场第三位。

1. 市场运行情况

(1) 市场总体交易情况

2019 年，上金所总交易金额 28.76 万亿元，同比增长 33.18%。其中，黄金成交量 6.86 万吨，同比增长 0.12%，成交额 21.49 万亿元，同比增长 15.69%；白银成交量 178.00 万吨，

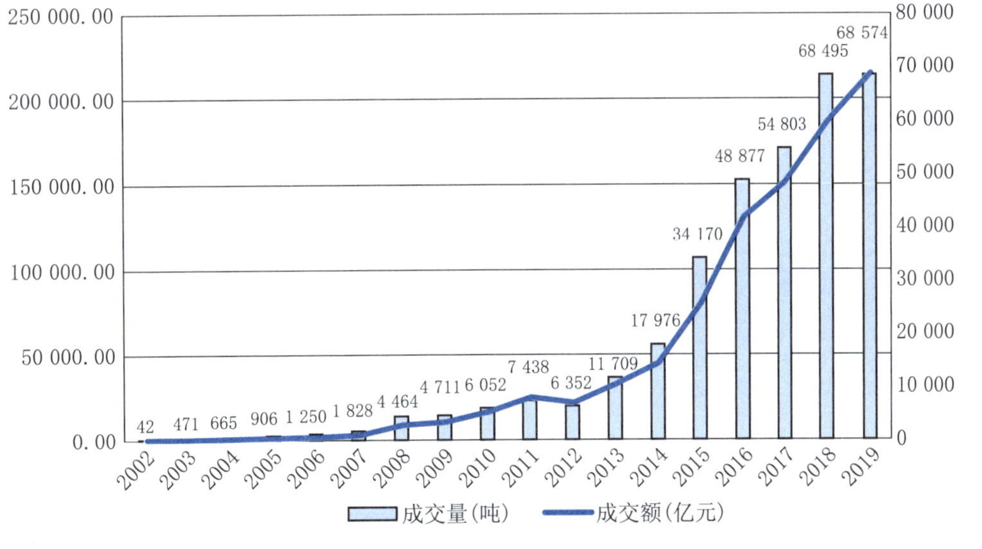

图 5-1　上海黄金交易所黄金成交量和成交金额

数据来源：上海黄金交易所年报。

同比增长 113.41%,成交额 7.25 万亿元,同比增长 141.37%;铂金成交量 42.77 吨,同比增长 2.85%,成交额 86.11 亿元,同比增长 3.07%。上金所国际业务板块(以下简称“国际板”)2019 年成交量 25.91 万吨,同比增长 814.35%;成交金额 3.67 万亿元,同比增长 99.11%。其中,黄金成交量 0.82 万吨,同比增长 25.19%,成交金额 2.62 万亿元,同比增长 48.22%;白银成交量 25.09 万吨,同比增长 1 051.58%,成交金额 1.05 万亿元,同比增长 1 255.19%。

2019 年,黄金竞价市场成交量 2.71 万吨,同比增长 32.75%。其中,现货实盘合约成交 5 214.17 吨,同比下降 22.63%,实物需求有所下滑;延期交收合约成交 2.19 万吨,同比增长 60.09%,投资交易需求增幅较大。黄金询价市场全年成交量 4.03 万吨,成交金额 12.64 万亿元,同比增长 0.09%。黄金定价市场全年共进行 488 场 1 489 轮交易,平均每场 3.05 轮,共成交 1 168.96 吨,同比下降 20.73%,成交额 3 624.12 亿元,同比下降 9.35%,日均成交 4.79 吨,日均成交额 14.85 亿元。

(2) 金价及国内外价差

2019 年初,黄金价格在 1 300 美元/盎司附近横盘震荡。5 至 8 月,受风险事件持续升级及美联储货币政策转向的影响,黄金开始强势上涨模式。9 月以来,受美联储继续降息、中美贸易摩擦暂缓及英国硬脱欧风险暂时释放等因素影响,黄金高位回调整理,但在 1 450.00 美元/盎司附近有较强支撑。年末,伦敦现货黄金定盘价为 1 523.00 美元/盎司,比 2018 年末上涨 241.35 美元/盎司,涨幅 18.83%。上金所黄金 Au99.99 合约年初开盘价 283.98 元/克,最高价 369.24 元/克,最低价 277.50 元/克,年末收盘价 340.80 元/克,比 2018 年末上涨 19.75%,全年加权平均价 308.70 元/克,同比上涨 13.74%。

图 5-2 2019 年国内外金价走势情况

数据来源:上海黄金交易所 2019 年年报。

全年，受国内黄金进口规模下降的影响，市场实物供给总体偏紧，导致黄金的国内外价差水平同比提升。黄金的国内外价差平均幅度为 2.46 元/克，同比扩大 0.99 元/克，增长 67.35%；白银的国内外价差平均幅度为 280.29 元/千克，同比扩大 15.01 元/千克，增长 5.66%；铂金的国内外价差平均幅度为 8.48 元/克，同比缩小 5.96 元/克，下降 41.27%。

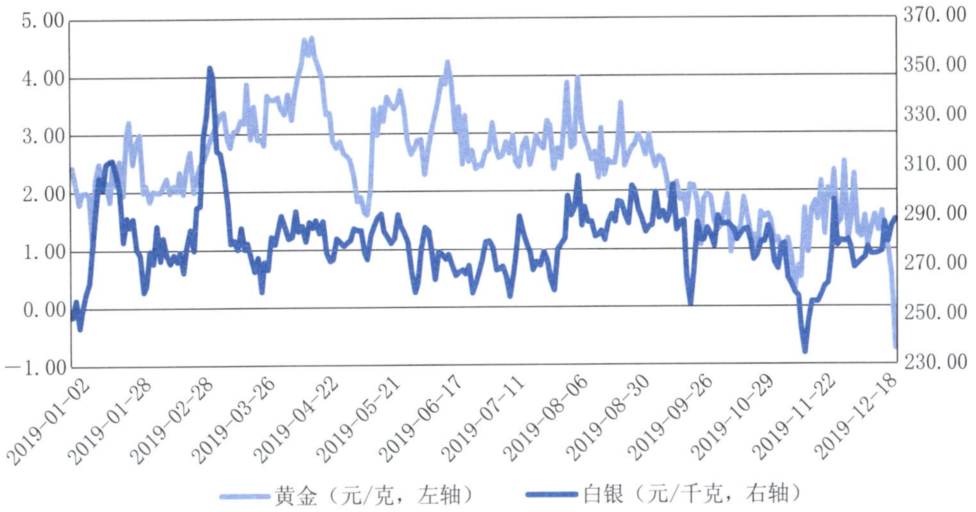

图 5-3 2019 年黄金、白银的国内外价差走势图

数据来源：上海黄金交易所 2019 年年报。

（3）清算交割

2019 年资金清算量 37 430 亿元，日均清算量 153 亿元，同比增长 10.24%。其中，自营资金清算量 27 630 亿元，增长 19.61%；会员代理 9 800 亿元，下降 8.52%。

2019 年上海黄金交易所实物入库量共计为 4 347.81 吨，较 2018 年同比下降 4.07%，其中完成黄金入库量共计为 1 778.76 吨，较 2018 年同比下降 11.24%；铂金入库量共计为 21.36 吨，较 2018 年同比上升 11.25%；白银入库量共计为 2 547.69 吨，较 2018 年同比上升 1.54%。

2019 年上海黄金交易所实物出库量共计 2 975.73 吨，较 2018 年同比下降 19.79%。其中黄金出库量共计为 1 642.01 吨，较 2018 年同比下降 20.08%；铂金出库量共计为 21.09 吨，较 2018 年同比上升 7.71%；白银出库量共计为 1 312.64 吨，较 2018 年同比下降 19.75%。

2019 年，上金所在全国 36 个地区使用 67 家交割仓库，满足了国内包括金融、生产、加工、批发、进出口贸易等各类黄金产业链企业的出入库需求。

（4）会员自营和代理业务情况

黄金竞价交易主体中，自营成交 1.40 万吨，同比增长 23.61%，代理机构成交 6 176.93 吨，同比增长 17.98%，代理个人成交 6 871.65 吨，同比增长 80.18%。白银竞价方面，自营成交 42.72 万吨，同比增长 403.62%，代理机构成交 43.31 万吨，同比增长 74.03%，代理个人成交 87.08 万吨，同比增长 93.39%。会员自营、会员代理机构及个人等各交易主体规模的普遍增长共同促进了竞价交易量增长。其中，黄金自营份额占 51.79%和白银自营业务的增长，表明会员仍是黄金市场的主要参与者，且在白银市场上活跃度有所增强。

(5) 白银市场

2019 年，白银成交量 178.00 万吨，同比增长 113.41%，成交额 7.25 万亿元，同比增长 141.37%。白银价格上半年走势较为疲弱，后跟随黄金走势有所上涨。6 月后中美贸易冲突升级，引发避险情绪快速推升白银价格，9 月上旬触及 2017 年以来高位，随后市场担忧情绪有所消退，白银回吐年内部分涨幅。年末，伦敦现货白银定盘价为 18.05 美元/盎司，比 2018 年末上涨 2.58 美元/盎司，涨幅 16.68%。上金所白银 Ag(T+D)合约年初开盘价 3 646 元/千克，最高价 4 810 元/千克，最低价 3 476 元/千克，年末收盘价 4 346 元/千克，比 2018 年末上涨 20.19%，全年加权平均价 4 080 元/千克，同比上涨 13.24%。

(6) 铂金市场

2019 年，铂金成交量 42.77 吨，同比增长 2.85%，成交额 86.11 亿元，同比增长 3.07%。铂金上半年区间震荡，三季度在黄金、白银的拉动下上涨，四季度价格高位震荡。2019 年铂金上涨主要是在黄金带动下由投资需求驱动，黄金价格走势对铂金产生了外溢作用。年末，伦敦现货铂金定盘价为 971 美元/盎司，比 2018 年末上涨 183 美元/盎司，涨幅 23.22%。上金所 Pt99.95 合约年初开盘价 188.50 元/克，最高价 235.50 元/克，最低价 182.30 元/克，年末收盘价 224.58 元/克，比 2018 年末上涨 19.20%，全年加权平均价 201.33 元/克，同比上涨 0.21%(见图 5-4)。

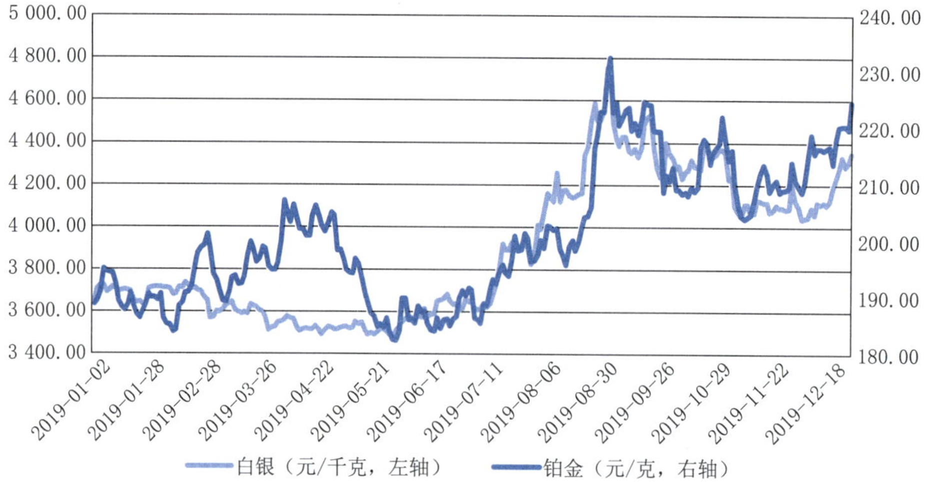

图 5-4　2019 年白银、铂金价格走势图

数据来源：上海黄金交易所 2019 年年报。

2. 市场运行主要特点

(1) 全球黄金市场普遍增长，我国黄金市场进步显著

2019 年，上金所总交易金额 28.76 万亿元，同比增长 33.18%，黄金、白银和铂金占比分别为 74.75%、25.22%和 0.03%。其中，黄金成交 6.86 万吨，同比增长 0.12%，成交额 21.49 万亿元，同比增长 15.69%；白银成交 178.00 万吨，同比增长 113.41%，成交额 7.25 万亿元，同比增长 141.37%；铂金成交 42.77 吨，同比增长 2.85%，成交额 86.11 亿元，同比增长 3.07%。

美国 CME 集团下的 COMEX 黄金期货和白银期货规模均有所增长，交易量继续引领全球。COMEX 黄金期货全年交易量[①] 54.27 万吨，同比增长 8.34%，在全球主要交易所中仍排名第一。白银期货交易量 754.10 万吨，同比增长 0.96%，在全球主要交易所中排名第一。日本 TOCOM 黄金白银期货规模稳步增长，印度多种商品交易所黄金、白银期货市场交投回暖。东京 TOCOM 黄金期货交易量 1.73 万吨，同比增长 2.38%，全球排名第四位；白银期货交易量 444.28 吨，同比增长 11.53%。印度 MCX 黄金期货交易量 8 332.98 吨，同比增长 64.81%，全球排名第五位；印度白银期货交易量 44.56 万吨，同比增长 34.72%。

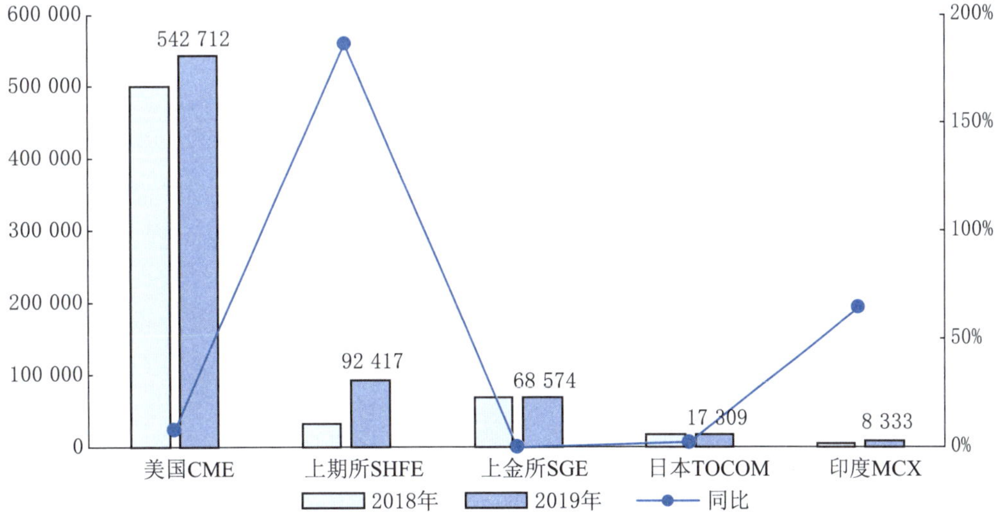

图 5-5 全球主要交易所黄金成交量排名(双边，吨)

数据来源：上海黄金交易所 2019 年年报。

① 统计数据来自各交易所官网，统计口径均为双边。

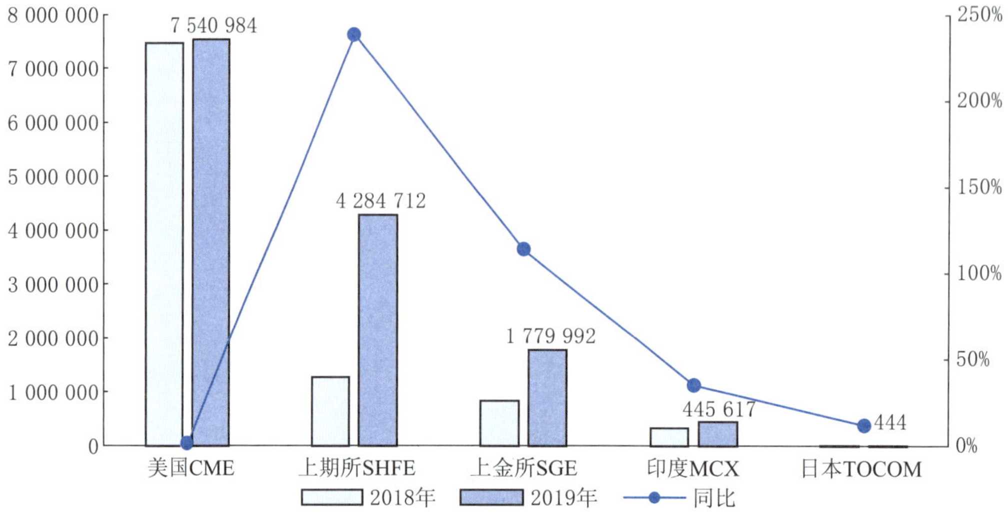

图 5-6 全球主要交易所白银成交量排名(双边,吨)

数据来源:上海黄金交易所 2019 年年报。

(2) 询价板块实施产品供给创新,市场能级大幅提升。询价交易额小幅增长。2019 年,黄金询价累计成交 4.03 万吨,成交金额 12.64 万亿,同比增长 0.09%;其中,中国外汇交易中心平台成交 2.49 万吨,交易所平台主板业务成交 0.98 万吨,国际板业务 0.56 万吨,分别占比 62%、24%、14%。询价产品供给结构化创新。七月上线白银期权产品,询价市场大类结构进一步完善。全年白银询价累计成交 4.64 万吨,成交金额 1 775.68 亿元,助力线下白银实物向交易所体系集聚。履约担保产品完成系统开发,于 2020 年元旦技术上线;完成业务制度起草、意见征集、业务推广等相关配套工作,持续推进履约担保产品建设。询价价格基准建设持续深化。2019 年元旦正式开启黄金询价期权波动率曲线线上报价功能;2019 年 6 月 6 日起向全市场公开发布询价黄金期权波动率和白银远期价格曲线。依托询价期权隐含波动率曲线建设,推动期权资管、衍生应用向"上海金"市场积聚,询价衍生价格基准正在成为深化"上海金"品牌建设的新元素。

(3) 国际板市场运行情况

2014 年 9 月 18 日,上海国际黄金交易中心有限公司(以下简称"上金国际")正式开业运营,上金国际集中管理上金所的国际业务,负责上金所国际板市场的具体运营。根据中国人民银行的批复,上金国际经营范围为组织安排黄金、白银、铂金、钯金等贵金属产品和相关衍生品交易,并提供相应的中介服务。成立五年来,上金国际在人民银行和上金所的带领下,充分利用政策、区位和资源优势,积极服务"一带一路"建设,发展势头良好,市场功能初步显现,对国际黄金市场的影响力正在逐步增强。

第二节 上海黄金交易所业务创新与金融基础设施职能

(1) 紧跟市场“焦点”,精耕细耘国内黄金市场

一是延长交易时间,提升市场效率。加强中国黄金市场与全球市场联动效应,顺利实现午间连续交易,目前交易日开市时间已延长至 13 小时。二是降低交易成本,服务实体经济。实施延期合约的手续费率优惠,并继续实施竞价、询价、定价市场等手续费减收减免措施,全年较 2018 年多减收减免各类手续费近亿元。三是完善交易机制,丰富投资者结构。拓展做市商管理模式,推出线上交易经纪,完善特别法人户业务规范,加强程序化交易日常管理,积极对接理财子公司等新型投资者需求。四是拓宽服务范围,丰富服务内容。发布询价黄金期权波动率和白银远期价格曲线,积极推动黄金资产管理业务登记托管。

(2) 突出创新“亮点”,着力推动产品业务创新

一是深化场内产品创新,推出“上海银”集中定价交易业务,优化熊猫金币“易金通”提货物流配送,丰富“上海金”内涵,全面推进“上海金”ETF 系列产品。二是拓展场外业务范围,上线白银询价期权产品,持续推动履约担保产品建设,协助金融机构开发基于“上海金”定价的黄金现货和衍生产品。三是积极参与国际标准制定,推进国际黄金公斤条标准制定,输出国际黄金质量标准的中国方案。一是调整技术开发中心组织机构,扩大系统自主研发系统范围,系统研发实现基本自主可控。成功实现 GEMS-3 系统、国际板清算和登记系统重构、询价交易系统国密改造、易金通 APP 系统三期和四期、反洗钱系统一期、深圳灾备应用改造、大数据平台应用试点和报价交易系统一期等项目开发和上线。二是继续提升信息系统的技术保障能力,周密组织系统上线。完成官网基础技术架构改造,实现远程技术监控。完成 GEMS 存储及备份系统双活改造,持续加大机房等系统配套设施投入力度,顺利完成现有机房备份电源更换、机房搬迁等工作,同时完成生产运营大楼机房和深圳机房技术设计和评审工作。

(3) 强化清算结算职能,规范业务发展

一是全面推进合格中央对手方建设,顺利通过人民银行外部评估;二是加入大额支付系统,进一步完善货币结算机制;三是抓好基础创新工作,主动防范化解结算风险;四是夯实清算业务制度基础,完善清算核心系统功能;五是开展存管银行考核,规范保证金存管业务;六是落实最低结算准备金制度,提升风险防范水平。

(4) 提升交割仓储服务水平,全年运行平稳流畅

设立深圳工行国际板指定仓库,压缩黄金转口业务流程,推出“白银交割品种转换”

功能。制定并对外发布场内黄金同业租借参考基准利率,为租借业务和相关衍生品定价提供参考,积极配合人民银行制定黄金租借管理办法,为市场参与主体提供合规保障。

(5) 稳步推进信息系统建设,确保信息系统安全高效

一是信息系统建设平稳推进。完成报价交易系统一期等 12 个项目系统上线,做好保证金询价交易系统等 8 个项目的系统开发,完成交易系统国密改造等系统的技术改造。二是强化系统安全管理,上线数据库专业监控工具,加强值班监控规范管理,提升网络安全防护能力。

第三节　市场对外开放情况

(1) 启动"黄金之路"项目,探索"一带一路"沿线合作新模式

在人民银行、各级地方政府相关部门的大力支持下,上金所联合国际会员推出"黄金之路"项目,推进中国优质的黄金加工制造产能与"一带一路"沿线国家黄金产业对接,推动中国黄金制造产业产能向"一带一路"沿线地区输出,同时吸引"一带一路"沿线黄金市场参与者向中国市场集聚,打造区域黄金交易和仓储转运中心。2019 年 8 月 8 日,"黄金之路"项目首笔"黄金租借+珠宝加工"业务成品在深圳完成交接及复出口流程,标志着"黄金之路"业务新模式顺利实现。

(2) 推动"上海金"基准价格在国际金融市场的应用,不断增强人民币在金融要素市场的定价能力

2019 年 10 月 14 日,全球最大的衍生品交易所——芝加哥商业交易所(CME)上线基于"上海金"基准价的"上海金"期货合约,实现了全球最大的场内现货黄金市场与全球最大的衍生品交易所之间的跨市场合作,有效提升人民币黄金定价的全球影响力和中国黄金市场的国际话语权,助力人民币国际化和上海国际金融中心建设向深入推进。

(3) 境内外市场合作不断加强

2019 年,上金国际积极探索"走出去"路径,跨市场合作取得突破性进展。中俄两国黄金市场进一步联通,推动莫斯科交易所的全资子公司国家清算中心银行成功入会,双方人员培训项目已顺利开展;推进与印度相关交易所的合作意向及中国澳门等就黄金市场互联互通的沟通交流。加强市场推介,拓展合作机遇,挖掘潜在的合作机会,提升国际板的市场认同度和影响力。

第四节　上海黄金交易所2020年一季度市场运行情况

2020年一季度,上金所市场总交易金额9.12万亿元,环比增长31.75%,同比增长83.47%,黄金、白银和铂金的交易额占比分别为70.20%、29.74%和0.06%。

一季度,国际板黄金及白银共成交1.83万亿元,同比增长392.46%,环比增长103.66%。其中黄金成交3 448.88吨,同比增长199.99%,环比增长137.60%;白银成交15.17万吨,同比增长1 164.69%,环比增长56.09%。

第六章　票 据 市 场

第一节　市场运行情况

1. 票据签发承兑量在社会融资规模中占比提升

2019 年，全市场累计签发承兑票据 20.38 万亿元，同比增长 11.55%；年末承兑余额

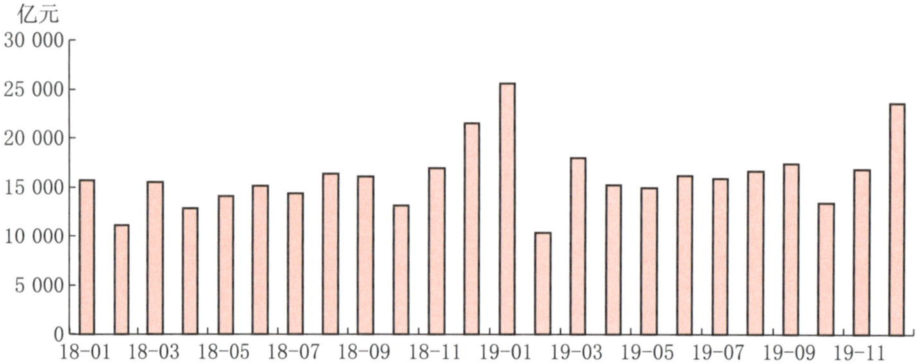

图 6-1　2018 年 1 月—2019 年 12 月票据签发承兑量

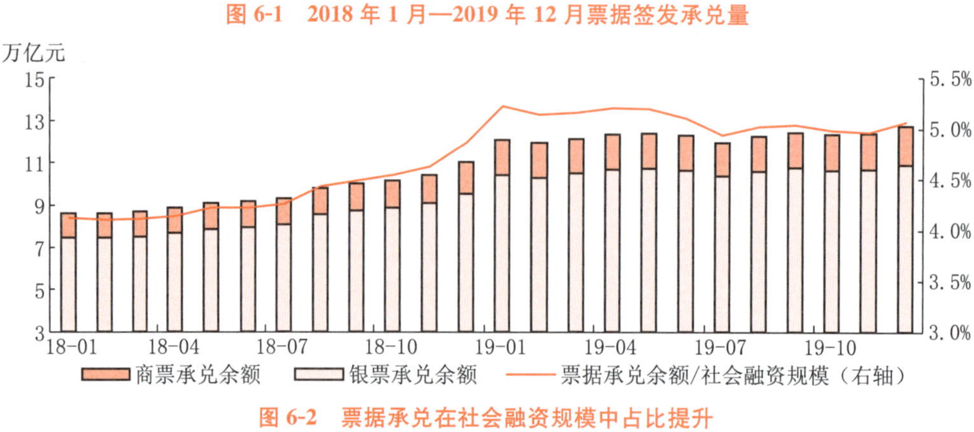

图 6-2　票据承兑在社会融资规模中占比提升

12.73 万亿元，比年初增长 15.27%。其中，电子商业汇票累计签发承兑 19.96 万亿元，占比 97.94%；纸质商业汇票累计签发承兑 0.42 万亿元，占比 2.06%。银行承兑汇票累计签发承兑 17.36 万亿元，占比 85.18%；商业承兑汇票累计签发承兑 3.02 万亿元，占比 14.82%。票据签发承兑量在社会融资规模中占比为 5.07%，比上年提高 0.2 个百分点。

2. 票据贴现在企业贷款中占比提升

2019 年，票据累计贴现 12.46 万亿元，同比增长 25.33%；年末贴现余额 8.18 万亿元，比年初增长 24.03%。其中，电子商业汇票贴现发生额为 12.38 万亿元，占比 99.36%；纸质商业汇票贴现发生额为 0.08 万亿元，占比 0.64%。银行承兑汇票贴现发生额为 11.52 万亿元，占比 92.46%；商业承兑汇票贴现发生额为 0.94 万亿元，占比 7.54%。贴现增量在企业贷款增量中占比达到 16.77%，成为支撑企业贷款增长的重要力量。

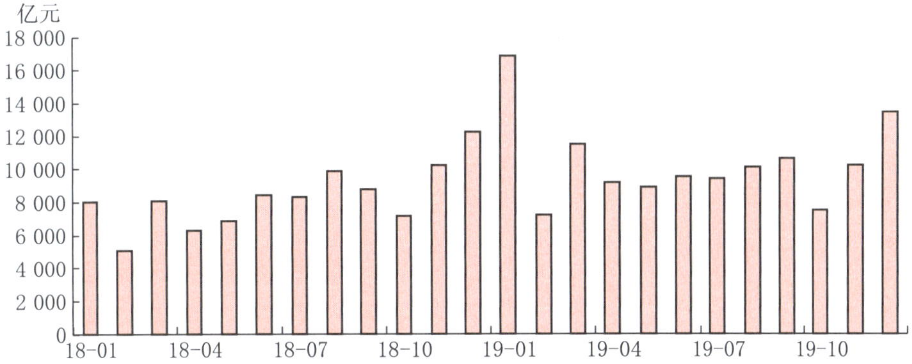

图 6-3　2018 年 1 月—2019 年 12 月票据贴现量

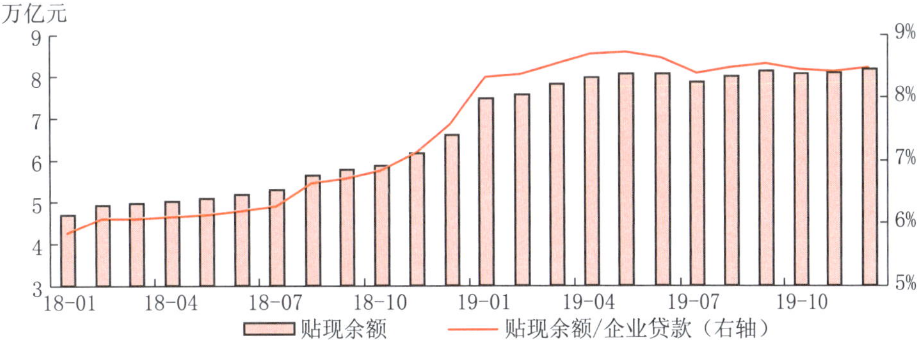

图 6-4　贴现余额在企业贷款中占比提升

3. 票据交易量增长明显

2019 年，票据市场交易量为 50.94 万亿元，同比增长 22.01%。其中，转贴现 38.82 万亿元,同比增长 12.11%;回购 12.12 万亿元,同比增长 70.11%。分介质看,电子商业汇票交易 50.84 万亿元,占比 99.8%;纸质商业汇票交易 0.1 万亿元,占比 0.02%。

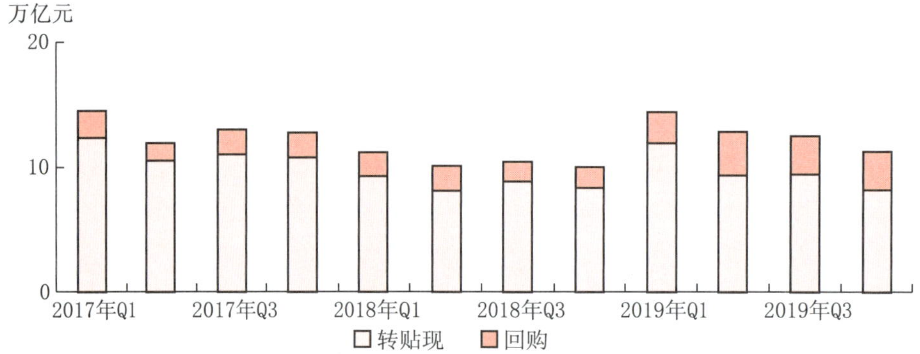

图 6-5　票据交易量增长明显

4. 票据市场利率持续下行

2019 年,票据贴现加权平均利率为 3.44%,较上年下降 117 个基点;转贴现加权平均利率为 3.31%,较上年下降 110 个基点;质押式回购加权平均利率为 2.51%,比上年下降 71 个基点。

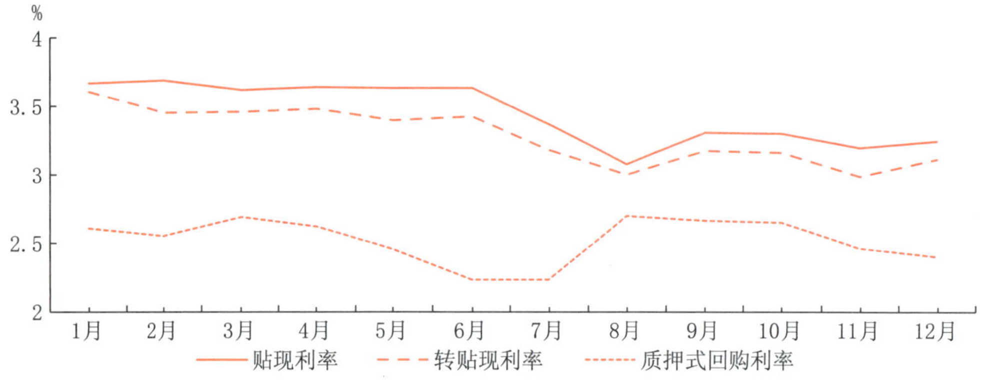

图 6-6　2019 年各月票据利率走势

5. 再贴现政策持续发力

2019 年,人民银行持续加大再贴现支持力度。在 2018 年已增加再贴现额度 2 000 亿元的基础上,针对结构性流动性紧张局面,人民银行于 2019 年 6 月份再次增加再贴现额度 2 000 亿元。再贴现额度的提高增加了商业银行票据贴现的意愿,有效带动金融机构通过票据贴现支持企业融资的积极性,有助于改善小微企业和民营企业融资环境。2019 年末,再贴现余额为 4 713.78 亿元，同比增长 43.26%。

6. 票据成为解决民企中小微企业融资问题的重要工具

2019 年末，出票人为中小微企业的票据承兑余额为 8.89 万亿元，占全部承兑余额的 69.84%；贴现申请人为中小微企业的票据贴现余额为 6.66 万亿元，占全部贴现余额的 81.39%。12 月，中小微企业票据贴现平均利率为 3.29%，同比下降 57 个基点，比贷款基准利率低 106 个基点，比 12 月一年期 LPR 低 86 个基点。

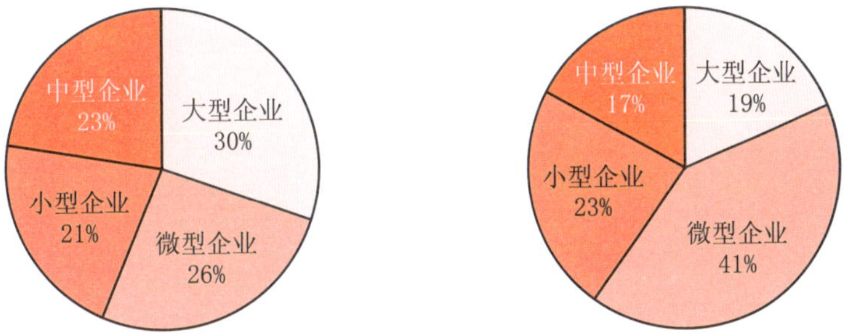

图 6-7　2019 年末各类型企业承兑余额占比(左)各类型企业贴现余额占比(右)

第二节　基础设施建设

2019 年，为满足票据市场参与者业务需求，通过系统版本升级、功能优化、强化服务等措施，票据市场基础设施建设日益完善。一是丰富和优化交易系统直连接口功能。更新发布《中国票据交易系统直连接口规范(2.2 版)》与《中国票据交易系统直连接口规范(3.0 版)》，上线投产相关升级功能。二是新增贴现通子系统，成功上线“贴现通”业务，实现贴现业务在全国范围内的信息撮合和线上开展。三是完善再贴现业务系统，增加再贴现信息补充修改和实时查询，便利审批流程，优化了再贴现政策传导渠道。四是优化完善票交所系统各项功能。优化交易功能，增加交易对手、承兑行和贴现行清算模式的字段，增加托管票据查询、限额维护；完善非交易业务功能，优化企业质押解除、提示付款、贴现登记撤回等功能，新增用户急需的追偿和未结清票据查询功能；优化清算结算功能，实现财务公司 ECDS 线上清算；完善会员管理，新增批量管理、操作进度展示等功能。票据市场基础设施建设的加强有效提升了票据业务操作的便利性和票据风险防控能力。

第三节 市场创新

为了满足企业与金融机构对于支付、融资、交易的新需求,更好发挥票据市场服务实体经济的功能作用,上海票据交易所立足新起点、探索新道路,以互联网技术和金融科技为载体,逐步推出了"票付通"业务、"贴现通"业务、标准化票据和城商银票转贴现收益率曲线等一系列创新产品和服务。

一是推出"票付通"业务,让小微企业和民营企业能够更加安全和便捷地使用和盘活票据资产。"票付通"是票交所基于供应链、B2B电商业务场景向广大企业提供的线上票据支付产品,通过将票据支付嵌入线上平台的业务环节,以B2B平台在线支付场景为依托,为企业提供安全、便捷、高效的线上账期支付工具。"票付通"业务解决了企业持有大量高信用等级的票据难以流通的问题,成为推动产业互联网发展的"催化剂"和"黏合剂"。票交所于2019年1月26日和5月25日分两期投产了"票付通"核心业务功能。截至2019年底,7家试点机构携手23家平台,累计签约企业802户,发起7 462笔票据支付业务,金额合计68.66亿元。

二是推出"贴现通"业务,打通贴现服务"最后一公里",切实服务民营企业小微企业。"贴现通"业务于2019年5月上线,为企业和金融机构提供了一个全国性的贴现服务平台。"贴现通"业务由内控机制完善、票据业务经营状况良好的商业银行担任票据经纪机构,为持票企业提供贴现信息咨询、询价和撮合等票据经纪服务,实现了贴现业务的信息撮合和线上开展。"贴现通"业务有利于促进全国贴现市场的统一,解决市场信息透明度低、办理成本高、供需匹配效率低等问题。截至2019年底,五家票据经纪试点银行共计为2 720家贴现申请企业提供票据经纪服务,接受委托票据6 653张,票面金额合计98.19亿元,其中5 130张票据通过"贴现通"业务系统达成贴现意向,票面金额合计74.92亿元。

三是推出标准化票据,缓解中小金融机构流动性压力,进一步拓展中小企业融资渠道。经中国人民银行同意,票交所于2019年8月开始创设标准化票据,共成功创设4期产品,总金额约14亿元。前3期标准化票据均以锦州银行承兑的已贴现商业汇票作为基础资产,创设规模共约13亿元人民币,期限为2—3个月,认购利率分别为4.9%、4.6%、3.6%;第4期标准化票据的基础资产为江苏银行承兑的未贴现银行承兑汇票,创设规模1亿元人民币,期限为349天,认购利率为3.02%。标准化票据的创设推动了票据融资机制创新,促进了票据市场与债券市场联动发展。

四是发布城商银票转贴现收益率曲线,为城商银票估值定价提供参考。近年来票交所积极推进票据市场利率体系建设，填补过去票据市场缺乏定价估值参考的空白。继2018年发布首条票据收益率曲线——国股银票转贴现收益率曲线后，票交所又于2019年12月正式发布了城商银票转贴现收益率曲线。城商银票转贴现收益率曲线进一步扩大了票据收益率曲线信用主体的覆盖面，使转贴现市场90%以上的票据获得估值定价参考，有利于改善城市商业银行承兑票据的价格透明度，通过基准定价引导市场，进一步提升了中小银行承兑票据的流动性和交易活跃度。

第四节　票据市场发展展望

在宏观经济稳字当头和宏观政策逆周期调控的背景下，票据市场将继续回归支持实体经济本源，在支持实体经济发展、解决民营和中小微企业融资难、融资贵问题等方面发挥作用。一是内部经济保持韧性、外部贸易摩擦趋于缓和，企业贸易和开票需求有望恢复，将支撑票据业务继续增长。二是票据市场规则更趋规范和统一，票据市场定位更加明确，不规范票据行为的生存空间将继续被压缩，对票据市场的干扰也将继续下降。三是票据的各项功能将更趋强化。随着票交所业务系统的不断完善和创新产品的持续推出，票据的支付功能和交易功能将持续强化。

第七章　证 券 市 场

第一节　股票市场运行情况

1. 市场概况

一是股票市场规模不断扩大。截至 2019 年底，上交所上市公司数达到 1 572 家，市值 35.6 万亿元，较 2018 年底增加 31.91%。其中，科创板上市公司 70 家，市值 8 638 亿元，占比约 2.43%。全年股票成交额大幅提升，累计成交额 54.4 万亿元，同比增加 35%。其中，主板累计成交额 53.1 万亿元，科创板累计成交额 1.3 万亿元。

二是股票市场融资结构继续优化。2019 年沪市股票累计筹资 5 145 亿元，同比减少 16%。其中，完成首次公开发行(IPO)123 家，募集资金 1 844 亿元，分别同比增长 116%、113%。其中，科创板上市公司 70 家，筹资 824 亿元，占比 45%。再融资 266 家，募集资金 3 301 亿元，同比减少 37%。截至 2019 年底，上交所股票市场筹资金额、成交金额、总市值在全球交易所中排名分别为第 1、4、4 位。

三是上市公司结构不断优化、质量持续提升。截至 2019 年底，沪市主板战略新兴、高科技类上市公司 333 家，总市值 6.4 万亿元，分别占比 21.18%和 18.1%。科创板上市公司 70 家，总市值 8 637.64 亿元，占沪市比重分别为 4.45%、2.43%。大力支持上市公司并购重组转型升级，全年完成并购重组 51 家次，交易金额约 1 820 亿元。从已披露的 2019 年年报看，沪市有 1 199 家公司(主板 1 110 家，科创板 89 家)提出现金分红方案，分红金额 10 764 亿元(主板 10 693 亿元，科创板 71 亿元)，再创历史新高，为投资者提供更多优质安全投资标的。

2. 市场监管和风险防范

一是坚守安全运行底线。加强日常值守与应急处置，全年核心交易系统未发生安全事故。持续推进 BPM 系统建设，进一步提高业务运行电子化水平，核心交易系统运行基本实现零人工操作。

表 7-1　上海证券市场概况

市场概况	2019 年	2018 年	2017 年	2016 年
上市证券(年末)				
上市公司数	1 572	1 450	1 396	1 182
上市证券数	17 623	14 069	12 219	9 647
上市股票数	1 615	1 494	1 440	1 226
新上市公司数	123	57	214	103
发行股本(亿股)	40 199.42	37 708.96	35 288.35	32 707.76
非限售股股本(亿股)	35 170.22	33 497.24	31 119.45	29 372.25
市价总值(亿元)	355 519.70	269 515.01	331 324.82	284 607.63
流通市值(亿元)	301 254.52	232 698.75	281 365.67	240 006.24
筹资金额				
市场合计筹资(亿元)	42 436.01	32 680.73	26 944.44	37 883.95
股票(亿元)	5 145.33	6 113.96	7 578.06	8 056.45
优先股(亿元)	2 550.00	1 225.00	200.00	1 378.00
公司债融资(亿元)	27 667.48	17 780.87	14 937.99	25 547.20
资产支持证券融资(亿元)	7 319.01	7 592.33	4 292.77	2 902.68
交易概况				
交易天数	244	243	244	244
成交金额				
合计(亿元)	2 834 818.77	2 646 248.80	3 063 862.4	2 838 724.47
股票(亿元)	543 844.01	401 965.01	507 770.1	497 864.83
基金(亿元)	68 589.58	71 651.46	78 169.56	89 359.23
债券(亿元)	64 086.85	51 252.14	44 431.2	43 823.28
优先股(亿元)	390.67	157.11	138.91	45.19
期权(亿元)	3 388.78	1 797.66	893.14	431.89
回购(亿元)	2 154 518.87	2 119 425.42	2 432 459.5	2 207 188.05
其他(亿元)	0.00	0	0	12
日均成交金额(亿元)	11 618.11	10 889.91	12 556.81	11 634.12
日均股票成交金额(亿元)	2 232.03	1 659.19	2 095.26	2 056.15

(续表)

市场概况	2019年	2018年	2017年	2016年
全年股票成交数量(亿股)	54 046.64	37 546.31	44 500.24	45 718.62
日均股票成交数量(亿股)	221.50	154.51	182.38	187.37
全年股票成交笔数(万笔)	323 496.08	224 330.55	240 178.48	238 318.84
日均股票成交笔数(万笔)	1 325.80	923.17	984.34	976.72
股价指数				
上证180指数年度最高	9 119.271	9 507.4	9 133.43	7 986.39
上证180指数年度最低	6 661.627	6 694.16	7 192.87	6 051.99
上证180指数年末收盘	8 877.768	6 808.8	8 647.03	7 224.6
上证综合指数年度最高	3 288.453	3 587.03	3 450.5	3 538.69
上证综合指数年度最低	2 440.907	2 449.2	3 016.53	2 638.3
上证综合指数年末收盘	3 050.124	2 493.9	3 307.17	3 103.64
市场比率				
平均市盈率(倍)	14.55	12.49	18.16	15.94
换手率1(总市值)%	165.89	128.95	162.08	190.96
换手率2(流通市值)%	193.44	150.91	192.68	222.12

二是持续推进上市公司信息披露监管。以推动提高上市公司质量为主线,从严监管资金占用、违规担保等典型问题。紧盯存贷双高类公司和不当盈余管理,提高财务信息披露透明度。大力抑制工业大麻、区块链等概念炒作。加大自律监管惩戒力度,坚决维护市场秩序。实施推动提高上市公司质量专项行动,加强上市公司培训,强化大股东、董监高监管,督促上市公司规范运作。强化日常信息披露审核问询与现场检查的联动性,推进"穿透式"核查,当好IPO企业现场检查主力军。

三是不断完善市场交易监管模式。调整优化实时监控机制架构,建成以股票分行业监控为主线、投资者分类监控和特殊证券品种专项监控为补充的实时监控体系。完善异常交易量化监控指标,优化异常交易监管方式。完善重点监控账户制度,落实会员协同监管责任。聚焦重大违法交易,提升线索核查效能。推进交易监管系统建设上线,加强监管数据的拓展和应用。

四是压严压实会员中介责任。修订发布《会员管理规则》,启动程序化交易相关细则制定工作。认真开展会员现场检查工作,加大违规会员警示惩戒力度。做好会籍业务办理工作,持续推进新会员业务系统开发和新设公募基金管理人证券交易模式转换工作。

做好融资融券业务管理。

五是不断提高科技监管水平。升级科技监管体系，认真规划交易所科技战略。加大对业务发展的支持力度，上线新一代市场交易监管系统一期和上市公司画像系统二期，实现大数据平台对数据仓库的全面替换。正式启用金桥数据中心。持续推进交易系统轻型化改造。

六是多措并举防范化解重大风险。聚焦股票质押风险、债券违约风险等重大风险，加强风险排查力度，守住不发生系统性风险的底线。进一步健全重大风险防控体系，制定完善风险管理办法、重大风险防控制度、市场重大风险防控应急预案等规定整理逆周期调节工具箱。

3. 创新发展

一是设立科创板并试点注册制平稳落地。6 月 13 日，科创板正式开板。7 月 22 日，首批 25 家公司集中上市交易。科创板开市以来，市场运行基本平稳，符合预期。注册制试点平稳有序，改革紧紧抓住信息披露这个核心，推动发行人、中介机构、交易所归位尽责，审核注册各环节公开透明，实际效果基本得到了市场认可。全年共有 206 家企业提交科创板发行上市申请，受理 205 家、问询 181 家、审结 138 家、上市 70 家，募集资金 824 亿元。

二是股权融资服务能力进一步提升。建立高效市场服务体系，服务力度显著提高，全年签订战略合作备忘录 37 个，组织实施 IPO 培训班 250 期。优化服务空间布局，长三角资本市场服务基地功能逐步做实，南方中心揭牌并正式开业，新设 G60 科创走廊基地、北方基地、西部基地等 9 家基地，形成全国性服务网络。深化与重点部委、地方政府、中央企业等的稳定合作关系，跟踪对接项目资源。建立“五航一走进”上市培训体系，为不同发展阶段的拟上市企业“量身打造”针对性课程，覆盖 452 家拟上市企业高管。

4. 市场展望

2020 年一季度，沪市上市公司数达到 1 605 家，总市值近 33.1 万亿元。股票成交金额 19.6 万亿元。股票一级市场筹资金额稳步增加，沪市首发上市企业 34 家（主板 10 家，科创板 24 家），募集资金 727.4 亿元（主板 438.6 亿元，科创板 288.8 亿元）。125 家上市公司（主板）完成再融资，募集资金 762.7 亿元。截至 2020 年 3 月底，上交所股票市场筹资总额、成交金额和总市值分别位居全球第 1、第 3 和第 4 名。

第二节 债券市场运行情况

1. 市场概况

上交所债券市场规模稳步扩大，债券直接融资功能进一步增强。截至 2019 年底，上

表 7-2　2019 年上交所债券成交概况

2019 年	期末挂牌数	较去年同期增减	成交金额(亿元)	较去年同期增减(亿元)
债券	15 425	3 279	2 217 835.36	48 377.36
债券现货	15 368	3 279	64 086.85	12 834.71
政府债	3 982	905	2 383.57	−168.59
国债现货	194	−6	1 602.53	382.2
地方政府债	3 788	911	781.04	−550.79
信用债	11 386	2 374	61 703.28	13 003.3
企业债现货	2 165	49	3 447.82	−590.28
公司债现货	2 692	514	28 452.33	4 517.18
可转债	88	38	6 967.13	4 652.31
私募债	3 063	1 095	16 596.54	4 230.92
政策性金融债	10	3	1 374.06	495.48
资产支持证券	3 143	814	1 856.52	121.23
证券公司短债	147	−152	1 879.55	−372.63
交换债	78	13	1 129.34	−50.89
债券回购	57	0	2 153 748.51	35 542.51

表 7-3　2019 年底上交所债券托管量

债券类别	托管总量(亿元)	债券类别	托管总量(亿元)
债券现货	101 369.92	可转债	2 627.16
政府债	10 129.35	私募债	30 680.14
国债	5 698.50	政策性金融债	880.00
地方债	4 430.84	证券公司短债	1 507.52
信用债	91 240.57	交换债	1 690.27
企业债	6 495.56	资产支持证券	10 872.91
公司债	36 487.00		

交所债券托管量10.14万亿元,同比增长20.92%。上交所债券挂牌1.5万只,较2018年底增幅24.1%,具体品种包括国债、地方债、金融债、企业债、公司债、可转换公司债和资产支持证券。2019年上交所债券市场融资5.5万亿元,较上年同期上升约26%。其中:公司债券发行2.77万亿元;可转债发行1 854亿元;地方政府债券发行1.95万亿元;资产支持证券发行0.73万亿元;政策性金融债发行635亿。全年债券总成交221.8万亿元,其中现券成交6.4万亿元;回购(包括债券质押式回购、协议回购、三方回购和报价回购)成交215.4万亿元。

2. 市场创新

一是加强债券市场制度建设。修订发布上交所公司债券预审核指南、资产支持证券化业务指引问答等,全面优化审核流程及文件申报要求。开展非上市公司非公开发行可转换公司债券业务,拓展股债结合产品发行主体。开展信用保护凭证业务试点,进一步完善信用债市场风险定价机制。完善债券交易机制,延长质押式回购交易时间和固收平台交易时间,积极推动银行参与交易所市场相关工作。

二是完善债券市场风险防范与违约处置机制。强化重点行业、重点地区的风险排查,提前监测预警风险,结合个案特点分类推动化解处置。丰富逆周期调节工具箱,推动完善司法救济措施。建立特定债券转让结算服务机制,进一步满足市场化风险化解处置需要。提供回售撤销及转售服务,协助发行人缓释偿付压力。

三是持续推动债券市场产品创新。信用债深化分类分层管理,限制过度融资、高杠杆、房企等尾部企业债务规模,优质企业发行占比继续提高。加大对区域金融生态建设、民营企业、基建补短板项目等的发债融资服务力度,其中多维度支持民营企业发债融资1 980亿元。发行"一带一路"公司债券30亿元,支持境内外机构发行债券用于一带一路建设;发行绿色公司债券713.84亿元,促进节能环保、清洁能源等产业的直接融资;发行扶贫债136.80亿元,覆盖贵州、广西、西藏、甘肃、重庆等全国十余个省、自治区、直辖市;发行双创债8亿元,引导资金流向创新产业。全年发行各类债券创新品种3 715亿元。成功发行首单可扩募类REITs、首单传统领域基础设施类REITs等,推进公募REITs试点。持续推动政策性金融债券发行,2019年政策性金融债累计发行635亿元。全年上交所市场共创设信用保护工具43单,名义本金合计24.78亿元,支持债券融资186.15亿元。

3. 市场展望

2020年一季度,上交所债券市场保持领先发展地位。截至2020年3月底,上交所债券现货挂牌数1.6万只,债券托管量近10.6万亿元。债券市场融资总额1.44万亿元,同比增长24%。其中,公司债券发行8 033亿元,大力支持企业多样化融资需求。地方债累计发行金额达4 365万亿元,对区域经济的支持服务作用进一步凸显。资产支持证券发行1 749亿元,有力支持企业盘活资产。

第三节　衍生品市场运行情况

1. 市场概况

2019 年,上交所期权市场平稳有序,2019 年股票期权累计挂牌交易合约数为 724 个,累计合约成交量 6.23 亿张,日均成交 255.25 万张,同比增长 96.15%。日均持仓 343.41 万张,同比增长 88.93%。日均权利金成交 13.89 亿元,同比增长 87.7%。日均成交面值 733.67 亿元,同比增长 113.39%。上证 50ETF 期权已经成为全球主要 ETF 期权品种之一。投资者开户数稳步增长。2019 年末期权投资者账户总数达 41.38 万户,比 2018 年年末增加 34.23%。期权经济功能逐步发挥。随着期权市场规模稳步扩大,越来越多的投资者使用期权进行保险和增强收益。

2. 市场创新

一是正式启动扩大股票期权试点工作。沪深 300ETF 期权标的获批,于 12 月 23 日正

表 7-4　2019 年上证 50ETF 期权合约各月交易情况

月　份	成交量(万张)			持仓量(万张)			成交面额(亿元)	权利金(亿元)
	合计	认购	认沽	合计	认购	认沽		
1	3 502	1 880	1 622	217	100	116	8 321	164
2	3 857	2 058	1 798	224	100	124	9 977	225
3	5 476	2 937	2 539	201	93	108	15 057	387
4	5 800	3 246	2 554	298	158	140	17 004	413
5	5 384	2 778	2 605	301	166	135	14 885	330
6	5 104	2 892	2 212	280	155	125	14 486	284
7	5 173	2 940	2 233	303	163	140	15 299	276
8	5 954	3 171	2 784	317	161	156	17 194	286
9	5 052	2 829	2 223	324	187	137	15 105	257
10	4 569	2 536	2 033	374	202	173	13 782	222
11	5 789	3 145	2 644	422	233	189	17 521	259
12	6 622	3 787	2 836	456	240	216	20 384	287

表 7-5 2019 年上证 50ETF 期权合约各月行权情况

月 份	行权量(张)		
	合计	认购	认沽
1	45 563	28 817	16 746
2	41 416	34 312	7 104
3	38 659	22 765	15 894
4	36 633	27 301	9 332
5	40 583	7 033	33 550
6	49 251	38 164	11 087
7	32 389	23 778	8 611
8	27 005	11 185	15 820
9	33 548	20 087	13 461
10	42 115	20 325	21 790
11	21 113	8 376	12 737
12	60 693	33 799	26 894

注:行权量指有效行权申报量。

式上线。作为首个跨市场 ETF 期权产品,沪深 300ETF 期权覆盖沪深两市更多 A 股标的,可更好满足投资者的风险管理需求。

二是持续优化股票期权交易机制。推出组合策略业务和行权优化机制,提高资金使用效率、降低交易成本,为投资者提供更多便利。提高单笔申报最大数量及调整交易熔断参数,提升市场流动性,有效减少不必要的交易中断。调整限开仓标准。进一步完善期权市场风险管理,保护投资者的合法权益。

3. 市场展望

2020 年第一季度,衍生品市场持续了良好的发展势头,市场规模进一步扩大。上证 50ETF 期权日均成交 268.34 万张,日均持仓 345.45 万张,日均权利金成交 15.62 亿元,日均成交面值 777.99 亿元,分别较 2019 年增长 5.94%、1.01%、13.43%、7.20%。

第四节　基金市场运行情况

1. 市场概况

2019年,基金市场运行平稳有序,发展态势良好。截至2019年底,沪市基金产品总数308只,总市6 088.2亿元,较2018年底增加35.6%。全年成交金额6.86万亿元,较2018年下降4%。ETF市场规模稳居亚洲第二,截至2019年底,上交所共有ETF产品169只,总市值4 661.9亿元,较2018年底增加96.8%。全年ETF成交2.7万亿元,较2018年增加61.8%。

2. 市场创新

一是2019年6月中日ETF互通项目正式开通,4只中日ETF互通产品在上交所成功推出。日本股票ETF首次在中国上市,是境内外ETF互通的首次探索和有益创新,为上交所与更多境外市场建立ETF互通机制积累了成功经验。

二是服务国家战略,协助央企控股平台实现“管资产”向“管资本”模式转型,推进央企混合所有制改革。2只诚通央企结构调整ETF上市规模近400亿元,3只国新央企创新驱动ETF首募超400亿元,3只诚通一带一路主题ETF首募超200亿元;服务长三角一体化国家战略的首只长三角ETF成功上市,募集超60亿元。

三是为配合科创板设立,壮大科创板市场机构投资者力量,有序引导中小投资者参与科创板市场,推出科创主题基金。科创主题基金积极参与科创板股票网下发行,在引导合理定价方面发挥了积极作用,充分体现了科创板在引入长期资金方面的制度优势。

四是推动可持续发展,中证可持续发展100ETF于2019年12月成功发行,作为国内首只可持续发展主题投资ETF,中证可持续发展100ETF将ESG指标作为投资决策的重要组成部分,引导投资者关注企业治理及社会责任履行。

3. 市场展望

截至2020年3月底,基金市场产品总数达到318只,总市值达到7 360亿元。ETF已成为基金市场发展主力,上交所ETF市场规模已跃居亚洲第二,交易量稳居亚洲第一。截至2020年3月底,上交所共有ETF产品213只,市值规模7 025亿元,沪市ETF累计成交金额约2.35万亿元,约占国内ETF市场总交易量的82%。

表 7-6 2018、2019 年上交所基金市场概况

按证券类型分类	数量(只)		市值(亿元)		成交额(亿元)	
	2019 年	2018 年	2019 年	2018 年	2019 年	2018 年
沪市交易基金整体	308	233	6 088.19	4 489.27	68 589.58	71 651.46
证券投资基金	0	1	0	93.7	72.19	86.56
ETF	169	110	4 661.86	2 368.44	26 844.32	16 586.78
股票 ETF	156	100	4 399.04	2 192.79	23 569.48	13 396.18
债券 ETF	11	8	181.83	96.31	334.5	440.36
黄金 ETF	2	2	80.99	79.33	2 940.34	2 750.23
交易型货币基金	24	24	1 300.65	1 975.67	41 380.19	54 856.31
LOF	115	98	125.69	51.47	292.89	121.81
普通 LOF	66	49	60.80	26.2	119.79	51.76
财务分级 LOF	33	39	10.35	8.59	72.32	51.34
封闭式 LOF	16	10	54.54	16.67	100.79	18.71
按市场分类	数量(只)		市值(亿元)		成交额(亿元)	
	2019 年	2018 年	2019 年	2018 年	2019 年	2018 年
沪市交易基金整体	308	233	6 088.19	4 489.27	68 589.58	71 651.46
证券投资基金	0	1	0	93.7	72.19	86.56
ETF	169	110	4 661.86	2 368.44	26 844.32	16 586.78
常规 ETF	46	42	1 165.77	907.5	6 246.03	4 989.67
跨市 ETF	108	58	3 254.72	1 275.52	14 616.09	5 037.28
跨境 ETF	13	8	160.38	106.09	3 041.86	3 809.6
商品 ETF	2	2	80.99	79.33	2 940.34	2 750.23
交易型货币基金	24	24	1 300.65	1 975.67	41 380.19	54 856.31
LOF	115	98	125.69	51.47	292.89	121.81
普通 LOF	66	49	60.80	26.2	119.79	51.76
财务分级 LOF	33	39	10.35	8.59	72.32	51.34
封闭式 LOF	16	10	54.54	16.67	100.79	18.71

第五节　双向开放情况

1. 进一步扩展互联互通机制

一是沪伦通西向业务正式开通。2019 年 6 月 17 日,华泰证券股份有限公司发行的全球存托凭证(Global Depository Receipts,简称 GDR)在伦敦证券交易所挂牌交易,这是沪伦通下首只全球存托凭证。二是中日 ETF 互通落地。在首届"中日资本市场论坛"上,上交所与日本交易所集团签署 ETF 互通协议。6 月 25 日,上交所推出首批 4 只中日 ETF 互通产品,分别跟踪日本股票市场关键指数日经 225 和东证指数,初始募集规模 15.21 亿元人民币;当日,日交所也推出 4 只中日 ETF 互通产品。三是优化沪港通机制。明确不同投票权架构公司股票首次纳入港股通股票条件,纳入首批不同投票权架构公司股票。

2. 稳步推进资本市场与国际接轨

一是积极推动 A 股纳入国际 3 大新兴市场指数标的。MSCI 于 2019 年 5 月、8 月和 11 月分三步将 A 股纳入比例从 2018 年底 5%逐步提升至 20%,并将中盘股纳入。2019 年 6 月,富时罗素首次将包括大、中、小盘股在内的部分 A 股以 5%纳入因子纳入其全球股票指数体系,同年 9 月将纳入因子由 5%提升至 15%。2019 年 9 月标普道琼斯将 A 股以 25%纳入因子纳入标普新兴市场全球基准指数。

二是积极支持和服务"一带一路"建设。充分发挥上海交易所国际交流合作中心作用,促进交易所之间的沟通交流、信息共享、务实合作。成功举办"2019 年证券交易所国际研讨班",来自"一带一路"沿线国家 10 家交易所代表参会,共同探讨资本市场发展举措。积极推进"一带一路"交易所联合会筹备。筹备阿布扎比国际交易所。

三是深化与其他交易所合作。与卢森堡证券交易所签署绿色债券信息通合作协议补充协议,正式启动绿色债券东向展示。截至 2019 年底,有 23 只上交所挂牌绿色债券在"信息通"上西向展示,总金额 308.4 亿元。与瑞士交易所、孟买证券交易所、德黑兰证券交易所等境外交易所签署合作谅解备忘录,截至目前已与 51 家境外交易所开展合作。

四是进一步提升国际影响力。成功举办国际投资者会议,这是中国 A 股市场首次由交易所主办的国际投资者大会。上线新版英文网站,将原 68 个栏目扩充到 136 个,增加市场热点英文信息推送频率,推动国际投资者投资上海市场。

3. 积极参与国际组织及行业治理

积极参与国际行业治理,履行本所作为世界交易所联合会(World Federation of Exchanges,简称 WFE)董事的相关职责。作为 WFE 可持续发展工作小组主要成员,上交所积极参与 WFE 年度环境、社会和公司治理(Environment、Social Responsibility、Corporate Governance,简称 ESG)调研等可持续发展议题工作。上交所在亚洲金融合作协会(Asian Financial Cooperation Association,简称 AFCA)担任常务理事单位并担任副理事长,在亚洲暨大洋洲交易所联合会(Asian and Oceanian Stock Exchanges Federation,简称 AOSEF)中也积极发挥作用。持续加强与境外组织机构的绿色金融双多边交流合作,发布《"一带一路"绿色投资原则》,参与 AFCA 绿色金融合作委员会绿色金融标准制定、绿色金融评估等,积极推动全球绿色金融发展。

表 7-7 沪港通概貌

	额度使用情况		交易情况				
	日均使用额度(亿元)	日均额度使用率	交易净额(亿元)	交易额(亿元)	占标的股总交易额比	日均交易额(亿元)	同比
沪股通	10.11	1.94%	1 566.33	49 913.66	6.58%	213.31	83.48%
港股通	10.03	2.39%	1 331.81	13 742.75	5.87%	59.75	−12.42%

注:香港成交金额折算为人民币,汇率使用国家外管局港币兑人民币中间价。

第六节 上海上市公司情况

1. 上海上市公司概况

截至 2019 年末,上海上市公司总数为 307 家,约占全国 8%;总市值为 5.68 万亿元,约占全国 9%。按上市板块分,沪市主板 213 家,科创板 13 家,深市主板 2 家,中小板 31 家,创业板 48 家。

表 7-8 2019 年上海上市公司概况表

类别	家数	总市值(万亿元)	总资产(万亿元)	净资产(万亿元)
上海上市公司	307	5.68	29.47	4.23

资料来源:wind 资讯。

2. 上海上市公司 2019 年业绩特点

(1) 整体业绩企稳回升,增速略低于全国水平

截至 2019 年末,上海上市公司资产总额[①] 29.47 万亿元,约占全国总额的 11%;归属

① 截至报告日,上海上市公司中有 6 家公司因疫情等原因(*ST 富控、中曼石油、方正科技、保隆科技、拉夏贝尔、普丽盛)未披露经审计的 2019 年年报,披露了 2019 年主要经营业绩报告。

上市公司股东的权益为 4.23 万亿元,约占全国总额的 10%。2019 年度,上海上市公司共实现营业收入 5.06 万亿元,较上年增长 7%,增速低于 10%的全国平均水平;上海上市公司盈亏相抵后净利润[①] 3 740 亿元,较上年增长 4%,净利润增速由负转正,但增幅低于 7%的全国平均水平。307 家公司中 280 家盈利,盈利公司家数占比 91%;59%的公司(182 家)净利润同比增长。

(2) 板块表现差异较大,科创板发展态势良好

从板块看,主板、科创板营业收入、净利润均实现增长,其中科创板增长较快,表现亮眼;中小板、创业板业绩波动较大,经营压力凸显。2019 年度,上海主板实现营业收入 4.79 万亿元,同比增长 6%;净利润 3 662 亿元,同比增长 4%。科创板上市公司实现营业收入 119 亿元,同比增长 11%;净利润 26 亿元,同比增长 18%。中小板上市公司实现营业收入 734 亿元,同比减少 3%;净利润 37 亿元,同比增长 85%,主要原因为上海莱士 2018 年投资巨额亏损,2019 年净利润较上年增长 21 亿元所致;扣除非经常性损益后的净利润 26 亿元,同比减少 4%。创业板上市公司实现营业收入 1 837 亿元,同比增长 19%;净利润 14 亿元,同比减少 66%,连续两年大幅减少。扣除非经常性损益后净利润−5 亿元,同比减少 123%。

(3) 金融业增速较快,实体企业压力较大

至 2019 年末,上海金融业上市公司 13 家(银行 3 家、证券 7 家、保险 1 家、信托 2 家),占同行业上市公司家数(107 家)的 12%。2019 年合计实现净利润 2 076 亿元,同比增长 15%,占上海上市公司净利润总额的 56%,占比较上年提高了 6 个百分点。其中,银行业持续平稳增长,共实现净利润 1 565 亿元,同比增长 6%;保险业净利润 278 亿元,同比增长 54%,连续三年增长比例在 20%以上;证券业净利润 260 亿元,同比增长 64%;受安信信托巨额亏损影响,信托业净利润−27 亿元,亏损面进一步扩大。

上海实体类上市公司 294 家,2019 年共实现营业收入 4.08 万亿元,同比增长 5%;净利润 1 664 亿元,同比减少 8%,连续两年降低,且降幅较上年扩大 5 个百分点。上海实体类上市公司主要分布在制造业,房地产业,批发零售业,交通运输、仓储和邮政业 4 大类行业。制造业(151 家)实现净利润 736 亿元,同比减少 26%,降幅较上年扩大 23 个百分点,其中的细分行业汽车制造业(13 家)、化学原料和化学制品制造业(18 家)净利润下滑幅度较大,同比分别减少 26%和 34%。房地产业(22 家)实现净利润 308 亿元,同比增长 11%,近三年均保持较高增长。交通运输、仓储和邮政业(18 家)共实现净利润 263 亿元,同比增长 6%。批发零售业(21 家)实现净利润 103 亿元,同比减少 4%。

---

① 本文净利润口径为归属于上市公司股东的净利润。

3. 融资及并购重组情况

（1）融资情况

2019年，上海共有22家企业实现A股首发上市，其中上交所主板上市7家、科创板上市13家，深交所创业板上市2家，募集资金共计208.24亿元。

2019年上海共有66家(次)上市公司实施了再融资方案，募集资金共计1 839.11亿元。其中，A股股权融资182.59亿元、H股股权融资8.59亿元、发行公司债券融资1 647.93亿元。

（2）并购重组情况

2019年，上海共有17家(次)上市公司实施了并购重组方案，涉及交易金额共计508.11亿元。其中，以发行股份购买资产方式进行的重组共计11家(次)，涉及交易金额447.59亿元；以现金收购、资产出售等方式进行的重组共计6家(次)，涉及交易金额60.52亿元。

（3）主要特点

一是上海企业支持科创板落地及平稳运行。至2019年末，上海企业挂牌上交所科创板达到13家，全国占比19%，数量位居全国第一；同时，还有一批上海的科技创新型企业正在申请科创板挂牌上市。中微公司、澜起科技、心脉医疗等一批芯片、生物医药领域的“硬科技”企业率先登陆科创板，显著带动上海相关战略新兴产业的快速发展，持续助力上海打造科创中心的发展战略。

二是国资国企利用资本市场增强改革创新力度。上海国有控股上市公司积极利用资本市场持续优化布局，推动国资国企改革创新，增强综合实力。如申能股份向控股股东申能集团非公开发行股票融资19.84亿元，用于申能安徽平山电厂二期工程项目和上海临港海上风电一期示范项目的开发建设，进一步夯实上市公司电力主业发展基础，体现国资控股股东做大做强上市公司、提升资源配置效率的信心和决心；又如上海临港发行股份购买实际控制人下属的漕河泾园区的园区开发业务资产，公司资产规模、土地资源储备等得以加强，整体经营效率和盈利能力得到进一步提升。

三是资本市场服务国家发展战略。上海上市公司主动响应国家号召，履行社会责任，践行新发展理念，主动对接重点发展领域与薄弱环节，服务国家重大发展战略。服务制造强国、绿色发展等重要国家战略，如上海环境发行21.70亿元可转换公司债券，募集资金用于松江固废资源化、天马生活垃圾处置等项目的建设，通过资本市场助推企业实现环境和社会双重效益。参与“一带一路”建设，如吉祥航空、上海沪工等利用资本市场进行融资，将资金投入“一带一路”沿线国家和地区，加大产业布局和市场开拓力度，带动中国服务和中国制造走向国际，在跨境投资、技术对接、创新合作中发挥重要作用。

四是资本市场促进民营上市公司健康发展。资本市场持续支持民营企业重组融资，激发民营企业活力，支持实现新旧动能转换，提升竞争力。2019年，上海市共有14家民营企业实现IPO共融资112.48亿元(包括7家科创板企业IPO融资69.06亿元)，8家民营上市公司股权再融资47.65亿元,10家(次)民营上市公司债券融资34亿元,13家民营上市公司完成并购重组、涉及金额297.64亿元。如ST新梅通过并购重组实现主业从房地产到太阳能电池的转型升级,一方面妥善化解大股东股票质押风险,另一方面有效加强上市公司竞争实力和抗风险能力,不断提高上市公司质量。

4. 2020年第一季度上海上市公司经营情况

2020年第一季度末,上海上市公司共309家,约占全国8%。按上市板块分,沪市主板214家、科创板14家、深市主板2家、中小板31家、创业板48家。上海上市公司总体业绩受到疫情冲击,亏损家数与金额齐增。2020年一季度,上海上市公司实现营业总收入1.0万亿元,净利润763.3亿元,较上年同期分别减少17.7%、30.7%,降幅超过全国水平。同期,全国上市公司实现营业总收入10.7万亿元,净利润8 225.5亿元,较上年同期分别减少7.9%、23.6%。2020年第一季度,上海2家首发上市公司共募集资金34.6亿元,3家上市公司再融资87.4亿元,20家(次)公司通过发行公司债券募集资金合计527.4亿元,5家公司实施完成并购重组,涉及交易金额655.8亿元。

第七节 上海股权托管交易市场运行情况

1. 市场运行概况

2019年12月31日,上海股权托管交易中心(以下简称"上海股交中心")累计服务企业10 311家,其中科技创新企业股份转让系统(科技创新板)挂牌企业296家,股份转让系

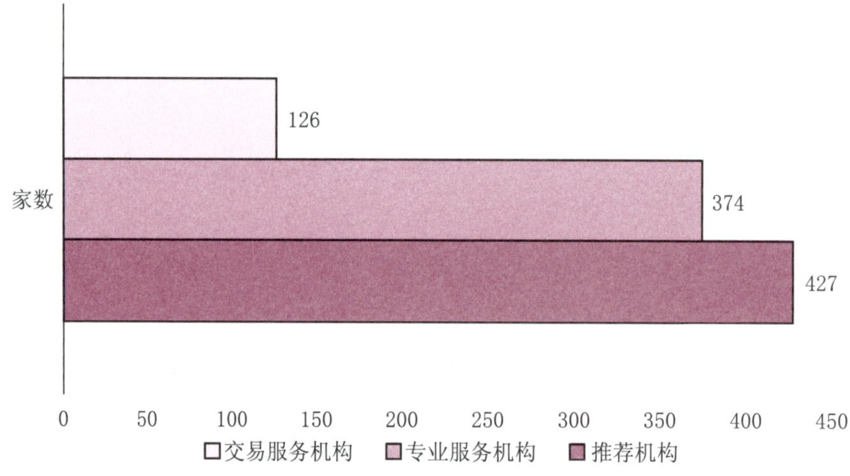

图7-1 上海股权托管交易中心中介机构情况

统(E板)挂牌企业459家,展示系统展示企业(含基础信披层和完整信披层)9 376家,纯托管企业180家。

2019年度,上海股交中心新增交易金额47.53亿元,累计实现交易374.85亿元。累计促进企业实现融资2 434.45亿元,其中股权融资1 594.66亿元,债权融资839.79亿元。共有中介机构927家,其中推荐机构427家,专业服务机构374家,交易服务机构126家。

2019年12月31日,上海股交中心共有合格及特定投资者13 359户,其中机构投资者945户,自然人投资者12 414户。

表7-9 2019年上海股权托管交易市场运行情况

主要业务	指标	2019年
科技创新企业股份转让系统(科技创新板)	挂牌企业数量(家,新增)	74
	年融资金额(亿元,新增)	10.49
	年交易金额(亿元,新增)	17.36
	推荐业务中介机构(家,累计)	49
	专业服务业务中介机构(家,累计)	111
股份转让系统(E板)	挂牌企业数量(家,新增)	13
	年融资金额(亿元,新增)	13.48
	年交易金额(亿元,新增)	4.92
	推荐业务中介机构(家,累计)	146
	专业服务业务中介机构(家,累计)	263
展示系统	展示企业数量(家,新增)	228
	推荐业务中介机构(家,累计)	232
投资者	开户数量(户,新增)	1 210
股权托管登记	托管企业数量(家,累计)	180
	托管股份(亿股,累计)	203.51

2019年12月31日,科技创新板累计促进挂牌企业实现股权融资24.56亿元,债权融资19.60亿元。E板累计促进挂牌企业实现股权融资146.46亿元,债权融资65.46亿元。

2019年12月31日,科技创新板挂牌企业总股本48.55亿股,其中140家挂牌企业股份可交易,可流通股数11.74亿股,累计成交6.03亿股,累计成交金额23.00亿元。2019年,科技创新板挂牌企业全年成交17.36亿元。E板挂牌企业总股本80.91亿股,其中250

家挂牌企业股份可交易,可流通股数23.58亿股,累计成交26.65亿股,累计成交金额95.39亿元,2019年,E板挂牌企业全年成交4.92亿元。

2019年12月31日,科技创新板共有中介机构173家,其中推荐机构49家(投资机构类48家),专业服务机构111家(会计师事务所48家,律师事务所56家,资产评估机构7家),交易服务机构13家。E板共有中介机构522家,其中推荐机构146家(投资机构类131家,证券公司4家,商业银行12家),专业服务机构263(会计师事务所87家,律师事务所135家,资产评估机构41家),交易服务机构113家。展示系统推荐机构232家。

2. 市场运行特点

一是金融赋能科技,树立科技创新板资本市场专业化板块典范。上海股交中心科技创新板运行4周年,在服务科技型、创新型小微企业融资发展方面取得显著成效,挂牌企业总数达296家,挂牌企业融资满足率接近100%,营业收入平均增幅达到647%,高于全国其他资本市场,其中部分高成长性的优质企业已在开展沪深交易所上市准备工作。在理性投资交易的环境下,科技创新板共计实现交易1 166笔,交易总金额23.00亿元,成交价格平均值5.74元/股。2016年、2017年和2018年二级市场换手率分别达到18.84%、15.15%和24.45%,成交量及换手率位于同类市场前列。基于在服务科创型中小微企业方面发挥的积极作用,科技创新板被国务院确定为全面创新改革典型案例,在全国8个全创改试验区推广,经国家发改委邀请作为全国唯一的金融创新案例亮相2019年全国大众创业万众创新活动周主题展区,受到李克强总理的现场检阅,与此同时获得了证监会对其对接上交所科创板的公开文件支持,并荣获上交所长三角资本市场服务基地"2019年度服务创新奖"。

二是创新推动发展,转变思路加快市场转型升级。立足股权融资交易的市场初心,抢抓时机,勇于创新,主动求变,不断探索业务新模式、新方法。开展依托可转债模式下的股权激励,首单"华闵可转债"成功落地,"中房可转债"顺利推进。探索创新融资新模式,稳步推进国际创新业务,帮助挂牌企业纽岂博引入澳大利亚机构投资者,成功完成挂牌企业天旅航空、寅家电子FT跨境债转股项目,助力挂牌企业开辟境外融资渠道。增设E板基本信披层扩大市场准入,适度降低企业挂牌条件、信息披露、非公开发行等要求,简化审核流程,满足更多中小企业对金融服务的需求,拓展中介机构展业范围,弥补市场短板。研究推进商业银行投贷联动业务新模式,与市科创办成立联合课题组开展试点研究,共同创造性地提出在区域性股权市场(上海股交中心)探索商业银行通过场外认股期权模式开展投贷联动试点工作,同时储备278家挂牌企业与参与"投贷联动"银行进行信息共享。

三是推进股权托管业务,为防范和化解金融风险发挥作用。全面按时完成商业银行股权托管工作,做到应托尽托,截至2020年6月30日,上海股交中心已按时完成此次托管范围内全部18家上海非上市商业银行股权的登记托管工作，托管总股本合计180.56亿股，确权股东超24 000人。积极动员非上市非银行金融机构股权托管，争取实现零的突破。积极争取市有关部门和各区政府的支持，大力推动地方金融机构股权托管。持续推进非上市股份有限公司股权托管，除拓展托管工作外，做好对托管企业的监管、信息报送、增值服务等工作。

四是集聚要素资源，多维度夯实综合金融服务。继续开展投资银行业务，为企业提供多项投行业务，为中心业务转型筑基。推动各区政策出台与落地，与各区有关主管部门保持密切沟通，掌握政策动态，争取有力政策，为企业挂牌提供良好的政策环境，同时为(拟)挂牌企业提供迁址落户、挂牌、申领补贴的一条龙服务。与银行、证券公司等金融机构共同构建服务网络，加大与各合作券商的沟通力度，推动挂牌推荐、投融资服务、特色板块的上下游对接和境内外资本市场联动，同时与多家银行在项目资源共享、挂牌企业债权融资服务等方面加大合作力度。提升服务品质全方位助力挂牌企业发展，有计划有步骤地开展具有系统性、持续性、专业化的培训、投融资对接等多元化活动，内容涵盖业务规则培训、内部管理、企业估值、投资者教育等多个方面。

3. 市场展望

一是精耕科技创新板、拓展科创Q板，探索建立与上交所科创板的对接机制。进一步打造科技创新板的精品板形象，拓展市场容量，提升板块影响力。认真落实证监会关于“积极指导支持上海股权交易中心建设科技创新专板，对接上海证券交易所科创板”的精神，按照审核监管互信、不发新股介绍上市、发行新股快速保荐的基本原则，探索建立上海股交中心科技创新板与上交所科创板的对接机制。2019年推出的展示系统科创企业助力层(科创Q板)，是为上交所科创板培育资源而量身定制的新业务板块，上海股交中心将尽快筛选一批符合上交所科创板科创属性要求、具备一定规模、运营规范、有望在近年申报科创板上市的企业，开展精准辅导、专业服务、深度培育，为上交所科创板输送更多优质资源。与此同时，积极落实“浦江之光”行动，输送了一批优质挂牌、展示企业入库，加大对入库企业及后备入库企业的金融服务力度。

二是落实国家战略规划，推动股权交易市场长三角一体化发展。积极落实习近平总书记倡导的长三角一体化发展战略，按照既不违背区域化限制的规定又能实现区域一体化发展的基本原则，以统一后台、开放前台、多地挂牌、共享资源、分享利益的基本框架，实现区域内各市场一体化运营，提高融资成效、节省资源、优势互补、与国际接轨，为上海股权托管交易市场长远发展奠定基础。

三是深入探索国际业务，推动自贸区新片区金融创新。在临港设立服务中心，延伸上海股权托管交易市场在自贸区内的服务触角，探索开展跨境融资业务。充分利用自贸试验区制度优势，在全面总结成功案例经验的基础上，积极推动制度创新，实现境外股权、债权等多种融资方式制度性突破,实现资本项目下人民币可自由兑换,为最终设立国际板打下坚实基础,形成灵活、自由、可复制、可推广的创新金融服务模式。

四是加快推出文创板,为上海文化品牌建设服务。文化创意产业板筹备一年半时间,目前制度体系、技术系统建设已经完成,项目储备基本就绪,静待发令枪响。下一步将积极创造合适机会,推动尽早开盘,同时努力推动更多区推出针对文创板挂牌企业的扶持政策,并积极引导银行、担保公司、专业投资文化创意产业的基金或机构,围绕上海股交中心文创板挂牌企业进行投资。

五是推进债转股转股资产交易平台建设,积极推动业务开展。上海股交中心于2019年底获国家六部委联席会议批准取得国家级债转股交易平台业务试点资格,成为全国仅有的三家之一。现已完成债转股转股资产交易平台的制度体系建设、基本完成技术系统建设,正在积极推进监测机制及其技术系统的建设。下一步,立足发挥市场服务债转股股权交易功能,调动各方面积极性,广泛开展线下宣传、信息递推和推介工作,有针对性地扩大平台影响力,通过实践形成经典案例,实现以点带面、全面推进的良好带动效果,帮助债转股实施机构实现债转股股权有序退出,助推企业稳步降低杠杆率,不断优化资本结构。

专栏7:

在上海证券交易所设立科创板并试点注册制

设立科创板并试点注册制是习近平总书记亲自宣布、亲自关心、亲自推动的重大改革任务。为落实这一重大任务,上海证券交易所在中国证监会的坚强领导下,在上海市的大力支持下,在社会各界和市场各方的有力配合下,全力推进科创板建设和注册制试点的筹备工作。2019年6月13日,在陆家嘴论坛开幕式上,刘鹤副总理、李强书记、易会满主席和应勇市长共同为科创板开板揭牌。2019年7月22日,科创板开市,25家公司集中上市交易。2019年全年共有206家企业提交科创板发行上市申请,受理205家、问询181家、审结138家、上市70家,募集资金824亿元。已上市的70家公司累计成交额达到1.33万亿元,其中95.7%的公司股价上涨,较发行价平均涨幅为82.39%。总体而言,开市以来科创板运行平稳,符合预期,开局良好。

从上海辖区科创板总体情况来看,截至2019年12月31日,上交所受理205家企业科创板发行上市申请,其中上海有31家,列各省区市第四位(在北京、江苏、广东之后)。受理后提交上市委员会审议114家(上海16家),其中通过109家(上海14家)、否决

3家（上海1家，泰坦科技）、暂缓表决2家（上海1家，复旦张江）。审议后报证监会注册107家，其中注册生效80家（上海14家）、不予注册1家、终止注册2家。截至2019年12月31日，科创板上市公司共70家。其中，上海科创板上市公司13家，全国占比19%，位居各省区市首位；总市值2 418亿元，全国占比28%；共募集资金154亿元，全国占比19%。

科创板改革是资本市场的里程碑事件，是科技创新领域的历史性突破。作为资本市场改革的“试验田”，科创板在发行、定价等一系列关键制度上进行了市场化改革的突破，为存量市场的改革积累了丰富的经验，对整个资本市场的改革创新发展具有重要的探索意义。一是增强资本市场包容性。针对科创企业设置多元包容的发行上市条件，允许未盈利企业、红筹企业和特殊股权结构企业上市。二是建立以信息披露为核心的发行上市审核制度。以公开化问询式审核为主要方法，着力提高审核透明度和可预期性。三是构建市场化发行承销机制。新股发行定价、规模和节奏由市场化方式决定。提高网下发行数量占比和持有市值门槛，充分发挥专业机构作用，提升报价专业性合理性。试行“保荐+跟投”制度，要求保荐机构子公司以发行价购买一定比例股份并锁定一段时间，形成利益约束和声誉约束，促进合理定价。四是创新交易机制。上市前5日不设涨跌幅限制，上市首日即纳入融资融券标的，引入有效申报价格范围和市价订单的限价保护等交易机制创新。建立投资者适当性制度，设置50万元资金和24个月投资经验的门槛要求。五是建立以信息披露为核心的持续监管制度。并购重组和再融资实施注册制。构建更加市场化的股权激励制度。严格退市，完善市场指标，取消暂停上市环节，压缩退市时间。

科创板改革是党中央根据世界经济金融形势、立足全国改革开放大局作出的重大战略部署，是实施创新驱动发展战略、深化资本市场改革的重要举措。科创板立足上海，辐射全国，影响世界，是上海打造国际金融中心和科创中心的重要结合点。从目前的总体情况来看，成效初显。一是科创板支持服务科技创新的引领和积聚效应正在发挥。立足科创企业特点，设置了以“市值”为核心的多套上市标准，针对一般企业、红筹企业、特殊股权结构企业，分别制定了总共11套上市“套餐”供企业自主选择，较好地满足了不同类型科创企业的发行上市需求，解决了用一个模子衡量所有企业的不足。二是科创板市场运行平稳，整体维持良好的市场秩序。科创板经历了开市初期热度较高持续上行、之后逐渐回归理性的过程，日均换手率由初期的20%—40%平稳下降至目前5%—8%，个股波动在预期合理范围内。三是促进现有市场发行审核等关键制度的完善。伴随着科创板一系列制度创新，多层次资本市场改革进一步深化推进，现有市场发行审核制度也得以改革完善。

专栏 8:

“浦江之光”行动

为支持设立科创板并试点注册制,2019 年 7 月 31 日,本市发布了市金融工作局牵头起草的《关于着力发挥资本市场作用　促进本市科创企业高质量发展的实施意见》(沪府办规〔2019〕11 号)(以下简称“浦江之光”行动),制定任务分工表,提出 18 项举措 78 项任务。“浦江之光”行动围绕中央交给上海的三项新的重大任务,从持续加大对科创载体建设、高新技术企业培育及改制挂牌上市、政府引导基金杠杆作用等的支持力度,采取“一个扩大至”“两个不限于”“三个不低于”等金融措施,进一步增强便捷专业高效的政府服务等方面,共提出 18 项具体举措。

“浦江之光”行动强调四个“着力”。一是着力聚焦科创企业成长的全生命周期,在创新孵化、成果转化、股改规范、挂牌上市、能级提升等关键环节精准发力;二是着力集成分散在各部门的政策资源和服务措施,加强统筹协调,优化制度供给;三是着力对接科技要素和金融资本,形成与科创企业生命周期相适应的金融服务体系,加速创新资本形成和有效循环;四是着力提升科创企业、投资机构、中介机构等的品牌效应,推动国际金融中心和科创中心建设联动发展。

“浦江之光”行动以实现“三个一”为具体目标。即培育一批代表上海科创实力、体现上海科创潜力的优质科创企业,集聚一批具有品牌效应的专业中介机构,营造规范、有序、透明、高效、公平、开放的国际一流投融资生态体系。

“浦江之光”行动提出了一系列量化的具体政策措施。例如:逐步将中小微企业政策性融资担保基金的规模扩大至 100 亿元等措施;“科技创新券”补贴比例不限于 50%,“四新券”补贴比例不限于 30%;金融机构为优质科创中小民营企业提供信用贷款和担保贷款不低于 100 亿元,为科技创新中小微企业再贷款额度不低于 100 亿元、再贴现额度不低于 150 亿元等。

一年以来,市金融工作局会同各相关单位持续深化科创板改革,落实好“浦江之光”行动,以企业主体、由政府搭台,为科技创企业打造全生命周期的金融服务链条,汇集间接融资、直接融资、保险创新、专业和中介服务等各类资源,打造一流的投融资生态体系。

一是做好“启动器”,提升科创企业孵化能力。聚焦科创企业发展,形成了“浦江之光”政策库,发布服务科创企业的《政策汇编》和《办事指南》,作为本市科技企业对接科创板的服务指引,便利企业孵化培育和改制上市。依托“浦江之光”政策库、企业库,实施“万、千、百”工程，即：形成万家高新技术企业、千家科创培育企业、百家重点科创板预备企业的后备资源体系。（目前，上海高新技术企业近1.3万家；在“浦江之光”的科创企业库中，入库企业超千家，约300家企业相对成熟纳入重点培育对象，其中近百家企业基本成熟，已正式对接资本市场。）引导各部门的政策资源惠及入库企业，让创业投资、股权投资、投资银行、会计、律师、评估机构等各类资本市场要素资源聚焦。

二是做好“加速器”，推动在沪银行保险业建立科创服务体系。为了加强中小微科创企业的孵化培育力度，支持银行针对不同发展阶段的创新创业企业，持续扩大“科技微贷通”“科技履约贷”“高企贷”“科创企业上市贷”等金融产品覆盖面，解决科技创新企业融资难问题，降低融资成本。推动商业银行设立重点服务科技产业的科技支行、科技特色支行和专属科技金融部门等。

三是做好“推进器”，发挥多层次资本市场的推动作用。一要发挥好科创板“头雁效应”。配合证监会和上交所完善科创板相关制度和规则，进一步增强对科创企业的包容性。考虑科技创新的多样性，以科创属性为出发点，帮助代表性企业在科创板上市。要让符合科创属性的金融科技行业龙头企业、以信息技术为核心的模式创新型企业、具有较高科技含量的科技应用创新型企业在科创板上市，推动科创板成为创新创业企业上市的“首选之地”。二要发挥好区域性股权市场“塔基作用”。支持上海股交中心做大做优科技创新专板，孵化更多科创企业更快成为具有上市资格的后备企业。三要发挥好主板全球资源“配置功能”。将以科创板为契机，以自贸区新片区为载体，进一步推进我国资本市场在更高水平上对外开放，为科创企业融资提供更多机遇。

四是做好“减压器”，为科创企业融资提供分险增信服务。一方面，发挥政策性融资担保基金作用，重点支持处于成长期的中小微企业。另一方面，支持保险机构研发推出符合科创企业需求的保险产品，持续推进生物医药相关责任保险、首台（套）重大技术装备保险、新材料保险和专利综合保险等产品，为科创企业保驾护航。

专栏9：

中日ETF互通产品成功推出

2018年5月，李克强总理成功访日，中日关系在重回正轨基础上取得新的发展。8月31日，第七次中日财长在北京举行，双方一致同意，积极拓展和深化在多双边经济财金领域的政策沟通和务实合作。10月26日，上交所作为上海关键金融要素市场之一,率先与日本交易所集团成功签署更紧密合作谅解备忘录,双方约定在交易所交易型基金(Exchange Traded Fund, ETF)产品领域开展合作,共同推动实现中日ETF互通,深化中日两国金融市场合作。

历经10个月的筹备,上交所成功推出中日ETF互通首批产品。2019年6月25日上午,上交所和日本交易所集团(以下简称日交所集团)分别举行中日ETF互通开通仪式,4只中日ETF互通产品在上交所成功上市。当日共挂牌上市四只中日互通ETF产品,分别跟踪日本股票市场关键指数日经225和东证指数,四只产品初始募集规模总计达15.21亿元人民币。同日,日本交易所集团也推出四只中日ETF互通产品,同步投资中国内地股票市场。中日ETF互通开通以来,产品运行平稳、表现良好。

中日ETF互通是中日两国资本市场首次务实合作,是在综合考虑两国市场特点及跨境投资需求等因素基础上,形成创新性互联互通业务模式,有效发挥了两国资本市场优势,全面带动了两国行业机构携手发展、互利共赢,是上交所近年来国际化战略实施中一次重要创新和突破。

第八章　期 货 市 场

2019年，上海期货市场[①]规模进一步扩大，结构进一步优化，服务实体经济的功能进一步体现。全年上市了2个期货品种和3个期权品种，包括20号胶期货、不锈钢期货、天然橡胶期权、黄金期权和沪深300股指期权。截至2019年底，上海期货市场上市品种数量达28个，其中期货24个，期权4个。商品期货市场成交量增长20%以上，金融期货市场成交量增幅近1.5倍。

第一节　商品期货市场概况

2019年，上海期货交易所(以下简称上期所，SHFE)期货品种(含上海国际能源交易中心　简称INE)总成交金额为112.52万亿元，同比增长19.35%，占全国总成交金额的38.72%；总成交量为14.48亿手，同比增长20.44%，占全国总成交量的36.54%。其中，成交额创历史新高；成交量扭转了连续两年下降的趋势，并创下历史第二高点。2019年上海期货交易所月度成交量和成交额见图8-1。

2019年，上海商品期货市场继续在全球期货市场中占重要地位。根据Futures Industry Association(FIA)统计的全年成交量数据，上海期货交易所排名全球第10名，同比持平。若仅统计2019年场内商品衍生品的成交手数，上期所排名全球第1名，同比持平。其中螺纹钢期货在全球金属类场内衍生品中排名第1，成交量4.65亿手；镍期货在全球金属类场内衍生品中排名第3，成交量1.60亿手。此外，白银、锌、热轧卷板、黄金、铜、铝期货位列全球金属类场内衍生品成交量前20名；燃料油、石油沥青、原油期货位列全球能源类场内衍生品成交量前20名。

---

① 本章节中的“上海期货市场”是指上海地区期货及期权市场，其数据统计包括上期所(含上期能源)和中金所。

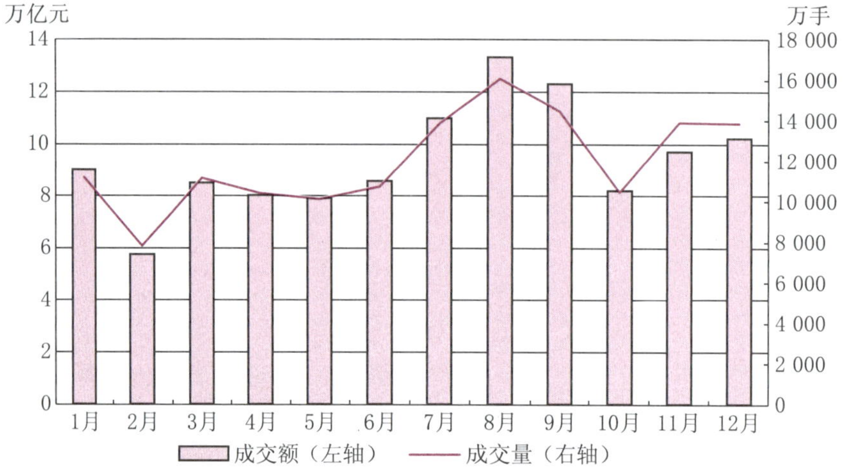

图 8-1　2019 年上海期货交易所月度成交量和成交额

数据来源:上海期货交易所。

第二节　金属类期货品种运行情况

1. 铜期货运行报告

2019 年,上期所铜期货价格走势震荡,重心小幅上移。2019 年全年,上期所铜期货成交量 3 652.01 万手,同比减少 28.74%;成交金额 8.73 万亿元,同比减少 32.77%;年末持仓 31.48 万手,同比增加 29.83%。其中,成交量最高为 1 月的 403.34 万手,最低为 10 月的 225.76 万手;月末持仓最大为 2 月的 33.61 万手,最小为 4 月的 25.02 万手。

表 8-1　2018—2019 年铜期货内外盘交易情况比较

年　度	成交量(万手)		年末持仓量(万手)	
	上期所(内盘)	LME(外盘)	上期所(内盘)	LME(外盘)
2018	5 124.87	3 859.91	24.25	39.22
2019	3 652.01	3 564.15	31.48	40.17

数据来源:上海期货交易所、Reuters。

2019 年,上期所铜期货交割总量 76 795 手折合 38.40 万吨,同比下降 23.44%,交割金额 185.07 亿元,同比下降 27.28%。其中,3 月交割量最大,为 19 065 手折合 9.53 万吨;

1 月交割量最低，为 1 075 手折合 0.54 万吨。

表 8-2 2018—2019 年铜期货年度交割情况

年 度	交割量(手)	同比变化(%)	交割金额(亿元)	同比变化(%)
2018	100 305	58.26	254.49	65.61
2019	76 795	−23.44	185.07	−27.28

数据来源：上海期货交易所。

2019 年，上期所铜主力合约年初开盘价 47 960 元/吨(1 月 2 日)，最高价 50 810 元/吨(3 月 4 日)，最低价 45 640 元/吨(7 月 10 日)，最大价差 5 170 元/吨，年末收盘价 49 150 元/吨(12 月 31 日)，上年末收盘价 48 340 元/吨，全年上涨 810 元/吨，年涨幅 1.68%。

2. 铝期货运行报告

2019 年，上期所铝期价呈现震荡上扬走势。2019 年全年，上期所铝期货成交量 3 275.76 万手，同比减少 29.73%；成交金额 22 746.05 亿元，同比减少 32.22%；年末持仓 34.89 万手，同比增加 9.10%。其中，成交量最高为 3 月的 343.01 万手，最低为 10 月的 178.21 万手；月末持仓最大为 8 月的 42.93 万手，最小为 11 月的 29.66 万手。

表 8-3 2018—2019 年铝期货年度交易情况

年 度	成交量(万手)	同比变化(%)	成交金额(亿元)	同比变化(%)	年末持仓量(万手)	同比变化(%)
2018	4 661.84	−28.74	33 556.72	−31.88	31.98	−30.63
2019	3 275.76	−29.73	22 746.05	−32.22	34.89	9.10

数据来源：上海期货交易所。

2019 年，上期所铝期货交割总量 18.93 万手折合 94.63 万吨，同比减少 37.55%，交割金额 131.40 亿元，同比减少 39.11%。其中，3 月交割量最大，为 30 885 手折合 15.44 万吨；12 月交割量最低，为 2 610 手折合 13 050 吨。

表 8-4 2018—2019 年铝期货年度交割情况

年 度	交割量(万手)	同比变化(%)	交割金额(亿元)	同比变化(%)
2018	30.30	21.31	215.82	17.37
2019	18.93	−37.55	131.40	−39.11

数据来源：上海期货交易所。

2019 年，上期所铝主力合约年初开盘价 13 555 元/吨(1 月 2 日)，最高价 14 680 元/吨

(9月9日),最低价13 230元/吨(1月15日),最大价差1 450元/吨,年末收盘价14 110元/吨(12月31日),2018年末收盘价13 590元/吨,全年上涨520元/吨,年涨幅3.83%。

3. 锌期货运行报告

2019年,上期所锌期货价格呈震荡下行走势。2019年全年,上期所锌期货成交量7 106.65万手,同比减少23.05%;成交金额72 001.40亿元,同比减少30.85%;年末持仓22.82万手,同比增加1.34%。其中,成交量最高为1月的928.79万手,最低为10月的334.66万手;月末持仓最大为5月的35.23万手,最小为9月的18.17万手。

表8-5 2018—2019年锌期货年度交易情况

年 度	成交量(万手)	同比变化(%)	成交金额(万亿元)	同比变化(%)	年末持仓量(万手)	同比变化(%)
2018	9 234.88	0.98	10.44	−2.72	22.52	−0.35
2019	7 106.65	−23.05	7.20	−30.85	22.82	1.34

数据来源:上海期货交易所。

2019年,上期所锌期货交割总量55 655手折合27.83万吨,同比增加102.31%,交割金额57.90亿元,同比增加76.74%。其中,6月交割量最大,为10 960手折合54 800吨;12月交割量最小,为485手折合2 425吨。

表8-6 2018—2019年锌期货年度交割情况

年 度	交割量(手)	同比变化(%)	交割金额(亿元)	同比变化(%)
2018	27 510	−40.47	32.76	−39.13
2019	55 655	102.31	57.90	76.74

数据来源:上海期货交易所。

2019年,上期所锌主力连续合约年初开盘价20 780元/吨(1月2日),最高价23 280元/吨(4月8日),最低价17 675元/吨(12月2日),最大价差5 605元/吨,年末收盘价17 950元/吨(12月31日),2018年末收盘价20 925元/吨,全年下跌2 975元/吨,年跌幅14.22%。

4. 铅期货运行报告

2019年,上期所铅期货价格呈现震荡下行走势。2019年全年,上期所铅期货成交量771.02万手,同比减少24.44%;成交金额6 358.73亿元,同比减少33.80%;年末持仓6.02万手,同比增加25.40%。其中,成交量最高为7月的86.35万手,最低为2月的39.38万手;月末持仓最大为11月的6.32万手,最小为1月的3.33万手。

表 8-7 2018—2019 年铅期货年度交易情况

年 度	成交量（万手）	同比变化（%）	成交金额（亿元）	同比变化（%）	年末持仓量（万手）	同比变化（%）
2018	1 020.38	−18.43	9 605.47	−16.87	4.80	42.86
2019	771.02	−24.44	6 358.73	−33.80	6.02	25.40

数据来源：上海期货交易所。

2019 年，铅期货交割总量 29 630 手折合 14.82 万吨，同比增加 33.56%，交割金额 24.56 亿元，同比增加 16.55%。其中，1 月交割量最大，为 4 965 手折合 24 825 吨；5 月交割量最小，为 1 205 手折合 6 025 吨。

表 8-8 2018—2019 年铅期货年度交割情况

年 度	交割量（手）	同比变化（%）	交割金额（亿元）	同比变化（%）
2018	22 185	−45.38	21.07	−42.66
2019	29 630	33.56	24.56	16.55

数据来源：上海期货交易所。

2019 年，上期所铅主力连续合约年初开盘 18 000 元/吨（1 月 2 日），最高价 18 140 元/吨（1 月 2 日），最低价 14 750 元/吨（12 月 18 日），最大价差 3 390 元/吨，年末收盘价 15 050 元/吨（12 月 28 日），2018 年末收盘价 18 050 元/吨，全年下跌 3 000 元/吨，年跌幅 16.62%。

5. 镍期货运行报告

2019 年，上期所镍期货价格呈先扬后抑走势。2019 年全年，上期所镍期货成交量 16 044.41 万手，同比增加 39.74%；成交金额 18.39 万亿元，同比增加 53.62%；年末持仓 39.94 万手，同比增加 53.16%。其中，成交量最高为 12 月的 2 097.75 万手，最低为 2 月的 509.53 万手；月末持仓最大为 8 月的 51.37 万手，最小为 1 月的 20.97 万手。

表 8-9 2018—2019 年镍期货年度交易情况

年 度	成交量（万手）	同比变化（%）	成交金额（万亿元）	同比变化（%）	年末持仓量（万手）	同比变化（%）
2018	11 481.87	54.84	11.97	84.06	26.07	−13.56
2019	16 044.41	39.74	18.39	53.62	39.94	53.16

数据来源：上海期货交易所。

2019 年，上期所镍期货交割总量 67 800 手折合 67 800 吨，同比增加 72.81%，交割金额 80.17 亿元，同比增加 100.21%。其中，11 月交割量最大，为 17 610 手折合 17 610 吨；

2月交割量最小,为24手折合24吨。

表8-10　2018—2019年镍期货年度交割情况

年　度	交割量(手)	同比变化(%)	交割金额(亿元)	同比变化(%)
2018	39 234	−46.73	40.03	−33.76
2019	67 800	72.81	80.17	100.21

数据来源:上海期货交易所。

2019年,上期所镍主力连续合约年初开盘价87 530元/吨(1月2日),最高价149 190元/吨(9月3日),最低价86 080元/吨(1月3日),最大价差63 110元/吨,年末收盘价112 130元/吨(12月31日),2018年末收盘价88 070元/吨,全年上涨24 060元/吨,年涨幅27.23%。

6. 锡期货运行情况

2019年,上期所锡期货价格呈现偏弱震荡走势,整体呈现下跌趋势。2019年全年,上期所锡期货成交量324.61万手,同比增加18.40%;成交金额4 541.48亿元,同比增加12.31%;年末持仓4.50万手,同比增加98.24%。其中,成交量最高为9月的70.53万手,最低为6月的11.63万手;月末持仓最大为12月的4.50万手,最小为1月的1.70万手。

表8-11　2018—2019年锡期货年度交易情况

年　度	成交量(万手)	同比变化(%)	成交金额(亿元)	同比变化(%)	年末持仓量(万手)	同比变化(%)
2018	274.16	31.58	4 043.73	34.18	2.27	105.91
2019	324.61	18.40	4 541.48	12.31	4.50	98.24

数据来源:上海期货交易所。

2019年,上期所锡期货交割总量8 092手折合8 092吨,同比减少10.48%,交割金额11.58亿元,同比减少10.71%。其中,5月交割量最大,为3 454手折合3 454吨;10月和11月交割量最低,为6手折合6吨。

表8-12　2018—2019年锡期货年度交割情况

年　度	交割量(手)	同比变化(%)	交割金额(亿元)	同比变化(%)
2018	9 076	13.08	12.97	12.51
2019	8 092	−10.48	11.58	−10.71

数据来源:上海期货交易所。

2019年,上期所锡主力合约年初开盘价143 500元/吨(1月2日),最高价153 490元/吨

(2月25日),最低价127 700元/吨(8月26日),最大价差25 790元/吨,年末收盘价135 250元/吨(12月31日),2018年末收盘价143 450元/吨,全年下跌8 200元/吨,年跌幅5.72%。

7. 黄金期货运行情况

2019年,上期所黄金期货价格与国际黄金价格走势基本保持一致,总体呈震荡上行走势。2019年全年,上期所黄金期货成交量4 620.86万手,同比增加186.58%;成交金额15.00万亿元,同比增长238.91%;年末持仓21.94万手,同比增加42.75%。其中,成交量最高为8月的869.92万手,最低为2月的156.69万手;月末持仓最大为8月末的35.82万手,最小为1月末的18.65万手。

表8-13 2018—2019年黄金期货年度交易情况

年度	成交量(万手)	同比变化(%)	成交金额(亿元)	同比变化(%)	年末持仓量(万手)	同比变化(%)
2018	1 612.39	−17.22	44 248.00	−18.35	15.37	23.32
2019	4 620.86	186.58	149 962.34	238.91	21.94	42.75

数据来源:上海期货交易所。

2019年,上期所黄金期货交割总量2 163手折合2.16吨,同比减少53.87%,交割金额6.96亿元,同比减少45.74%。其中,8月交割量最大,为1 254手折合1.25吨;9月交割量最小,为3手折合3千克。

表8-14 2018—2019年黄金期货年度交割情况

年度	交割量(手)	同比变化(%)	交割金额(亿元)	同比变化(%)
2018	4 689	−29.12	12.84	−27.97
2019	2 163	−53.87	6.96	−45.74

数据来源:上海期货交易所。

2019年,上期所黄金期货主力合约年初开盘价287.55元/克(1月2日),最高价363.85元/克(9月4日),最低价277.8元/克(4月18日),最大价差86.05元/克,年末收盘价347.48元/克(12月31日),2018年末收盘价287.85元/克,全年上涨59.63元/克,年涨幅20.72%。

8. 白银期货运行情况

上期所白银期价在2019年震荡上行。2019年全年,上期所白银期货成交量14 282.37万手,同比增加238.04%;成交金额89 385.28亿元,同比增加284.74%;年末持仓76.70万手,同比增加112.40%。其中,成交量最高为9月的2 825.62万手,最低为2月的298.90万手;月末持仓最大为8月的86.68万手,最小为5月的37.28万手。

表 8-15　2018—2019 年白银期货年度交易情况

年　度	成交量(万手)	同比变化(%)	成交金额(亿元)	同比变化(%)	年末持仓量(万手)	同比变化(%)
2018	4 225.06	−20.45	23 232.43	−27.46	36.11	19.70
2019	14 282.37	238.04	89 385.28	284.74	76.70	112.40

数据来源:上海期货交易所。

2019 年,上期所白银期货交割总量 43 742 手折合 656.13 吨,同比上升 33.11%;交割金额 26.14 亿元,同比上升 44.06%。其中,12 月交割量最大,为 32 608 手折合 489.12 吨;8 月交割量最低,为 64 手折合 0.96 吨。

表 8-16　2018—2019 年白银期货年度交割情况

年　度	交割量(手)	同比变化(%)	交割金额(亿元)	同比变化(%)
2018	33 172	−60.97	18.14	−63.61
2019	43 742	33.11	26.14	44.06

数据来源:上海期货交易所。

2019 年,上期所白银主力合约年初开盘价 3 700 元/千克(1 月 2 日),最高价 4 843 元/千克(9 月 5 日),最低价 3 468 元/千克(4 月 24 日),最大价差 1 375 元/千克,年末收盘价 4 384 元/千克(12 月 31 日),2018 年末收盘价 3 700 元/千克,全年上涨 684 元/千克,年涨幅 18.49%。

9. 螺纹钢期货运行报告

2019 年,上期所螺纹钢期货价格呈现涨跌互现,重心下移的走势。2019 年全年,上期所螺纹钢期货成交量 46 517.18 万手,同比减少 12.39%;成交金额 169 469.54 亿元,同比减少 15.98%;年末持仓 178.89 万手,同比增加 27.07%。其中,成交量最高为 8 月的 4 733.68 万手,最低为 2 月的 2 851.76 万手;月末持仓最大为 8 月的 224.91 万手,最小为 1 月的 153.82 万手。

表 8-17　2018—2019 年螺纹钢期货年度交易情况

年　度	成交量(万手)	同比变化(%)	成交金额(亿元)	同比变化(%)	年末持仓量(万手)	同比变化(%)
2018	53 097.66	−24.36	201 709.81	−16.89	140.79	−3.53
2019	46 517.18	−12.39	169 469.54	−15.98	178.89	27.07

数据来源:上海期货交易所。

2019 年，上期所螺纹钢期货交割总量 29 280 手折合 292 800 吨，同比增加 269.70%，交割金额 10.90 亿元，同比增加 223.96%。其中，10 月交割量最大，为 13 710 手折合 137 100 吨；12 月交割量最低，为 30 手折合 300 吨。

表 8-18　2018—2019 年螺纹钢期货年度交割情况

年　度	交割量(手)	同比变化(%)	交割金额(万元)	同比变化(%)
2018	7 920	−44.54	33 657.75	−37.84
2019	29 280	269.70	109 037.88	223.96

数据来源：上海期货交易所。

2019 年，上期所螺纹钢主力合约年初开盘价 3 398 元/吨(1 月 2 日)，最高价 4 148 元/吨(7 月 1 日)，最低价 3 244 元/吨(8 月 28 日)，最大价差 904 元/吨，年末收盘价 3 569 元/吨(12 月 31 日)，2018 年末收盘价 3 404 元/吨，全年上涨 165 元/吨，年涨幅 4.85%。

10. 热轧卷板期货运行报告

2019 年，上期所热轧卷板期价呈现涨跌互现，总体下行走势。2019 年全年，上期所热轧卷板期货成交量 7 041.17 万手，同比减少 18.90%；成交金额 2.54 万亿元，同比减少 23.04%；年末持仓 36.37 万手，同比增加 4.80%。其中，成交量最高为 6 月的 751.07 万手，最低为 10 月的 419.40 万手；月末持仓最大为 6 月的 50.42 万手，最小为 4 月的 30.87 万手。

表 8-19　2018—2019 年热轧卷板期货年度交易情况

年　度	成交量(万手)	同比变化(%)	成交金额(亿元)	同比变化(%)	年末持仓量(万手)	同比变化(%)
2018	8 681.64	−15.82	33 055.64	−12.50	34.70	−3.86
2019	7 041.17	−18.90	25 440.30	−23.04	36.37	4.80

数据来源：上海期货交易所。

2019 年，上期所热轧卷板期货交割总量 25 890 手折合 25.89 万吨，同比增加 2.01%，交割金额 9.40 亿元，同比减少 12.41%。其中，10 月交割量最大，为 14 700 手折合 14.70 万吨；4 月和 12 月交割量最低，为 30 手折合 300 吨。

表 8-20　2018—2019 年热轧卷板期货年度交割情况

年　度	交割量(手)	同比变化(%)	交割金额(亿元)	同比变化(%)
2018	25 380	38.92	10.73	50.03
2019	25 890	2.01	9.40	−12.41

数据来源：上海期货交易所。

2019年,上期所热轧卷板主力合约年初开盘价3 330元/吨(1月2日),最高价4 049元/吨(7月1日),最低价3 254元/吨(10月18日),最大价差795元/吨,年末收盘价3 592元/吨(12月28日),2018年末收盘价3 345元/吨,全年上涨247元/吨,年涨幅7.38%。

11. 线材期货运行情况

2019年,上期所线材期货价格呈现先涨后跌的走势。2019年全年,上期所线材期货成交量17.41万手,同比增加10.68%;成交金额68.34亿元,同比增加17.75%;年末持仓7手,同比下降99.74%。其中,成交量最高为1月的5.51万手,最低为8月的300手;月末持仓最大为1月的1 863手,最小为9月的5手。

表8-21 2018—2019年线材期货年度交易情况

年 度	成交量(万手)	同比变化(%)	成交金额(亿元)	同比变化(%)	年末持仓量(手)	同比变化(%)
2018	15.73	160 444.90	58.04	200 051.73	2 671	—
2019	17.41	10.68	68.34	17.75	7	99.74

数据来源:上海期货交易所。

2019年,全年未发生交割。

2019年,上期所线材主力合约年初开盘价3 531元/吨(1月2日),最高价4 843元/吨(5月10日),最低价3 942元/吨(1月2日),最大价差901元/吨,年末收盘价4 381元/吨(12月31日),2018年末收盘价3 521元/吨,全年上涨860元/吨,年涨幅24.42%。

12. 不锈钢期货运行报告

2019年9月25日,不锈钢期货在上期所挂牌交易,上市后期价呈现震荡下行走势。2019年全年,上期所不锈钢期货成交量59.08万手;成交金额439.38亿元,;年末持仓2.12万手。其中,成交量最高为9月的17.55万手,最低为10月的12.15万手;月末持仓最大为12月的2.12万手,最小为9月的0.82万手。

表8-22 2019年不锈钢期货年度交易情况

年 度	成交量(万手)	同比变化(%)	成交金额(亿元)	同比变化(%)	年末持仓量(万手)	同比变化(%)
2019	59.08	/	439.38	/	2.12	/

数据来源:上海期货交易所。

2019年上期所不锈钢期货未发生交割。

2019年,上期所不锈钢主力合约上市开盘价15 575元/吨(9月25日),最高价15 935元/吨(9月26日),最低价13 765元/吨(12月5日),最大价差2 170元/吨,年末收盘价

14 410 元/吨(12 月 31 日)，较上市首日收盘价下跌 1 165 元/吨，年跌幅 7.48%。

第三节　能源化工类期货品种运行情况

1. 原油期货运行报告

2019 年，上海期货交易所子公司上海国际能源交易中心(简称上期能源，INE)原油期货价格(简称为上海原油期货)呈震荡上涨走势，5 月下旬之前价格上行，5 月下旬至 10 月中旬震荡下跌，10 月中旬以后快速回涨。2019 年全年，上期原油期货成交量 3 464.44 万手；成交金额 15.48 万亿元；年末持仓 2.94 万手。其中，月度成交量最高为 1 月的 555.86 万手，最低为 10 月的 174.99 万手；月末持仓最大为 12 月的 2.94 万手，最小为 9 月的 2.12 万手。

表 8-23　2018—2019 年原油期货年度交易情况

年　度	成交量(万手)	同比变化(%)	成交金额(亿元)	同比变化(%)	年末持仓量(万手)	同比变化(%)
2018	2 650.94	—	12.74	—	2.99	—
2019	3 464.44	30.69	15.48	21.51	2.94	−1.67

数据来源：上海期货交易所。

2019 年，上海原油期货交割总量 17 618 手折合 1 761.80 万桶或 241.34 万吨①，交割金额 79.19 亿元。其中，6 月交割量最大，为 2 812 手折合 281.20 万桶，或 38.52 万吨；2 月交割量最低，为 42 手折合 4.20 万桶，或 0.58 万吨。

表 8-24　2018—2019 年原油期货年度交割情况

年　度	交割量(手)	同比变化(%)	交割金额(亿元)	同比变化(%)
2018	2 849	—	12.30	—
2019	17 618	518.39	79.19	543.82

数据来源：上海期货交易所、上海国际能源交易中心。

2019 年，上海原油期货主力连续合约期初开盘价 380.8 元/桶(1 月 2 日)，最高价(盘中价)519.0 元/桶(5 月 20 日)，最低价(盘中价)369.4 元/桶(1 月 2 日)，最大价差 149.6 元/桶，年末收盘价 483.5 元/桶(12 月 31 日)，2018 年末(12 月 28 日)收盘价 379.1 元/桶，

① 以 API=32.0 为例，1 000 美制桶@60 ℉=159.580 立方米@20 ℃=137.287 吨。

全年上涨 104.4 元/桶,年涨幅 27.54%。

2. 燃料油期货运行报告

2019 年,上期所燃料油期货价格呈现震荡下行走势。2019 年全年,上期所燃料油期货成交量 17 671.94 万手,同比增加 350.02%;成交金额 4.27 万亿元,同比增加 254.49%;年末持仓 46.20 万手,同比增加 121.65%。其中,月度成交量最高为 12 月的 2 526.48 万手,最低为 4 月的 883.38 万手;月末持仓最大为 11 月的 76.22 万手,最小为 2 月的 13.62 万手。

表 8-25 2019 年燃料油期货年度交易情况

年 度	成交量(万手)	同比变化(%)	成交金额(万亿元)	同比变化(%)	年末持仓量(万手)	同比变化(%)
2019	17 671.94	350.02	4.27	254.49	46.20	121.65

数据来源:上海期货交易所。

2019 年,上期所燃料油期货交割总量 1.95 万手,折合 19.49 万吨,交割金额 53 061 万元。其中,5 月交割量最大,为 14 010 手,折合 140 100 吨;3 月交割量最低,为 3 手折合 30 吨。

表 8-26 2019 年燃料油期货年度交割情况

年 度	交割量(手)	同比变化(%)	交割金额(亿元)	同比变化(%)
2019	19 491	—	5.31	—

数据来源:上海期货交易所。

2019 年,上期所燃料油主力合约年初开盘价 2 400 元/吨(1 月 2 日),最高价 3 170 元/吨(7 月 12 日),最低价 1 714 元/吨(11 月 15 日),最大价差 1 456 元/吨,年末收盘价 2 163 元/吨(12 月 31 日),2018 年末收盘价 2 402 元/吨,全年下跌 239 元/吨,跌幅 9.95%。

3. 石油沥青期货运行报告

2019 年,上期所石油沥青期货价格呈现宽幅震荡、总体上行走势。2019 年全年,上期所石油沥青期货成交量 10 290.88 万手,同比增加 47.43%;成交金额 3.27 万亿元,同比增长 49.03%;年末持仓 27.03 万手,同比增加 1.75%。其中,成交量最高为 7 月的 1 141.94 万手,最低为 10 月的 613.18 万手;月末持仓最大为 3 月的 46.99 万手,最小为 11 月的 21.11 万手。

表 8-27 2018—2019 年石油沥青期货年度交易情况

年 度	成交量(万手)	同比变化(%)	成交金额(万亿元)	同比变化(%)	年末持仓量(万手)	同比变化(%)
2018	6 980.21	−28.36	2.20	−13.28	26.57	43.62
2019	10 290.88	47.43	3.27	49.03	27.03	1.75

数据来源:上海期货交易所。

2019 年，上期所石油沥青期货交割总量 11 516 手折合 11.52 万吨，同比减少 30.44%，交割金额 39 549.09 万元，同比减少 19.25%。其中，9 月交割量最大，为 5 503 手折合 5.50 万吨；3 月交割量最低，为 92 手折合 920 吨。

表 8-28　2018—2019 年石油沥青期货年度交割情况

年　度	交割量(手)	同比变化(%)	交割金额(亿元)	同比变化(%)
2018	16 555	−61.54	4.90	−51.68
2019	11 516	−30.44	3.95	−19.25

数据来源：上海期货交易所。

2019 年，上期所石油沥青主力合约年初开盘价 2 636 元/吨(1 月 2 日)，最高价 3 678 元/吨(4 月 25 日)，最低价 2 558 元/吨(1 月 3 日)，最大价差 1 120 元/吨，年末收盘价 3 188 元/吨(12 月 31 日)，2018 年末收盘价 2 632 元/吨，全年上涨 556 元/吨，年涨幅 21.12%。

4. 天然橡胶期货运行报告

2019 年，上期所天然橡胶期货价格呈现震荡上涨走势。2019 年全年，上期所天然橡胶期货成交量 5 385.04 万手，同比减少 12.93%；成交金额 6.45 万亿元，同比减少 12.42%；年末持仓 26.17 万手，同比增长 20.37%。其中，成交量最高为 12 月的 618.62 万手，最低为 10 月的 305.58 万手；月末持仓最大为 3 月的 29.16 万手，最小为 9 月的 21.22 万手。

表 8-29　2018—2019 年天然橡胶期货年度交易情况

年　度	成交量(万手)	同比变化(%)	成交金额(万亿元)	同比变化(%)	年末持仓量(万手)	同比变化(%)
2018	6 184.55	−30.78	7.36	−46.46	21.74	−0.49
2019	5 385.04	−12.93	6.45	−12.42	26.17	20.37

数据来源：上海期货交易所。

2019 年，上期所天然橡胶期货交割总量 23 459 手，折合约 23.46 万吨，同比增长 5.30%，交割金额 26.52 亿元，同比增长 1.73%。其中，5 月交割量最大，为 8 945 手，折合约 8.95 万吨；4 月交割量最低，为 20 手，折合 200 吨。

表 8-30　2018—2019 年天然橡胶期货年度交割情况

年　度	交割量(手)	同比变化(%)	交割金额(亿元)	同比变化(%)
2018	22 279	−13.28	26.07	−29.54
2019	23 459	5.30	26.52	1.73

数据来源：上海期货交易所。

2019年,上期所天然橡胶主力合约年初开盘价11 280元/吨(1月2日),最高价13 455元/吨(12月9日),最低价10 230元/吨(8月5日),最大价差3 225元/吨,年末收盘价12 960元/吨(12月31日);2018年末收盘价11 305元/吨,全年上涨1 655元/吨,年涨幅14.64%。

5. 20号胶期货运行情况

2019年8月12日,20号胶期货在上海期货交易所子公司上海国际能源交易中心(简称上期能源,INE)上市。自上市以来,20号胶期货(以下为上期能源20号胶期货)价格呈现震荡上涨走势。2019年全年,上期能源20号胶期货成交量94.31万手;成交金额997.30亿元;年末持仓4.25万手。其中,成交量最高为12月的35.99万手,最低为9月的7.53万手;月末持仓最大为11月的5.24万手,最小为8月的1.44万手。

表8-31 2019年20号胶期货年度交易情况

年 度	成交量(万手)	同比变化(%)	成交金额(万亿元)	同比变化(%)	年末持仓量(万手)	同比变化(%)
2019	94.31	—	997.30	—	4.25	—

数据来源:上海期货交易所、上海国际能源交易中心。

2019年,上期能源20号胶期货无交割。

2019年,上期能源20号胶主力合约开盘价9 805元/吨(8月12日),最高价11 640元/吨(11月25日),最低价9 600元/吨(10月8日),最大价差2 040元/吨,年末收盘价10 790元/吨(12月31日),较8月12日收盘价上涨970元/吨,涨幅9.88%。

6. 纸浆期货运行报告

2019年,上期所纸浆期货价格呈现为冲高回落后低位震荡的走势。2019年全年,上期所纸浆期货成交量3 634.54万手,同比增加304.95%;成交金额17 867.81亿元,同比增加287.90%;年末持仓13.53万手,同比增加69.71%。其中,成交量最高为7月的561.62万手,最低为4月的142.17万手;月末持仓最大为6月的19.71万手,最小为4月的5.26万手。

表8-32 2018—2019年纸浆期货年度交易情况

年 度	成交量(万手)	同比变化(%)	成交金额(亿元)	同比变化(%)	年末持仓量(万手)	同比变化(%)
2018	897.53	—	4 606.30	—	7.97	—
2019	3 634.54		17 867.81		13.53	69.71

数据来源:上海期货交易所。

2019年,上期所纸浆期货交割总量7 050手折合70 500吨,交割金额32 222.07万元。

其中，9 月交割量最大，为 4 210 手折合 42 100 吨；7 月交割量最低，为 6 手折合 60 吨。

表 8-33　2019 年纸浆期货年度交割情况

年　度	交割量(手)	同比变化(%)	交割金额(亿元)	同比变化(%)
2019	7 050	—	3.22	—

数据来源：上海期货交易所。

2019 年，上期所纸浆主力合约年初开盘价 5 044 元/吨(1 月 2 日)，最高价 5 686 元/吨(2 月 22 日)，最低价 4 378 元/吨(12 月 4 日)，最大价差 1 308 元/吨，年末收盘价 4 604 元/吨(12 月 31 日)，上年末收盘价 5 048 元/吨，全年下跌 444 元/吨，年跌幅 8.80%。

第四节　金融期货品种运行情况

中国金融期货交易所(以下简称“中金所”)2019 年全年累计成交量为 0.66 亿手，占全国期货市场成交量的 1.68%，成交量同比增长 144.07%；全年累计成交额为 69.62 万亿元，占全国期货市场成交额的 23.96%，成交额同比增长 166.52%。

1. 沪深 300 股指期货运行情况

2019 年，沪深 300 股指期货总体运行平稳。2019 年度，沪深 300 股指期货成交量 2 363.85 万手，较上年增加 215.73%；成交金额 267 071.61 亿元，较上年增加 241.18%；年末持仓量 12.56 万手，较上年末增加 64.55%。分月度情况看，成交量最高为 5 月的 274.24 万手，最低为 2 月的 122.21 万手[①]；月末持仓量最大为 12 月的 12.56 万手，最小为 1 月的 8.09 万手。

表 8-34　2018—2019 年沪深 300 股指期货年度交易情况

年　度	成交量(万手)	较上年变化(%)	成交金额(亿元)	较上年变化(%)	年末持仓量(万手)	较上年变化(%)
2018	748.68	82.56	78 277.77	73.59	7.63	98.23
2019	2 363.85	215.73	267 071.61	241.18	12.56	64.55

数据来源：中国金融期货交易所。

2019 年，沪深 300 股指期货主力合约年初开盘价 3 012.40 点，最高价 4 140.60 点(4 月 19 日)，最低价 2 942.20 点(1 月 4 日)，年末收盘价 4 109.40 点，全年上涨 1 113.40 点(较 2018 年

① 2019 年 2 月 4—8 日春节休市。

末收盘价),涨幅 37.16%。沪深 300 指数年初开盘价 3 017.07 点,最高价 4 126.09 点(4 月 22 日),最低价 2 935.83 点(1 月 4 日),年末收盘价 4 096.58 点,全年上涨 1 085.93 点(较 2018 年末收盘价),涨幅 36.07%。2019 年沪深 300 股指期货和沪深 300 指数价格比较见图 8-2。

图 8-2 2019 年沪深 300 股指期货和沪深 300 指数价格比较

数据来源:中国金融期货交易所。

2019 年,沪深 300 股指期货主力合约收盘价和沪深 300 指数收盘价相关性较高,相关系数达 0.998 6,股指期货价格跟随现货指数价格变动。

2. 上证 50 股指期货运行情况

2019 年,上证 50 股指期货总体运行平稳。2019 年度,上证 50 股指期货成交量 966.90 万手,较上年增加 114.05%;成交金额 82 176.45 亿元,较上年增加 133.17%;年末持仓量 5.74 万手,较上年末增加 70.00%。分月度情况看,成交量最高为 5 月的 112.47 万手,最低为 2 月的 55.47 万手①;月末持仓量最大为 11 月的 6.41 万手,最小为 1 月的 3.60 万手。

表 8-35 2018—2019 年上证 50 股指期货年度交易情况

年 度	成交量(万手)	较上年变化(%)	成交金额(亿元)	较上年变化(%)	年末持仓量(万手)	较上年变化(%)
2018	451.73	84.87	35 243.28	85.45	3.38	63.95
2019	966.90	114.05	82 176.45	133.17	5.74	70.00

数据来源:中国金融期货交易所。

① 2019 年 2 月 4—8 日春节休市。

2019 年，上证 50 股指期货主力合约年初开盘价 2 297.8 点，最高价 3 078.00 点(12 月 30 日)，最低价 2 250.80 点(1 月 2 日)，年末收盘价 3 074.80 点，全年上涨 788.20 点(较 2018 年末收盘价)，涨幅 34.47%。2019 年，上证 50 指数年初开盘价 2 298.18 点，最高价 3 065.93 点(11 月 5 日)，最低价 2 249.37 点(1 月 4 日)，年末收盘价 3 063.22 点，全年上涨 770.12 点(较 2018 年末收盘价)，涨幅 33.58%。2019 年上证 50 股指期货和上证 50 指数价格比较见图 8-3。

图 8-3 2019 年上证 50 股指期货和上证 50 指数价格比较

数据来源：中国金融期货交易所。

2019 年，上证 50 股指期货主力合约收盘价和上证 50 指数收盘价相关性较高，相关系数高达 0.998 6，股指期货价格跟随现货指数价格变动。

3. 中证 500 股指期货运行情况

2019 年，中证 500 股指期货总体运行平稳。2019 年度，中证 500 股指期货成交量 1 994.38 万手，较上年增加 359.51%；成交金额 198 790.84 亿元，较上年增加 353.01%；年末持仓量 16.63 万手，较上年末增长 142.61%。分月度情况看，成交量最高为 5 月的 207.17 万手，最低为 2 月的 76.15 万手①；月末持仓量最大为 11 月的 16.99 万手，最小为 1 月的 8.03 万手。

① 2019 年 2 月 4—8 日春节休市。

表 8-36　2018—2019 年中证 500 股指期货年度交易情况

年　度	成交量（万手）	较上年变化（%）	成交金额（亿元）	较上年变化（%）	年末持仓量（万手）	较上年变化（%）
2018	434.02	32.29	43 882.65	7.10	6.85	140.46
2019	1 994.38	359.51	198 790.84	353.01	16.63	142.61

数据来源：中国金融期货交易所。

2019 年，中证 500 股指期货主力合约年初开盘价 4 135.00 点，最高价 5 935.00 点（4 月 8 日），最低价 4 058.00 点（1 月 4 日），年末收盘价 5 269.80 点，全年上涨 1 149.40 点（较 2018 年末收盘价），涨幅 27.90%。2019 年，中证 500 指数年初开盘价 4 176.11 点，最高价 5 939.50 点（4 月 8 日），最低价 4 071.69 点（1 月 4 日），年末收盘价 5 267.66 点（较 2018 年末收盘价），全年上涨 1 099.63 点，涨幅 26.38%。2019 年中证 500 股指期货和中证 500 指数价格比较见图 8-4。

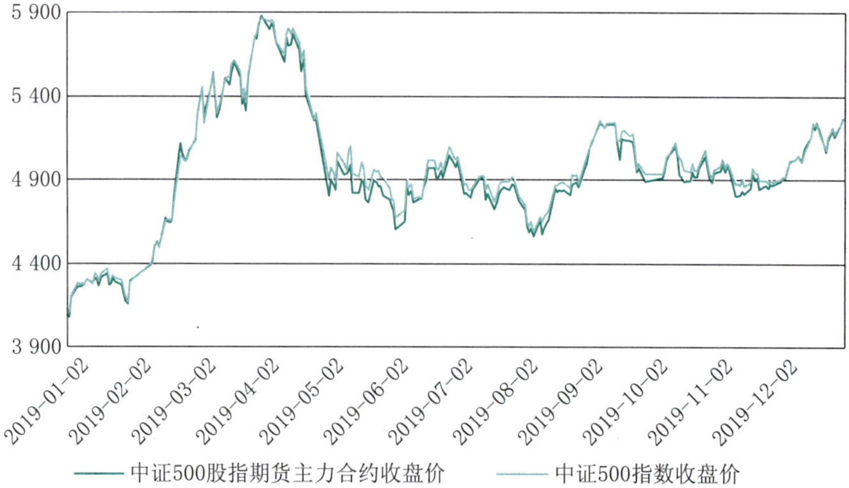

图 8-4　2019 年中证 500 股指期货和中证 500 指数价格比较

数据来源：中国金融期货交易所。

2019 年，中证 500 股指期货主力合约收盘价和中证 500 指数收盘价相关性较高，相关系数为 0.996 7，股指期货价格跟随现货指数价格变动。

4. 5 年期国债期货运行报告

2019 年，5 年期国债期价呈震荡上涨走势。2019 年，中金所 5 年期国债期货成交量 179.83 万手，同比减少 2.42%，成交金额 17 907.74 亿元，同比减少 0.32%；年末持仓 3.45 万手，同比增加 129.69%。其中，月成交量最高为 11 月的 23.20 万手，最低为 3 月的 9.47

万手;月末持仓量最大为10月的3.75万手,最小为2月的1.28万手。

表 8-37　2018—2019 年 5 年期国债期货年度交易情况

年　度	成交量（万手）	同比变化（%）	成交金额（亿元）	同比变化（%）	年末持仓量（万手）	同比变化（%）
2018	184.29	−34.68%	17 965.14	−34.72%	1.50	−67.66
2019	179.83	−2.42%	17 907.74	−0.32%	3.45	129.69%

数据来源:中国金融期货交易所。

2019年,中金所5年期国债期货主力合约年初开盘价99.415元,最高价100.400元(8月16日),最低价98.335元(4月17日),年末收盘价99.950元。全年上涨0.535元,涨幅0.54%。2019年,5年期国债期货对应的国债现货收益率①年初为3.116%,最高收益率3.298%(4月24日),最低收益率2.868%(12月27日),年末收益率为2.870%,全年下跌25BP。2019年5年期国债期货和现货收益率比较见图8-5。

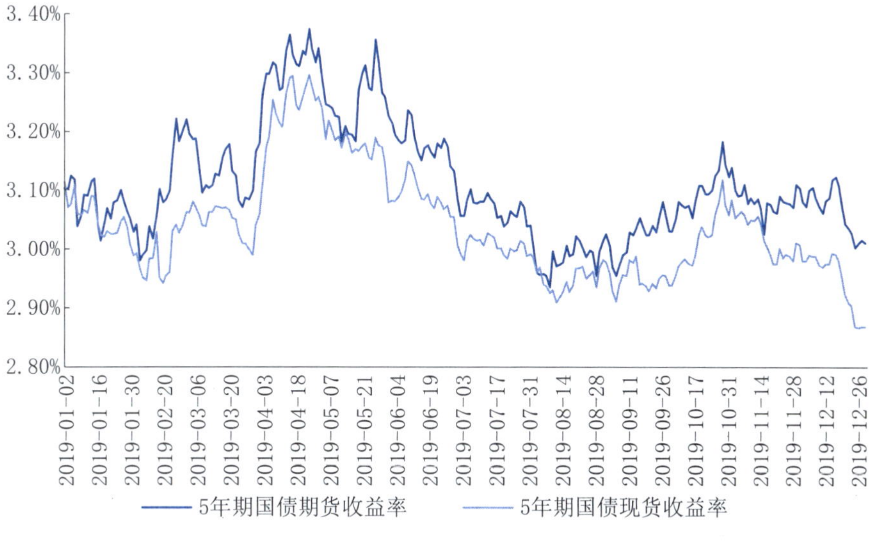

图 8-5　2019 年 5 年期国债期货和现货市场收益率比较

数据来源:中国金融期货交易所。

2019年,5年期国债期货与现货价格的相关系数为0.996 1,期现货联动性良好。

5. 10年期国债期货运行报告

2019年,10年期国债期价呈震荡上涨走势。2019年,中金所10年期国债期货成交量

① 国债现货收益率为主力合约对应的最便宜可交割券收益率。

924.62 万手,同比增加 2.86%,成交金额 90 403.39 亿元,同比增加 6.14%;年末持仓 8.03 万手,同比增加 25.44%。其中,月成交量最高为 1 月的 94.13 万手,最低为 6 月的 57.08 万手;月末持仓量最大为 10 月的 9.39 万手,最小为 2 月的 4.92 万手。

表 8-38　2018—2019 年 10 年期国债期货年度交易情况

年　度	成交量（万手）	同比变化（%）	成交金额（亿元）	同比变化（%）	年末持仓量（万手）	同比变化（%）
2018	898.87	−24.77%	85 175.79	−24.84%	6.40	4.97%
2019	924.62	2.86%	90 403.39	6.14%	8.03	25.44%

数据来源:中国金融期货交易所。

2019 年,中金所 10 年期国债期货主力合约年初开盘价 97.825,最高价 99.490 元(8 月 15 日),最低价 95.820 元(4 月 17 日),年末收盘价 98.135 元。全年上涨 0.310 元,涨幅 0.32%。2019 年,10 年期国债期货对应的国债现货收益率①年初为 3.289%,最高收益率 3.514%(4 月 30 日),最低收益率 3.058%(9 月 5 日),年末收益率为 3.155%,全年下跌 13BP。2019 年 10 年期国债期货和现货收益率比较见图 8-6。

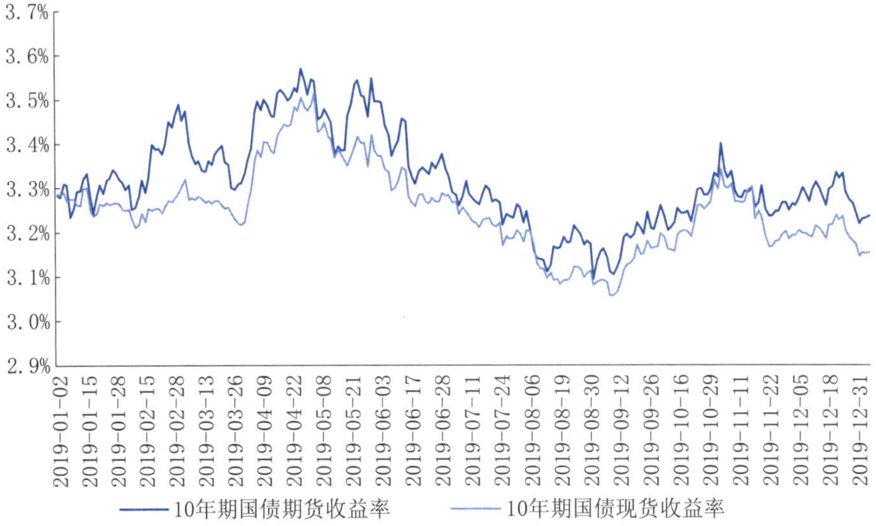

图 8-6　2019 年 10 年期国债期货和现货收益率比较

2019 年,10 年期国债期货与现货价格的相关系数为 0.995 6,期现货联动性良好。

6. 2 年期国债期货运行报告

2019 年,2 年期国债期价呈震荡上涨走势。2019 年,中金所 2 年期国债期货成交量

① 国债现货收益率为主力合约对应的最便宜可交割券收益率。

198.76 万手，同比增加 5 729.84%，成交金额 39 847.11 亿元，同比增加 5 774.13%；年末持仓 1.64 万手，同比增加 1 488.38%。其中，月成交量最高为 11 月的 56.06 万手，最低为 3 月的 0.08 万手；月末持仓量最大为 12 月的 1.64 万手，最小为 3 月的 0.04 万手。

表 8-39 2019 年 2 年期国债期货年度交易情况

年 度	成交量（万手）	同比变化（%）	成交金额（亿元）	同比变化（%）	年末持仓量（万手）	同比变化（%）
2018	3.41	—	678.35	—	0.10	—
2019	198.76	5 729.84%	39 847.11	5 774.13%	1.64	1 488.38%

数据来源：中国金融期货交易所。

2019 年，中金所 2 年期国债期货主力合约年初开盘价 100.250 元，最高价 100.69 元（1 月 17 日），最低价 99.675 元（5 月 28 日），年末收盘价 100.420 元。全年上涨 0.850 元，涨幅 0.17%。2019 年，2 年期国债期货对应的国债现货收益率①年初为 2.816%，最高收益率 3.041%（4 月 25 日），最低收益率 2.622%（2 月 20 日），年末收益率为 2.690%，全年下跌 13BP。2019 年 2 年期国债期货和现货收益率比较见图 8-7。

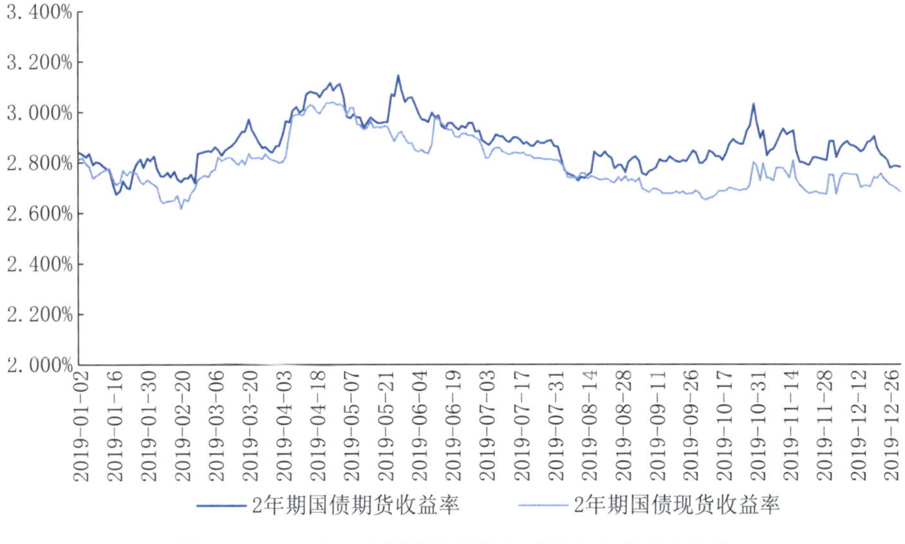

图 8-7 2019 年 2 年期国债期货和现货市场收益率比较

数据来源：中国金融期货交易所。

2019 年，2 年期国债期货与现货价格的相关系数为 0.974 8，期现货联动性良好。

① 国债现货收益率为主力合约对应的最便宜可交割券收益率。

第五节 市场发展展望

2020年,上海商品期货与期权市场将继续推出各类符合实体经济发展需求的商品期货,逐步实现已上市期货品种的期权全覆盖,并加大对商品指数期货、航运指数期货等指数类期货的研究开发力度,在金融期货与期权方面,将根据市场需要,适时推出更多的产品,为广大投资者提供更加有效和精细化的避险工具。扩大对外开放品种的范围,逐步将具备条件的期货和期权品种实现对外开放,继续提高现有对外开放品种的定价影响力,推进国际化业务和布局,增强监管协作,吸引更多国际客户参与交易;继续深耕标准仓单交易平台,拓展品种,增加新功能;不断提高市场运行质量,进一步丰富交易指令、扩大做市商制度试点,持续改善活跃合约连续性;以科技监管为支撑,进一步增强监管效能,不断拓展服务实体经济的深度和广度。

专栏10:

我国第4个对外开放期货品种——20号胶期货上市

2019年8月12日,20号胶期货在上海期货交易所子公司上海国际能源交易中心(简称上期能源,INE)正式挂牌交易。这是继原油、铁矿石和PTA期货之后,我国第4个对外开放期货品种,也是天然橡胶领域的首个对外开放期货品种。

一、上市意义

全球约70%的天然橡胶用于轮胎制造,其中约80%使用20号胶;20号胶的使用已成为一个国家轮胎工业技术和工艺水平的主要标志。经过十多年的发展,我国已成为全球第一大轮胎制造国、第一大20号胶消费国和进口国。根据隆众资讯估计,2019年我国天然橡胶消费565万吨,占全球天然橡胶消费超40%;进口天然橡胶519万吨,其中20号胶进口量约384万吨,占比超过60%。但与产量和消费规模在全球占比较大的现状不符的是,我国轮胎产业在原材料的采购话语权低、品牌国际竞争力不强,迫切需要上市国际化天然橡胶期货品种20号胶期货。

首先,20号胶期货上市,进一步完善了我国天然橡胶衍生品的产品序列,与上期所现有的天然橡胶期货、期权和标准仓单交易形成有效联动,同时覆盖国内、国外两个市场。

其次，20号胶期货上市，更大程度契合轮胎工业的终端需求，既能通过规则输出引入优质的交割资源，提升轮胎的产品质量；也能为轮胎企业提供价格风险的管理工具，助力轮胎产业平稳有序地进行结构调整和产品转型升级。

第三，20号胶是全球天然橡胶生产、消费、贸易的主流产品，在所有天然橡胶产品中占比约50%，是我国与东盟国家的主要贸易品种。20号胶期货上市，有助于加深我国与东盟国家的政经往来和金融合作，服务于我国多边外交战略。

二、主要特点和做法

一是采用"国际平台、净价交易、保税交割、人民币计价"的模式，既体现了国际惯例，也符合中国期货市场特色，满足了市场的广泛需求。其中，"国际平台"指允许境外投资者参与，"净价交易"指期货合约报价不含关税、增值税，"保税交割"指在海关特殊监管区域或保税监管场所开展实物交割，"人民币计价"指采用人民币进行计价和结算，接受美元作为保证金使用。

二是制定质量标准，引导市场优质资源进入期货市场。在充分征求国内外生产企业、国内轮胎企业意见的情况下，为切实满足下游轮胎企业的需求，制定了20号胶质量标准作为交割品的标准，以引导市场优质资源进入期货市场。

三是广泛吸引国内外商品注册。制定20号胶商品注册管理制度，吸引境外企业进行商品注册。截至2019年底，来自中国、泰国、马来西亚和印度尼西亚等4个国家的25家企业(37家工厂)进入首批注册品牌名单。

四是积极开展国内外市场推广。与中国天然橡胶协会、中国橡胶工业协会、生产企业、轮胎企业、会员单位等众多主体合作举办专题推介和宣讲会。在新加坡开展境外推介，吸引国际投资者参与。截至2019年底，在"一带一路"沿线国家的天然橡胶主要生产和贸易企业均已参与20号胶期货。

三、市场运行和功能发挥情况

一是期现价格联动紧密。上市以来，20号胶期货与天然橡胶期货、青岛保税区现货以及国际天然橡胶期货合约的价差稳定，与东南亚主产区价格形成良性互动；其中，与天然橡胶期货价格相关系数为0.91，与青岛保税区现货均价相关系数为0.94。

二是成交持仓稳定增长。从上市至2019年底，20号胶期货运行96个交易日，成交94.31万手和0.10万亿元，日均成交0.98万手(折合9.8万吨)和10.39亿元，日均持仓量3.03万手，期末持仓量4.25万手。上市以来，与上期所天然橡胶期货互为补充，两个合约的成交与持仓规模均同比增长，实现了"1+1>2"的协同效应，进一步加强了我国在全球天然橡胶市场中的影响力。同时，成交规模已超越新加坡交易所和日本东京商品交易所同品种合约。

三是交易持仓结构合理。20号胶期货市场参与者中,法人客户占比较大,交易与持仓占比均超过七成,境外客户占比稳定增长。9月26日引入15家做市商,半年来合约连续性提升,主力合约逐月轮转,有效满足投资者交易需求。

四是期货功能逐渐发挥。20号胶期货上市后,凭借较好的市场流动性和合理有效的业务规则,较为充分地反映了国内外市场的供求关系变化,价格有效性迅速得到国内外市场认可,多家企业在国际天然橡胶现货贸易中尝试采用20号胶期货价格作为定价基准。国内外龙头生产企业积极参与,运用20号胶期货进行套期保值。泰国橡胶协会、新加坡树胶工会、马来西亚橡胶局、越南橡胶局等境外行业协会、交易所、科研机构、大学和媒体积极关注,舆论正面。

专栏11:

不锈钢期货正式挂牌交易,助力钢铁产业风险管理

2019年9月25日,不锈钢期货在上期所正式挂牌交易,进一步丰富了我国黑色金属期货品种体系,为不锈钢行业管理风险提供了有力抓手。

一、上市意义

我国不锈钢行业在全球占据重要地位。2006年我国不锈钢粗钢产量达到530万吨,此后我国一直是全球最大的不锈钢生产和消费国,2019年粗钢产量和表观消费量分别为2 940.0万吨和2 405.33万吨,同比分别增长10.08%和9.19%。但是,在产销规模全球第一的背景下,我国不锈钢行业也面临着集中度低、产能过剩、价格波动大等不利影响:(1)行业市场化程度高,生产与消费均较为分散,2019年不锈钢冷轧生产企业CR10(前十名集中度)约为56%,直供比例不到30%;(2)伴随近年来持续的产能扩张,行业出现产能相对过剩的趋势,利润有所下滑;(3)我国人均不锈钢保有量偏低,需求价格弹性较高,原料与成品价格波动较大。

在此背景下,上市不锈钢期货对促进不锈钢行业高质量发展与平稳运行十分重要,一方面,提供了高效的价格风险管理工具,有助于企业转移价格风险、稳定生产经营、锁定成本利润;另一方面,参与者众多、交投活跃的期货市场有助于形成公开、公平的定价机制,为市场提供有效的价格参考。

二、主要创新点

一是全球首发上市,填补了全球市场缺少特钢类金融衍生工具的空白,提升了我国钢材期货在全球市场的价格影响力。

二是开辟了大宗商品市场新蓝海。不锈钢是中高端钢材的代表，在我国推动经济高质量发展和消费升级的大趋势下，不锈钢期货前景广阔，并将助力不锈钢市场的整体发展。

三是制定相关质量标准，填补了行业标准中缺少可执行的表面质量和包装技术要求的空白，有利于减少质量纠纷，促进行业技术升级。

四是制定交割规格分布，贴近现货市场需求。不锈钢期货规则中对卖方交割不锈钢制定了厚度和宽度规格分布，有利于提高买方参与交割的积极性，并防止期货价格偏离现货，增强期货价格发现能力。

三、市场运行和功能发挥情况

截至2019年底，不锈钢期货已运行三个月，整体平稳，各类市场参与者稳步增加，期货功能逐步显现。

一是运行平稳，成交、持仓稳步上升。截至2019年12月31日，累计成交59.08万手和439.38亿元，年末持仓2.12万手，各类市场参与者稳步增加。

二是价格发现功能逐渐显现。从不锈钢期货上市至2019年末，不锈钢期现相关性为0.89，期现联动良好，期货价格充分反映了市场供需，基差保持在合理水平。

专栏12：

上期标准仓单交易平台稳步发展

上期标准仓单交易平台（以下简称“平台”）是上期所落实十九大“增强金融服务实体经济能力，促进多层次资本市场建设与健康发展”精神，实施上期所“一主两翼”发展战略、建设世界一流交易所，更好服务实体经济的重要措施。平台提供大宗商品开户、交易、结算、交收、风险管理一站式服务，以标准仓单为起步，以有色金属品种为试点，已经拓展到能化产品和贵金属领域，最终目标是建设成为期货与现货、场内与场外、境内与境外、线上与线下结合的世界一流的大宗商品交易平台。

2019年，平台稳步发展，获得2018年度上海市金融创新奖三等奖、2018年上海市金融职工立功竞赛团体奖。

1. 平台运行情况

(1) 平台运行平稳，市场发展迅速

2019年，平台将品种从有色金属领域拓展到能化产品领域和贵金属产品领域，成功上线天然橡胶和白银2个品种的标准仓单交易业务；同时上线定向挂牌功能、买方挂牌、手机APP功能和“浙油中心报价专区”功能。全年累计成交量43.76万张、630.82万吨,成交金额 1 903.22 亿元。

(2) 交易商结构合理,以长三角地区企业为主体

截至 2019 年底,参与交易商中,产业链企业占比 22.4%,贸易商占比 61.2%,期货公司风险管理公司占比 14.7%,金融机构占比 1.7%。以地区分布来看,申请开户的交易商分布在 23 个省份,尤其以长三角地区最多,占比 67.4%。

(3) 交易结算交收平稳有序,业务规则不断优化

2019 年平台期现结合取得良好效果,形成动态的升贴水报价,涌现出一大批仓单交易服务实体企业发展的典型案例。平台对规则进行多次优化调整,调整实物交割结算、标准仓单交易各品种的增值税税率,两次修订《上海期货交易所标准仓单交易管理办法(试行)》,适时对仓单交易商准入制度、交易制度、结算制度以及违约违规处理等内容进行修订。

2. 平台服务实体经济发展的功能逐步发挥

(1) 价格发现功能逐步发挥,价格与期现市场紧密互动

平台价格是公开、透明、真实的成交价格,可信度高。2019 年,铜品种仓单交易价格的日均价与期货交割月份结算价格、上海有色网 SMM 现货报价的相关系数分别为 0.979 5、0.998 4,铝品种仓单交易价格的日均价与相应期货、现货市场价格的相关系数分别为 0.978 8、0.990 9,充分显示仓单交易的价格与期现市场价格紧密联动,变动保持一致,能够及时反映市场供需的变化情况。

(2) 解决现货交易中的痛点

实体企业在平台上可以自由买卖,挂牌情况一目了然,省去询价操作,资金流、票据流、货物流均通过交易所流转的模式降低了交易风险,做到实时仓单过户、实时资金划转、实时出入金,交易效率高,为产业链上下游企业开展期现结合、仓单串换、期现套利、地区与品牌套利、拓展购销渠道等业务提供了广阔的空间。

3. 平台提升了期现货市场结合的深度和广度

(1) 提升仓单资源配置效率,解决了部分品种的交割难题

以天然橡胶品种为例,2019 年下半年,基于需求的快速增长,产胶大省云南当地的天然橡胶现货价格一度接近用胶大省山东的价格,而天然橡胶期货的地区升贴水仍维持在云南地区贴水 480 元的标准,显然不符合当时的市场实际情况。持有云南地区天然橡胶仓单的交易商,通过平台交易,将这种阶段性的价格变化进行了真实有效的反映,一定程度上解决了云南地区天然橡胶仓单参与期货市场实物交割的阶段性问题。

(2) 为区域现货市场体系建设和培育奠定坚实基础

一是 2019 年 5 月,上海期货交易所与上海市地方金融监督管理局、浙江省地方金融监督管理局、中国(浙江)自由贸易试验区等共同签订了《共建长三角期现一体化油气交

易市场战略合作协议》，推动建设长三角期现一体化油气交易市场，打造多层次油品体系等。作为共建的阶段性成果，“浙油中心报价专区”功能已在2019年12月12日成功上线。

二是2019年10月，在上海市政府的大力支持下，上海期货交易所与中国宝武钢铁集团有限公司签署战略合作协议，开展非标仓单互挂交易的可行性研究，这为上期标准仓单交易平台下一步推出黑色品种，以及促进钢铁行业期现深度结合奠定坚实基础。

专栏13：

2019年期权市场上市品种运行情况

2019年，上海期货交易所（以下简称上期所）铜、天然橡胶以及黄金期权三个期权品种总成交金额为139.13亿元，总成交量为506.05万手。

一、铜期权运行情况

2019年，铜期权共运行244个交易日，累计成交量为419.75万手，累计成交金额为113.55亿元，年末持仓量为3.23万手。日均成交量为1.72万手，其中看涨期权0.95万手，看跌期权0.77万手，日均成交金额为0.47亿元，其中看涨期权0.21亿元，看跌期权0.26亿元，日均持仓量为3.41万手，其中看涨期权1.85万手，看跌期权1.56万手。

表8-40　2019年铜期权年度交易情况

年　度	成交量（万手）	同比变化（%）	成交金额（亿元）	同比变化（%）	年末持仓量（万手）	同比变化（%）
2019年	419.75	232.29%	113.55	28.15%	3.23	15.77%

数据来源：上海期货交易所。

铜期权是欧式期权，即期权买方仅可在到期日当日行使期权合约赋予的权利。2019年，铜期权共经历了12个到期日，12个系列完成行权、顺利摘牌，累计行权量为27 616手，其中看涨期权9 280手，看跌期权18 336手，且基本为实值期权行权。到期日行权量占标的期货持仓量的比重为4.01%，对标的期货市场影响有限，全年行权结算流程顺畅。

表8-41　2019年铜期权行权情况

年　度	行权量（手）	看涨期权（手）	看跌期权（手）
2019年	27 616	9 280	18 336

数据来源：上海期货交易所。

二、天然橡胶期权运行情况

2019年1月28日,全球首个天然橡胶期权在上期所顺利挂牌上市。2019年,天然橡胶期权共运行226个交易日,累计成交量为82.21万手,累计成交金额为22.38亿元,年末持仓为1.99万手。日均成交量为0.36万手,其中看涨期权0.24万手,看跌期权0.12万手,日均成交金额为0.10亿元,其中看涨期权0.06亿元,看跌期权0.04亿元,日均持仓量为2.04万手,其中看涨期权1.41万手,看跌期权0.63万手。

表8-42　2019年天然橡胶期权年度交易情况

年　度	成交量(万手)	同比变化(%)	成交金额(亿元)	同比变化(%)	年末持仓量(万手)	同比变化(%)
2019年	82.21	—	22.38	—	1.99	—

数据来源:上海期货交易所。

天然橡胶期权是美式期权,期权买方可在到期日前任一交易日的交易时间提交行权申请。2019年天然橡胶期权共经历了8个到期日,8个月份系列388个合约完成行权(履约)、顺利摘牌,累计行权量为7 131手,基本为实值期权行权。其中,到期日行权量为4 358手,占总行权量的61.11%,非到期日行权2 773手,占总行权量的38.89%。

表8-43　2019年天然橡胶期权行权情况

年　度	行权量(万手)	同比变化(%)
2019年	7 131	—

数据来源:上海期货交易所。

三、黄金期权运行情况

2019年12月20日,黄金期权在上期所正式挂牌交易。2019年,黄金期权共运行8个交易日,累计成交量4.09万手,累计成交金额3.20亿元,年末持仓1.00万手。

表8-44　2019年黄金期权年度交易情况

年　度	成交量(万手)	同比变化(%)	成交金额(亿元)	同比变化(%)	年末持仓量(万手)	同比变化(%)
2019年	4.09	—	3.20	—	1.00	—

数据来源:上海期货交易所。

专栏 14：

上市沪深 300 股指期权，稳步推进金融衍生品工具供给

2019 年 12 月 23 日，沪深 300 股指期权正式在中金所上市挂牌交易。作为我国首只股指期权产品，沪深 300 股指期权的推出，是资本市场供给侧结构性改革的薪新成果，是金融衍生品市场创新发展的全新尝试，也是助力上海国际金融中心建设的一项举措，对于完善资本市场风险管理体系，吸引长期资金入市，促进资本市场健康发展具有重要意义。

沪深 300 股指期权的推出是 2019 年我国境内金融衍生品市场的一大创新举措，其创新性主要体现在：一是沪深 300 股指期权作为境内首只股指期权品种，是境内金融衍生品市场创新发展的全新尝试，对于完善资本市场风险管理体系意义重大。二是产品设计平衡了市场需求与风险防范的双目标，采用现金交割，充分提升交割时操作便捷性；合约规模较大，有利于机构投资者对较大规模的股票头寸进行风险管理，降低交易成本；合约月份覆盖一年期关键期限，满足市场对多样化、较长期限合约的需求。三是引入市场稳定机制创新模式，设计了引导投资者理性交易的规则制度（深度虚值期权交易限额制度），研发了防范价格异常波动的风控机制（价格保护带），在境内衍生品市场中均是较为创新的市场稳定机制。

推出股指期权对我国资本市场发展、上海国际金融中心建设均有积极意义：一是增加风险管理工具供给，完善资本市场风险管理体系建设。股指期权能使投资者在规避风险的同时，保留持有股票现货收益的机会，是资本市场风险管理体系中必不可少的基础性“保险”工具。二是满足各类投资者多元化的投资和风险管理需求，增强上海国际金融中心的吸引力。股指期权是构建多样化交易策略的基础工具，有助于丰富市场交易策略，满足不同风险偏好投资者的交易和风险管理需求。三是提升资本市场运行的稳定性。股指期权具有“保险”的功能，能够吸引包括社保基金、养老金在内的中长期资金稳定持股。四是反映标的指数波动率，提高宏观决策的前瞻性和有效性。由股指期权市场价格信息编制的波动率指数，能有效反映市场情绪，已成为全球主要经济体研判市场风险的重要工具。基于沪深 300 股指期权编制的波动率指数也将成为我国宏观决策的重要参考指标。

第九章　保 险 市 场

2019 年，上海保险交易所（以下简称保交所）在中国银保监会的正确领导下，艰苦创业，攻坚克难，在服务监管、服务市场的过程中实现了许多关键性突破，业务收入逐步呈现扩面上量的向好趋势，公司经营历史性跨过盈亏平衡点。总的来看，场内保险交易框架体系建设多点探索、功能配套的任务基本完成，形成了系统化、功能化、生态化支撑场内保险交易模式的场所、设施和服务，为下一步场内保险交易拓面上量和在监管支持下复制推广创造了有利条件。

第一节　市场总体情况

2019 年，保交所立足行业基础设施定位，以服务上海国际金融中心和自贸区建设为导向，以场内保险交易框架体系建设为工作着力点，助力推进多层次保险交易市场建设，业务发展取得多项突破。

一是保险平台方面，地震巨灾保险全年实现出单 1.23 亿元，为 360 余万户城乡居民提供风险保额 1 608 亿元，支持共同体开展灾后出险排查 26 次。完成扶贫招投标和商业招投标等 6 个项目，累计为 200 万群众提供 2 082 亿元的保险保障。保单质押试点完成业务查询 5 万多笔，实现质押登记金额 777 万元。

二是国际板块方面，中国再保险系统有效注册登记境内外再保险接受人 675 家，再保险经纪人 240 家；再保险交易平台实现风险交易额 289 亿元。国际航运保险平台累计支持 51 家机构注册产品 5 877 件，登记保单约 40 万件，风险保额 8.07 万亿元。

三是资管平台方面，实现保险资管产品及资产支持计划登记规模 2.67 万亿元，保险资金运用信息登记规模 6.15 万亿元；提供监管报表 1 000 多张、监管报告 300 多份，成为保险资金运用风险监测的重要报告库；专项产品登记规模达 1 360 亿元；资产支持计划完成注册 8 单，规模 115 亿元。

四是健康平台方面，正式上线全国数字健康保险交易示范性平台，该项目被列入浙江省长三角一体化重要金融项目；与上海卫健委合作，上线上海市健康保险交易平台，健康险平台已对接公立医院 2 356 家，该模式正在向北京、广州、重庆等地复制推广。

五是配套功能和会员服务方面，全年新增保险统一交易账户 175 万户，累计服务保险消费者 721 万户，年均增长 51.74%；结算银行新增 2 家，总数已达 12 家；保险反欺诈累计查询量达 110 万笔，年均增长 93%；新增会员 16 家，总数已达 260 家，完成 52 家会员综合业务推介。

第二节 场内保险交易框架体系建设情况

保交所持续推进业务探索实践和系统设施不断迭代，积极推动需要特别监管、重点监管和民生保障领域的产品以及特定要素入场，成功将账户、登记、结算、反欺诈等金融交易所功能引入保险业，成功搭建覆盖保险资产负债两端的场内保险交易框架体系，成功运用金融科技等新的生产工具改造落后的生产组织方式。多家外资机构表示，保交所建设的前瞻性、科技性和综合覆盖面目前处于世界前列，在全球保险业发展史上开辟了一条多层次建设保险市场的新路径。

1. 创新交易产品和渠道，场内交易模式推广迈出重要步伐

一是推出首款场内健康保险交易产品。积极对接整合健康产业链上下游各方市场主体，按照交易规则组织专家委员会开展评审，成功上线场内首款医疗保险产品，弥补了健康保障市场空白。税优健康险实现年度风险保额 20.47 亿元。二是推动巨灾保险拓面推广。落实监管部门部署，按期完成多年期地震巨灾保险产品上线准备；推出理赔管理功能，实现地震巨灾保险全流程运营管理，部分地区结算时间缩短了 20 天；广州巨灾保险试点整合取得新进展。三是推进保险中介专区建设。完成中介专区方案论证和立项工作，全力推进系统设计开发，起草中介专区席位管理制度，同步推进市场拓展。四是建设重点领域风险监测系统。积极主动对接监管部门需求，中标并建设银行业保险业关联交易监管系统，一期系统按时保质完成开发；继续做好上海地区保险专业中介机构股权登记。

2. 首次举办国际再保险大会，集聚境内外多种要素入场交易的作用不断显现

在保险平台方面，一是举办首届陆家嘴国际再保险会议，吸引了来自全球 15 个国家和地区的 258 家机构参会，被纳入中国进博会首批保险行业金融配套活动，成为保险业对外开放的新平台和新窗口。二是多措并举争取政策支持，积极参与和推动上海国际再保险中心建设总体规划制定；在中国人民银行上海总部的指导下，形成跨境再保险分入业务

资金“外来外用”支付业务方案;全球统括保单跨境支付方案得到国家外汇管理局上海市分局支持。三是做好中国再保险登记系统运营管理,定期向银保监会提交数据分析报告。国际再保险平台获得2019年上海市金融创新成果二等奖。

航运保险平台方面,与广州相关方面共同搭建南沙国际航运保险要素交易平台,为大湾区航运保险产品提供登记、注册、交易等服务,并与航交所、海事局等行业外数据互联互通,实现航运保险线上交易;发挥保交所中央交互作用,支持三井住友、人保财险等保险机构对接中国(上海)国际贸易单一窗口平台,为跨境贸易提供更加精准和高效的金融保障服务。智能跨境贸易保险平台获得2019年金融科技创新突出贡献奖。

3. 承接监管重要政策部署,助力构建现代化的保险资金运用监管体系

一是配合监管部门落实重大政策。积极承接资产支持计划注册工作,实现了注册工作的平稳有序衔接,年内受理、查验资产支持计划项目13单,完成注册8单,规模115亿元;推动组合类产品的统一信息披露,组织开展该业务的所有保险资管公司报送1 412只产品数据;持续做好专项产品事前登记和已登记产品的后续管理,专项产品登记规模达1 360亿元。二是发挥一线风险监测功能。健全信息报送工作长效机制,组织210余家机构完善治理数据;丰富数据应用,向监管部门提供定期统计报告109期,提供专报及快报4份,助力监管摸清风险底数;主动与银保监会资金部对接,建立保险资金投资信托违约情况监测机制,配合非现场监测和现场检查63项(次),协助推进保险资管公司风险和合规情况自查工作。三是多维度构建场内保险资管产品交易体系。推动建设保险资产管理产品估值体系,完成1 211只债权投资计划、资产支持计划的估值,为20家机构提供估值试用服务;完成6只产品场内发行,规模共计74.5亿元;上线交易系统,完成87笔场内交易,规模共计58.83亿元;完善账户开立规则,加强账户业务拓展力度,年内实现保险业内机构用户全覆盖;上线保险资产管理结算系统,首批覆盖5家结算银行和7家大中型保险资管机构;强化业务培训,完善会员服务,成功举办“2019保险资产管理高峰论坛”。

4. 上线数字化健康保险交易平台,实现区域合作模式重大突破

一是健康险业务取得关键进展。宁波地区,与宁波市政府、卫健委等合作,上线全国数字健康保险交易示范性平台,实现与宁波卫健委和医院等医疗数据资源的互联互通,该项目被列入浙江省长三角一体化重要金融项目。上海地区,与上海卫健委合作,上线上海市健康保险交易平台,支持保险公司研发首款老年防癌险产品,该款产品已完成监管报备即将推出;南京地区,通过与南京智慧医疗的合作,成功接入南京地区医疗数据。目前健康险平台已上线2 356家公立医院的就诊数据。二是推出规范的交易服务与统一的数据标准。稳步推出快速理赔、案件核实、理赔调查、核保调查等服务;运用AI智能医疗转码等先进技术,推出统一的医疗数据对接、诊断编码、医疗费用大类和风险评级等标准;建立医疗健康大数据各环节可控和可追溯管理机制,确保数据依法合规使用。三是平台的行

业影响力正在形成。积极面向行业机构推广健康险平台各项服务功能，新增服务保险机构19家；同时深入市场了解行业痛点难点，针对性推出商保直付解决方案、医疗险核保风控模型等服务，场内健康保险交易生态正在形成。

5. 完善交易所配套功能和服务，补上行业基础设施建设的短板

一是稳步推进保险资金代收业务。在监管部门的指导下与网联合作共建保险行业专属资金代收系统，完成合作协议签署，探索推出业务试点方案和专项风控措施，已与3家银行启动合作协议签署流程。二是试点推出保险基金通业务。针对保险机构基金投资面临的账户管理不便、交易管理低效、运营管理繁琐等问题，创新推出保险机构投资基金一站式服务，已与多家保险机构达成合作意向。三是持续完善场内账户、清结算和反欺诈服务。保险统一账户年度新增175万户，已累计服务721万消费者；数字保单托管新增保单18.5万张。结算银行新增上海银行、兴业银行，总数已达12家；年度交易结算（含历史共保结算）12.61万笔，实现资金划付零差错。保险反欺诈业务全年实现查询量64万笔，服务市场机构已达12家。四是西部中心建设取得重要进展。支持保交所发展的举措被列入重庆市现代服务业发展计划，双方已就具体合作内容达成一致意见。五是提供交易场所和设施的能力不断增强。新大楼新形象，依托新职场举办业务沙龙、上线仪式、保交大讲堂、商务洽谈等活动50余次，保交所品牌功能不断优化。六是会员服务不断完善。推进会员结构和质量优化，新增入会机构16家，会员总数已达260家；打造多维度市场推广体系，完成52家机构综合走访推介；通过制作业务宣传材料、保交所年报等形式，提升业务和品牌宣传效果；客户服务工作系统化、规范化开展，年内无重大投诉事件发生，规范化服务水平进一步提升。

6. 开启保险科技在交易领域应用的标准化建设，推动建设科技交易所

一是做好基础运维及安全管理。积极推动自主运维核心业务系统，牢牢将核心技术掌握在自己手中。优化运维管理流程，提升风险监测预警及处置能力，各业务系统整体可用性达到100%，零重大生产事件发生，零数据泄露和丢失；推进基础架构建设，完成重庆灾备中心建设和上线，启动实施IPv6改造方案，布局云平台扩容，在提升运维效率的同时守住了风险防控的底线。研发2款健康险软件产品并成功对外输出，自主软件开发能力不断提高。二是积极推进区块链技术研发应用和标准化建设。今年推出保交链2.5升级版本，提交11项专利申请并通过国家知识产权局初审，同时获得11项软件著作权证书，区块链技术持续保持行业领先水平。发布《区块链保险应用白皮书》，落地年金管理、再保险、保险风控、健康医疗等11个保险应用场景，服务数十家保险产业链上下游机构，构建行业区块链共赢生态。联合中国信通院“可信区块链推进计划”，组织109家保险机构，制定“保险行业区块链应用技术标准”，提升行业开发和应用区块链技术的能力。保交所区块链项目获得长三角国际创新挑战赛金奖。三是设立科技子公司。稳步推进“中保科联

技术有限责任公司”各项筹备工作,2019 年底完成设立登记程序并取得营业执照,并在政策争取方面取得显著成效。

第三节 市场发展展望

2020 年是银行业保险业打好防范化解金融风险攻坚战的收官之年,是保交所夯实场内交易设施和服务、检验场内交易模式的重要一年,也是保交所实现关键业务领域、关键收入指标、关键政策争取的重大突破年。保交所将在银保监会的正确领导下,以习近平新时代中国特色社会主义思想为指导,认真学习贯彻中央经济工作会议精神和银保监会监管工作会议部署,继续坚持稳中求进的工作总基调和高质量建设的总要求,继续坚持政策争取和市场拓展“双驱动”、要素集聚和交易撮合“双促进”的发展策略,继续坚持保交所仍处于创新创业阶段这个最大实际,始终保持谦虚谨慎、艰苦奋斗的工作作风,切实守住不发生系统性风险的底线。一是紧紧抓住引导保险公司回归保障的新要求,定位场内保险交易市场建设的重点和方向。二是紧紧抓住加强金融基础设施建设的新机遇,主动靠前跟进,实现有为有位。三是紧紧抓住保险业转型发展和结构性调整的新趋势,着力在渠道和产品创新两个行业痛点上谋篇布局,取得实效。四是紧紧抓住金融科技在助力保险业应对疫情危机中展现的优势和潜力,依托场内功能为行业提供科技支撑。

专栏 15:

数字健康保险交易平台上线助力推动健康保险供给侧结构性改革

党中央、国务院高度重视人民群众的生命安全和身体健康。银保监会发文明确,推动保险机构提供覆盖人民群众生命周期、满足不同收入群体需要的健康保险产品。上海保险交易所(以下简称保交所)积极贯彻中央和银保监会要求,立足行业基础设施定位,于 2019 年 9 月、10 月分别在宁波、上海上线具有全国创新示范意义的数字健康保险交易平台,被列入浙江省长三角一体化重点金融项目,获得“上海医改十大创新举措”提名奖。目前这一模式正向北京、广州、重庆等地复制推广。

1. 平台定位

数字健康保险交易平台作为行业性、枢纽型交易平台,一端连接卫健委、医保局、医院等卫生健康数据资源，一端连接保险公司和消费者，通过深度集成云计算、区块链、人工智能、大数据等金融科技，推动保险行业与医疗、健康管理等行业实现系统、数据、服务和生态圈的互联互通，面向会员及其客户提供核保风控、理赔调查、快速理赔、产品创新、产品交易、资金结算、反欺诈、健康管理等八大服务。

2. 功能作用

一是支持理赔结算，提升消费者的服务体验和客户粘性。发挥交易所保险交易和资金结算功能，打通社保、商保、支付方通道，推动实现快速理赔、无感理赔、先诊疗后付费等功能服务，消除理赔环节效率低、客户体验差的痛点，真正实现让"数据多跑路，群众少跑路"。

二是支持产品创新，满足个性化、差异化的健康保险保障需求。发挥交易所供需对接和价格发现功能，支持保险公司基于医疗大数据，创新开发针对老年、儿童、慢病人群等特殊群体和全民普惠型需求的健康保险产品，并通过设计差异化定价和理赔支付比例等条款，实现健康险产品细分和科学定价，提升健康险保障水平和改善民生的能力。

三是支持实时穿透监管，服务监管部门规范发展健康险。发挥交易所自律管理和风险监测功能，对健康险交易行为进行组织、监督、管理，实现资金流、信息流和数据流的统一，支持监管部门对不同环节、不同主体的交易行为和交易数据进行全程、实时、穿透监管。

四是支持提升风控水平，服务商保和医保的无缝对接和合作发展。发挥交易所公共平台和中央交互作用，支持保险机构升级商保的服务和产品，完善风险识别、分析和化解机制，实现智能化控费，助力解决带病投保、保险欺诈等风控难题；支持保险机构通过大数据分析比对，引导医疗机构合理用药，促进医疗健康资源的合理使用。

五是支持集聚各类要素，打造"保险＋大健康"融合发展的场内生态圈。发挥交易所的要素集聚作用，连接政府、医保、医疗机构、保险公司、健康管理机构等健康产业链相关环节，打造覆盖病前、病中、病后的健康保险生态圈，实现信息共享、利益共生、激励相容。

第十章　信 托 市 场

第一节　市场运行情况

2019 年末，根据中国信托业协会数据，信托业受托资产规模为 21.60 万亿元，信托业降通道、稳经营趋势不变，主动管理意识和业务创新发展能力持续增强，业务多样性不断丰富，特色业务厚积薄发。相较以往，全行业发展更加注重挖掘信托制度的本源优势，各项信托监管政策的执行显现较好成效。

根据 2019 年末的信托登记系统数据，一是全年开展通道类业务的节奏整体放缓。从全年信托功能和受托职责变化趋势看，非主动管理类和事务管理类信托产品在规模占比上均呈现下行趋势。事务管理类产品规模占比从年初的 70%左右下降至年末的 40%左右，非主动管理类产品涉及初始募集金额和规模占比均创年内新低。尤其在第四季度，非主动管理和事务管理类产品规模占比均稳定在 40%左右。去杠杆，降通道等监管要求在信托公司当年经营的实际态势中得到印证，行业主动管理意识有明显加强。二是资金投向实体经济的规模占比稳中有升。四季度末新增规模中资金投向实体经济的规模占比 69.88%，较三季度末上升 1.36 个百分点，从一定程度上反映出整个行业落实监管部门防风险、治乱象要求，支持经济实体发展的导向。三是资金投向房地行业占比逐季下滑。从全年来看，投向工商企业和基础产业的规模占比显著上升，投向房地产的规模占比从一季度的 15%左右降至四季度的 10%以下，一定程度上反映行业坚定贯彻“房子是用来住的，不是用来炒的”的政策导向，及时降温房地产融资规模的监管意图。四是充分利用制度优势和自身资源，积极开展特色信托业务。信托各项特色业务发展势头强劲，信托本源业务规模增长较快。截止到四季度末，特色业务月度平均规模占比达到 38%，其中资产证券化业务规模占比超过 20%，家族信托和小微金融信托规模占比分别接近 1%，反映出行业较以往更加注重挖掘信托制度的本源优势及支持实体经济方面的直接融资优势，年内信托本源业务增长上了新台阶，行业转型仍有较大空间。

第二节 中国信登建设情况

1. 基础功能新突破

2018年末，中国信登实现了全国信托行业22.28万亿信托产品初始登记信息的归集，初步建成了集中管理的行业数据库，截至2019年末，全国各信托公司累计报送各类新增全量信托登记(含存量产品补办登记)8.77万笔，其中初始登记2.08万笔，新增初始募集金额5.6万亿元，信托公司产品预登记及全流程登记质量都得以提升。

受益权定期报送顺利开展，有效规范信托行业数据标准。在中国银保监会的指导下，中国信登按计划于2019年1月21日开展首次受益权信息正式报送，报送率达100%。随着受益权信息首次定期报送工作的开展，中国信登将逐步实现对受益权信息的集中化、标准化管理，助力实现穿透监管，防范市场风险，从而进一步加强投资人保护力度。

实现全国集中管理的信托受益权账户体系建设零的突破。2017年9月1日，原中国银监会颁布实施了《信托登记管理办法》，由此奠定了信托受益权账户管理的制度基础。2019年7月9日，中国银保监会据此批准颁行了《中国信托登记有限责任公司信托受益权账户管理细则》(下称《账户细则》)，标志由中国信登集中管理的信托受益权账户体系建设正式启动。2019年9月10日上午，全国集中管理的信托受益权账户系统正式在中国信登上线并对外提供账户业务办理服务。截至2019年末，全国68家信托公司中已有51家信托公司成为信托受益权账户代理开户机构，为建成信托标准化产品发行及交易流转平台奠定基础。

2. 服务监管有成效

配合金融管理部门要求，助力实现信息共享、协调监管。中国信登持续配合中央纪委国家监委和财政部开展相关工作，实现与国家监委的专线连通，并已完成信托信息按主体维度网络查询的生产运行。同时构建按月向财政部反馈上月新增信托产品信息的工作机制，助力地方融资平台债务信息比对。

提升风险有效识别，增强行业基础服务设施承载能力。自2017年9月1日信托登记系统上线以来，监管部门通过登记系统共计对12 323笔预登记信托产品采取了查阅、叫停等措施，从产品发行端防范化解金融风险。同时，中国信登对17.38万笔全流程登记进行严格的形式审查，累计退回6.38万余笔，有效防范化解风险事件发生。

强化数据分析与信息披露，积极履行服务监管职能。中国信登建立了面向银保监会、各银保监局和各信托公司的信息服务机制，支持各地银保监局依托信托登记系统，对信托产品事前报告、关联交易报告、监管部门与信托公司双向督导反馈等方面进行监管监测，并持续按季度向各银保监局和信托公司提供专项数据分析服务,包括房地产信托业务、基础产业信托业务、工商企业信托业务等六个方向,及时监测行业趋势性风险。

3. 服务行业重质效

构建服务行业基础功能,积极做好反洗钱、反欺诈等服务监管和行业工作。中国信登积极推进信托投资者身份认证功能建设,组织开展行业身份认证情况调查,与公安部下属全国居民身份证号码管理部门签订合作协议,实现互联网层面的信息加密互通,并为现场核验查询人的身份信息提供服务。现场查询服务的实现将有助于信托投资者更好甄别虚假信托产品,有效提高信托产品公信力,助力维护信托行业秩序,更好地保护信托投资者权益。

履行服务行业基本职能,确保信托登记信息和相关文件报送安全高效。根据原中国银监会颁发的《信托登记管理办法》关于"信托登记公司与信托机构应当建立专用网络,实现系统对接",中国信登自 2017 年 10 月启动与全国各信托公司间的专线接入工作,2019 年 4 月 25 日,中国信登正式上线信托登记系统接口规范标准新功能,标志全行业信托产品登记开始进入报文导出方式报送时期。截至 2019 年末,6 成信托公司实现信托登记系统报文导出接口接入并开始使用接口方式报送各类型信托产品,实现了信托登记系统上线以来产品登记互联网与专线报送并行、存量信托产品报文导出报送、全量信托产品报文导出报送的"三级跳"。

满足服务行业特定需求,积极支持消费信托、企业年金信托等服务类信托业务发展。2019 年 5 月 16 日,中国信登上线投产了特定信托项目登记模块,主要适用于账户管理类等信托业务。该登记模块将增强账户管理类信托等业务登记的全面性、时效性与准确性,可进一步提升此类产品登记的规范性,使登记内容更加完整准确,以更好跟踪信托业近年转型发展中出现的"单笔大额"与"批量小额","精英信托"与"普惠信托"共生发展的业务形态,及时反映业务实质与态势变化;对增强统计数据的准确性和可比性,助力提升监管监测的便利性、有效性和完整性有积极意义,也是向行业提供账户管理类信托业务风险分析和预警服务的必要支撑。

4. 科技建设多元化

截至 2019 年末,中国信登开发运营了信托产品登记、信托受益权账户、集合资金信托计划官网公示等 20 多个信息系统,并获得信托受益权账户系统、身份认证平台系统、信托登记系统、公司官方网站系统共 4 项国家软件著作权登记证书。《信托登记业务隐私数据保护体系研究》《基于多维度无监督行为学习技术的智能监控平台研究与实现》双获银保监会"2018 年度银行业信息科技风险管理课题"一类研究成果奖;信托登记系统上线运行荣获 2018 年上海市人民政府颁发的金融创新成果奖特等奖;在 2019 年度 ISG 网络安全技能竞赛总决赛中获得金奖。同时 2019 年 1 月同城双活数据中心开始投产运行,具备灾难场景下同城数据中心分钟级热切换能力,进一步增强为信托业提供基础服务的科技能力。

第三节 2020年一季度市场运行情况

2020年第一季度，根据信托登记系统数据显示，全国各信托公司共报送各类新增信托登记申请2万余笔，其中报送各类预登记1.17万笔，信托产品初始登记5 000余笔，涉及初始募集金额1.37万亿元；办理完成信托产品终止登记3 600余笔，涉及清算金额1.5万亿元。另根据中国信登信托受益权定期报送数据显示，截至2020年2月末，信托存续规模（部分特色业务当期持有规模未计入）为19.33万亿元。信托公司"去通道控地产"成果持续显现，主动管理意识和业务创新发展能力持续增强，业务多样性不断丰富，一是"去通道控地产"成果初显。信托资金投向工商产业和基础产业远超金融机构，基建项目投融资需求有所上升，主动压降金融同业通道规模效果显著。投向房地产的规模占比已由2019年年均三成降至一成，房地产信托规模的快速增长得到有效遏制。二是通道类业务发展平稳。从2019年至今的信托业务变化趋势看，随着行业全面复产复工，虽然总体规模在本月略有回暖，但事务管理类信托产品规模占比整体上仍呈现下行趋势。非主动管理产品规模占比已由2019年年均六成降至目前不足四成，体现信托公司主动管理意识不断加强。三是充分利用制度优势和自身资源积极开展特色业务。截至一季度末，家族信托存续规模已突破千亿大关，成为第四大特色业务，显现信托行业积极转型，回归本源的阶段性成果。消费信托和小微金融信托产品紧随其后，稳步发展。行业公益（慈善）信托产品存续规模已达20余亿元，为抗击新型冠状病毒性肺炎疫情等需要，一季度公益（慈善）信托产品迎来爆发式增长，其中，新增公益（慈善）信托产品预登记160余笔，已有50余笔完成了初始登记，涉及初始募集金额近1.1亿元，考虑到仍有大部分产品尚未完成初始登记，预计接下来会出现更大资金规模增长。

专栏16：

中国信登信托受益权账户系统
赋能信托行业发展双获"经典案例"奖项

2019年9月25日，凭借信托登记系统和受益权账户系统功能突破与案例创新，中国信登入选中国（上海）自由贸易试验区公布第二届制度创新经典案例企业。2020年

1月22日，新华社中国经济信息社揭晓——中国信登信托受益权账户系统上线入选新华社“2019上海国际金融中心建设十大事件”金融创新突破案例。

2019年7月9日，《中国信托登记有限责任公司信托受益权账户管理细则》经中国银保监会批复颁行，由此为长期以来分散在各信托机构的投资者信托受益权信息，通过建立账户系统，进行集中统一管理提供了制度保证。2019年9月10日，中国信登信托受益权账户系统上线运行并正式提供对外服务。

中国信登信托受益权账户实现了信托受益权的集中规范管理，忠实准确记录信托受益人的信托受益权及其变动情况，并为解决信托受益权交易流转及权属登记等提供可靠的物质与制度载体。

中国信登文海兴董事长在上线活动中指出，信托业作为我国仅次于银行业的第二大金融子行业，一直以来在支持我国国民经济与社会发展方面发挥着积极而重要的作用。但同时，信托行业长期来依托信托合同确认信托受益人身份，缺少统一的受益权账户管理平台，不仅信托公司无法进行统一的受益人管理，信托受益人管理自身受益权份额也极不便利。另一方面，信托受益权缺乏统一完善的行业风险缓释机制，导致信托受益权的流动性极低，行业风险无法得到及时有效地缓释。中国信登信托受益权账户管理系统上线运行，将实现全国集中管理的信托受益权账户体系建设零的突破，这是中国信登作为行业基础服务设施的重要制度创新。信托受益权账户体系的建立，对信托行业转型发展、回归本源具有积极而深远的意义，将有利于落实资管新规对打破“刚性兑付”等的监管要求，增强监管部门的监管监测质效；有利于向受益人提供份额登记与查询等服务，及时有效地揭示缓释风险，切实保护受益人合法权益；有利于构建规范化的行业信息披露制度与平台，助力行业信息服务的安全规范与高效，更好助力风险防控；有利于进一步助推上海成为我国信托业发展集聚高地和金融创新阵地，积极支持上海国际金融中心建设，完善提升上海金融市场体系、功能和能级。

第十一章　产 权 市 场

第一节　市场运行概况

2019年,上海联交所立足服务国家战略和上海经济社会发展大局,围绕“做优做强做大、打响市场品牌”的目标,积极推进各项重点工作任务。上海产权市场全年共完成各类产权交易项目2 077宗,交易金额1 969.33亿元,成交项目的竞价率与增值率保持良好态势,企业产(股)权挂牌项目的竞价率为17.72%,竞价增值率为23.53%,实现了平台功能的持续优化和服务质量的不断提升。

1. 做好做强主营业务,深化服务国资国企改革

(1) 上海产权市场积极服务央企深化改革,相关业务规模首次突破千亿元。

一是服务央企混改卓有成效。在电力、石油、天然气、铁路、民航、电信、军工等七大重点领域成功完成混改试点项目287宗,引入社会资本超500亿元。中铁交通、宁夏红墩子煤业、金沙江水电、国投电力、幸福人寿、浙商银行、中铁特货等一批极具市场影响的项目通过上海产权市场成功转让。二是在央企业务新领域实现突破。助力一汽集团完成40宗项目,挂牌金额27亿元;招商局两个合计超过150亿元的增资项目开辟华南区新市场。三是在混改专项工作上抢抓机遇。一方面,聚焦第四批混改试点和“双百行动”企业名单,提早介入、做好市场服务;另一方面,通过开辟服务央企混改网上专栏,举办央企混改项目专场推介会、央企资产管理业务研讨会及“混改沙龙”等活动,加强市场宣传。四是在境外央企业务上持续探索。围绕央企业务在欧洲市场的开拓,组团赴德国等地进行项目接洽、拓展合作资源。

(2) 深入服务本市国资国企改革,不断扩大竞争性业务比重。

一是延伸服务链条,在“管家式”、“一站式”、“精细化”服务中把握业务机会。通过为上海电气、临港等企业集团提供债转股交易服务、为国企混改业务提供投行化综合咨询服务,开拓新的业务增长源。二是提高资产交易业务的市场化运作水平,促成大宗项目成

交。如浦发银行东银大厦转让项目,在楼市下行的情况下形成竞价并实现2.83亿元增值。三是加强创新研究,推进专业板块建设,阳光租赁业务成交金额同比翻番。品牌服务专板正式上线,生物医药板块与张江药谷建立对接机制,创投基金服务板块发挥专业优势,为杨浦区科技园区联合成长投资基金、“星火燎原”基金的成立提供助力。

2. 推进子平台功能建设,探索业务创新多元发展

(1) 打造非标金融资产交易平台

以信贷资产撮合及银行不良资产交易业务为支点,围绕产融结合持续推进创新业务体系建设。在金融债权领域,积极拓展客户资源,促进金融机构抵债资产批量转让项目的全面落地;在PPP资产交易方面,围绕建设亚太PPP信息平台和项目库,与财政部PPP中心达成合作协议并纳入联合国2030年可持续发展目标框架;在园区类中小企业投融资服务中,积极搭建面向长三角地区中小微企业的投融资服务平台;在跨境业务上,以举办世界并购论坛为契机,与中国贸促会深化战略合作;在供应链金融方面,携手银登中心及有关金融机构进行产品研发,探索形成满足市场需求的服务模式。

(2) 完善知识产权运营服务“一体两翼”平台架构

落实市政府工作要求,推动国家知识产权运营公共服务平台国际运营(上海)试点平台由筹建期转入运行期。举行上海知识产权国际论坛“转化运用”分论坛,成立上海国际知识产权运营联盟。承办长三角G60科创走廊科技成果拍卖会,推动区域内高端创新要素整合集聚、有效对接。扩展高校和科研院所客户范围,为科技成果产业化项目提供专业服务。开拓商标、版权等创新业务,形成以“海鸥”、“中华”、“美加净”等老品牌为代表的品牌运营模式。

(3) 支持全国碳市场建设

推进全国碳交易系统建设开发并积极争取结算系统落户上海,参与全国碳排放权交易所筹建方案、全国碳排放权交易市场监督管理办法及交易规则等文件的起草。以碳业务为核心,服务本市纳入碳排放配额管理的企业连续6年全面履约,保障了上海碳市场的平稳运行和可持续发展。探索绿色金融服务,与上海证券交易所合作研发绿色金融产品。深化新能源业务研究,成功申报市科委国际氢能技术转移平台建设项目。

(4) 建设文体旅资源交易平台

出台文体旅项目交易规则,业务范围从单一的体育产权向文体旅多元融合发展。对接有关政府部门、行业组织和服务机构,采取合作伙伴委托等方式,积极拓展项目来源,共同引入投资人。在新产品开发中,围绕场馆服务形成“退租还体”解决方案,组织电竞、街头篮球赛等优质项目进行路演推介。举办“百家明星企业走进联交所”活动,扩大市场影响。推动建立体育资源配置省(市)服务区,为相关城市提供金融、品牌、科创等综合服务。

(5) 在农业科技成果交易等领域持续开拓

围绕农村改革与乡村振兴战略，重点打造国内领先的农业科技成果交易平台。“长三角农业科技成果交易服务平台”揭牌运行并实现项目落地，被列为市科委首批技术转移服务机构示范项目的“农业科技成果交易服务体系建设项目”顺利通过二期验收。同时，持续探索农村土地承包经营权公开流转交易，基本实现金山区村集体土地承包经营权进场交易的全覆盖。

3. 构建高水平开放合作平台，增强产权市场辐射带动能力

(1) 坚持国际化、市场化、专业化发展方向，举办首届世界并购大会

为践行国家对外开放战略、提升进博会服务贸易功能，发起并主办“2019 世界并购大会”。会上，首次发布“SUAEE 中国并购综合指数”“中国企业国际化 30 强榜单”，数十位来自财经、金融、投资等领域的重量级人士，围绕经济发展形势、金融产业政策和投资并购趋势等议题发表精彩演讲，引起海内外媒体广泛关注和深入报道。

(2) 践行“长三角一体化发展”国家战略，推动长三角产权市场一体化建设

制定“关于推动上海产权市场做优做强做大，助力长三角实现高质量一体化发展”整体方案，提出推动方案落地的工作建议，并率先在长三角产权市场一体化建设上取得突破。在 2019 年 12 月举行的长江流域产权交易共同市场八届一次理事会上，以上海联交所新一代交易系统为依托的长三角产权交易共同市场信息发布平台和长三角体育资源交易平台正式上线，来自上海、江苏、浙江、安徽三省一市的 18 家产权交易机构共同签署了党建联建协议，形成区域性产权市场共建共享的合作新态势。

4. 全面提升服务质量和效率，提高产权市场流动性与服务能级

(1) 提高项目全流程审核效率

建立“重大项目和重要客户受理审核”“重大复杂疑难项目提前介入”等工作机制，加强受理审核专业支撑。优化结算审核流程，加强资金结算过程管理及动态分析。提高交易结算的便利性，增加跨境人民币项下的资产交易进场结算等新功能。对接上海自贸实验区金融政策，会同工商银行做好上海联交所 FT 账户的推广使用。发挥日常审核、联审机制和业务审核委员会在防范业务风险中的分级管控作用，在确保项目依法合规的前提下，及时解决交易过程中遇到的新情况新问题。

(2) 加强会员服务管理

以“推动上海产权市场高质量发展，打响产权市场上海品牌”为主题，举办 2019 年会员大会。研究制定新的会员管理办法。组织各类专题培训，帮助会员提升专业能力和服务质量。完善会员“公示制”“承诺制”，加强社会公开监督和会员自律管理。

5. 提升产权市场信息化水平，推进数字化产权市场建设

对标先进水平、一流标准，按照“开放灵活、智能高效、便捷可靠”的设计理念，全力以

赴推进新一代交易系统建设。主交易子系统和市场服务子系统经过多轮测试进入单轨试运行,平台信息化建设取得重大进展。提高数据服务能力,通过自主研发的数据总线,与国务院机管局行政事业资产监管系统、市国资委企业评估备案登记系统实现对接。做好网络系统日常运维和安全保障,"两地三中心"云设施二号数据中心基本建成。

6. 进一步完善交易制度体系,营造公平竞争市场环境

加强风险管理和内部审计,推动一批事关市场发展的重要制度相继出台。充实合同示范文本库,提出合同管理信息系统建设方案。建立防范化解重大风险工作机制,对重大风险事项进行定期排查。制定内审工作三年规划,理顺工作机制,明确将内审监督功能从事后查错纠弊为主拓展到管理优化、事前防范。

7. 深化内部运行机制改革,构建高效运营管理架构

(1) 统筹协调业务运营

修订业务运行管理办法,进一步完善部门职责、优化业务流程。加强对标分析、对标管理,引导各业务板块聚焦目标积极开拓、精准发力。面对市场激烈竞争,建立能够快速响应客户需求的跨部门协商机制,系统解决业务运行中的难点、痛点、堵点问题。

(2) 提高财务管控能力

围绕提质增效发展目标,发挥全面预算对企业经营过程的管控作用。优化资金管理,加强风险防范,将企业资产负债率控制在合理区间。以价费管理为轴心、财务信息化为抓手,积极推进业财协同,物权、股权收费办法草案相继出台。

第二节 市场发展展望

2020年是我国全面建成小康社会和"十三五"规划收官之年,也是上海产权市场实现"转型升级、创新发展"战略的关键之年。上海联交所坚持以发展为第一要务,紧紧围绕"做优做强做大、打响市场品牌"目标,在服务国家战略和多层次资本市场建设中发挥更积极、更主动的作用。一季度,上海产权市场完成产权交易项目379宗,成交金额290.62亿元,其中项目成交率为40.34%,挂牌率为85.71%,竞价率为18.3%,竞价增值率为42.26%。

1. 提升服务能级,推动上海产权市场做优做强做大

(1) 用新发展理念引领高质量发展

对照"做优做强做大、打响市场品牌"的发展目标,完成"十三五"发展规划提出的战略任务并启动"十四五"发展规划研究。针对制约市场发展壮大的瓶颈问题,建立长效工作机制,加强对深层次、高难度改革事项的统筹协调,持续推进上海产权市场制度创新、能力

建设、效率变革。

(2) 以主营业务为根基进一步优化业务布局

围绕国企改革“双百行动”和区域性国资国企综合改革，针对国企混改、央地合作、市场化债转股、“两类公司”改革试点等重点内容，深化服务内涵，提升服务质量。根据不同企业资产流转和融资发展的多元需求提供“一企一策”个性化贴身服务。积极发展资产租赁业务，加强生物医药、品牌服务等专板建设，培育并形成新的业务增长点。立足上海，联动京粤，深耕长三角，以长三角产权市场一体化建设为牵引、长江流域产权交易共同市场为纽带，构建以点带面、辐射全国、面向全球的业务布局。发挥资源市场化配置功能，以跨境并购业务为发力点，对接国际市场，打造跨境交易的重要平台和交易创新的策源地。

2. 发挥平台功能，更好服务国家战略和上海城市发展

(1) 服务多种所有制经济共同发展

坚持资本市场的定位，把服务实体经济作为各项工作的出发点、落脚点，在助力国资国企深化改革的同时，积极服务民营企业改革发展。依托数十年积累的产权交易服务经验，大力拓展非公等竞争性业务，通过优化服务手段、创新交易模式、完善制度规则，营造公平竞争、规范有序的市场环境，增强产权交易平台对各类市场主体的吸引力。尝试与基金公司、投资银行等机构进行合作，在符合监管要求的前提下探索开展交易衍生服务，促进市场活跃度的提升。

(2) 推进金融资产交易平台业务体系建设

加强金融资产交易平台基础设施建设，推动各业务板块产生协同效应。加大创新投入，集中力量搭建中小微企业全生命周期投融资服务体系，探索供应链金融资产流转服务，形成特殊资产交易可复制可推广案例。围绕“一带一路”建设，协助财政部 PPP 中心做好亚太 PPP 信息平台和项目库的建设运维。密切与中国贸促会、国际资本市场协会等机构的联系，在跨境并购市场建设中发挥更加积极的作用。加强同国家金融与发展实验室等机构的合作，探索私募基金份额股权流转相关工作。加快融资租赁资产交易平台的建设进度。

(3) 提高公共资源交易平台整合能力

按照国家发改委关于深化公共资源交易平台整合共享的工作要求，推进公共资源交易全流程电子化和安全管理体系建设。组织工作专班，在市发改委牵头全市统一规范的公共资源交易平台“一网三平台”建设的过程中发挥积极作用。围绕市领导提出的“要把公共资源交易平台升级改造作为本市健全要素市场化配置的先手棋”要求，结合上海实际需求，形成“上海特色模式”，努力将本市公共资源一网交易打造成上海的“第三张网”。

(4) 扩大知识产权交易平台服务范围

建好国家知识产权运营公共服务平台国际运营(上海)试点平台，推动业务模式由知

识产权交易服务为主向科技创新综合服务转变，服务对象由高校和科研院所为主向企业与高校和科研院所并重转变。加强与各类知识产权主体的对接，把长三角地区、G60沿线城市作为率先突破的重点区域，促进知识产权成果进场交易。

(5) 加强环境能源交易平台产品研发

推动全国碳交易系统上线运行和全国碳市场主体发展工作，做好全国碳市场交易启动前的各项准备。围绕“绿色低碳发展综合服务解决方案提供商”的角色定位，在绿色金融与低碳咨询服务上加大研发力度。探索氢业务信息平台及交易体系建设，开展有关氢能知识产品和标准研发等工作。

(6) 构建文体旅资源交易平台服务模式

加强与国家体育总局、市体育局的沟通联络，积极争取国家体育资源交易平台落户上海。发挥上海区位优势，吸引优质头部资源注入长三角体育资源交易平台，运作好第38届体博会体育资源交易会和中国山地自行车联赛承办权公开招募、仙霞网球中心经营权挂牌交易等重点项目。与国内知名电竞俱乐部合作推广电竞文化，助力上海打造“全球电竞之都”。

(7) 拓展农村产权交易平台外部资源

服务乡村振兴战略和农业农村现代化建设，持续推进长三角农业科技成果交易服务平台建设，发起设立长三角乡村振兴产权交易联盟。探索农业科技成果转化跨境交易模式，协同知识产权国际运营平台推进涉农知识产权市场建设。

3. 创新服务模式，助力上海联交所做大规模打响品牌

(1) 运用信息科技为业务赋能

关注互联网前沿技术，探索区块链、大数据、云计算、人工智能等新科技在产权交易服务中的应用，为业务创新提供技术支撑。加大系统创新研发，构建打通前、中、后台的综合数据平台，满足不同使用对象多样化的数据需求。坚持一流标准，做好新一代交易系统的全新上线、持续完善及运营推广。积极申报市国资委企业技术创新和能级提升项目，建设长三角产权市场一体化云服务平台，为长江流域产权交易共同市场乃至全国产权市场的一体化发展探索新路。

(2) 提高投行化服务能力

借鉴投资银行的服务模式，延伸产权交易服务内容。建好用活客户关系管理系统，实现客户资源的共建、共管和共享。举办定位精准、内容丰富的推介活动，全方位展示项目价值，提高项目撮合的成功率。围绕提升市场活跃度，积极拓展业务合作渠道，集聚市场服务资源，提高项目运作效率。

(3) 推动会员机制改革创新

在广泛征求意见的基础上，推动新的会员管理办法出台。调整会员结构，重视培养核

心会员，扩大券商、会所、律所等机构会员的数量。完善会员公示制度，营造开放公平、诚实守信的市场环境，引导会员在接受社会监督中加强自律管理、规范执业行为。按照“谁服务、谁收费”的原则，进一步规范收费办法和会员合作机制。

(4) 提高审核与结算工作的专业水准

高标准做好交易审核，在确保项目卷宗“零瑕疵”的基础上，实现审核工作的高效和有序。进一步精简项目受理审核需提供的要件，为各类电子版材料的线上传送创造条件。推动审核方式由传统人工审核逐步向“智能＋人工”审核转变，对标准化程度高的交易品种试行全流程线上交易。优化结算审核流程，提高资金结算的效率和精准度。加强场外结算规范管理，巩固和扩大跨境结算的服务优势。推进电子结算系统开发上线，探索为异地产权交易机构提供便利化结算服务。

4. 加强管理协同，提高产权市场治理能力和治理水平

(1) 做到风险全面可控

围绕“提效率、强规范、防风险、保安全”，强化全面内控管理，建立科学高效的制度体系、协同有序的流程体系、全面覆盖的风控体系。探索建立预警分析指标，对企业在经营管理活动中的潜在风险进行监控。加强法务对业务的全面支撑，落实合同全生命周期管理。构建审计工作网络，优化审计组织方式，提高审计成果综合利用水平，通过审计发现问题、揭示风险。

(2) 统筹协调业务运营

构建上下联动、科学高效的绩效考核体系，使经营计划与预算管控、考核激励形成联动管理。提高数据的收集、分析、加工、运用能力，对业务运行中发现的问题及时纠偏并提出有效对策。按照集团化发展方向，建立层级清晰、职责明确、管控到位的投资管理体系。以资本为纽带，加强对子平台的管理和指导，妥善处理好放权与管控的关系。明确各交易平台板块业务边界，强化资源协同，突出整体效应。

第十二章　金融市场基础设施

第一节　上海清算所业务情况

2019年，上海清算所清算业务总量达363.0万亿元，同比增长3.9%。其中，中央对手清算量123.8万亿元，同比下降0.7%；非中央对手清算量239.2万亿元，同比增长6.4%。2019年，上海清算所办理债券发行登记3.5万只、25.2万亿元，代理兑付债券22.6万亿元，期末托管债券2.7万只、托管余额22.3万亿元；新增登记托管和兑付本金金额同比分别下降6.0%和3.0%，托管余额同比增长12.8%；服务发行人5 723家、投资者24 042家，同比分别增长8.5%和22.3%。

1. 中央对手(CCP)清算

2019年，上海清算所持续做好中央对手清算业务功能优化和产品创新。利率衍生品方面，增加利率互换集中清算实时承接功能，实现XSWAP平台风控前置，首家美国在华非法人机构美国银行上海分行开展利率互换业务；推进标准债券远期实物交割功能研发。外汇及汇率衍生品方面，拓展外汇期权费支付日范围，开展外汇询价T+1交易等一揽子业务拓展。信用衍生品方面，推出试运行“CFETS-SHCH-GTJA高等级CDS指数”，每日发布信用违约互换(CDS)指数曲线，完善CDS集中清算报价机制，推进与外汇交易中心直连数据接口建设。债券净额方面，优化回购净额清算机制，做好通用质押式回购业务系统上线准备。大宗商品方面，推动构建大宗商品综合服务体系，以化工现货平台为切入点，探索建立“大宗商品清算通”业务模式；开发保证金对冲机制，探索连续报价商机制，积极进行市场培育推广。

2019年，上海清算所利率衍生品中央对手清算24.0万笔、18.3万亿元，同比分别增长26.6%、下降13.7%。其中利率互换中央对手清算23.6万、17.9万亿元，同比下降15.5%，综合清算会员7家，普通清算会员42家，代理客户200家；标准债券远期中央对手清算4 187笔、4 368亿元，同比增长435.0%，综合清算会员6家，普通清算会员44家，代理客户

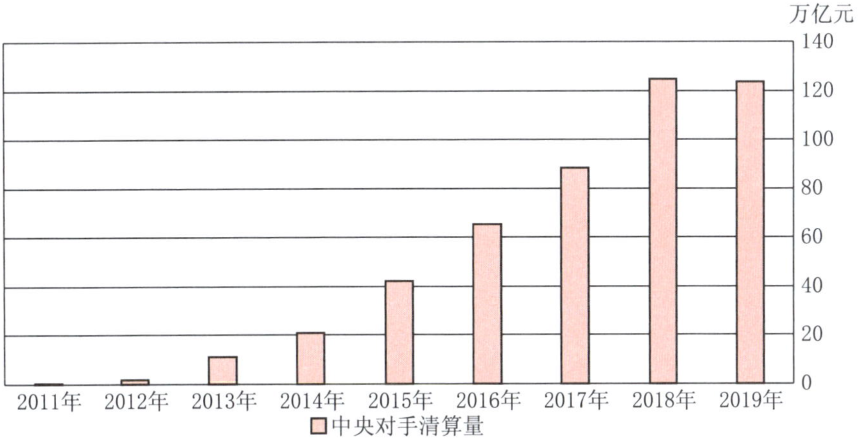

图 12-1　上海清算所历年中央对手清算业务量

表 12-1　2019 年上海清算所中央对手清算业务量

单位:亿元	2019 年	2018 年	同比
债券净额	174 359.9	205 785.8	−15.3%
利率衍生品	183 311.2	212 495.3	−13.7%
外汇及汇率衍生品	880 195.2	827 518.5	6.4%
大宗商品衍生品	79.6	517.0	−84.6%
信用衍生品	0	3.2	−100.0%

表 12-2　上海清算所中央对手清算业务参与者数量

		2019 年	2018 年	同比
债券净额	现券	79	76	3.9%
	回购	79	76	3.9%
利率衍生品	利率互换	249	202	23.3%
	标准债远期	75	54	38.9%
外汇及汇率衍生品	外汇询价	55	51	7.8%
	外汇竞价	266	265	0.4%
	跨境外汇	5	5	—
大宗商品衍生品		712	724	−1.7%
信用衍生品		24	24	—

25家。外汇和汇率衍生品中央对手清算149.5万笔、88.0万亿元,同比分别增长26.1%和6.4%,综合清算会员10家,普通清算会员24家,其他外汇清算参与者21家。信用衍生品中央对手清算综合清算会员3家,普通清算会员21家。债券净额清算5.5万笔、17.4万亿元,同比分别减少4.6%和15.3%,综合清算会员7家,普通清算会员57家,代理客户15家。大宗商品衍生品中央对手清算2.4万笔、79.6亿元,同比分别减少92.2%和84.6%,综合清算会员7家,普通清算会员5家,市场参与客户数量达到712家。

2. 登记托管与清算结算

2019年,上海清算所不断丰富发行登记托管服务,支持债券市场创新开放发展。产品服务方面,加力丰富登记托管债券品种,实现首批证券公司金融债、各类熊猫债发行主体登记托管全覆盖,新增非银金融机构无固定期限金融债、标准化票据等登记托管;支持民营企业债券融资支持工具创新,推出预配售、标的债券同步发行服务,支持首单以资产支持票据为标的券的信用风险缓释凭证发行。

平台功能方面,着力提升发行服务质量,优化招标发行服务,丰富弹性招标、跨市场发行等功能,推动农发行政策性金融债由试点发行转为常态化发行;面向发行人推出承销费代付服务,做好发行缴款线上化上线准备;推出网上开户服务,引入电话客服系统,优化服务举措得到市场肯定。

机制建设方面,全力推动债券市场改革和互联互通政策落实。制定相关业务规则,实现到期违约债券转让、回购违约债券担保品处置等政策落地,试点推动债券展期、注销等机制开展,积极稳妥化解风险;与中央结算公司建立跨托管机构系统直连,支持人民银行货币政策操作;积极配合落实理财子公司多级托管制度实施;推动银行间与交易所市场互联互通;推动创新型银行间市场可转让债券基金及跨市场交易所交易债券基金研发。

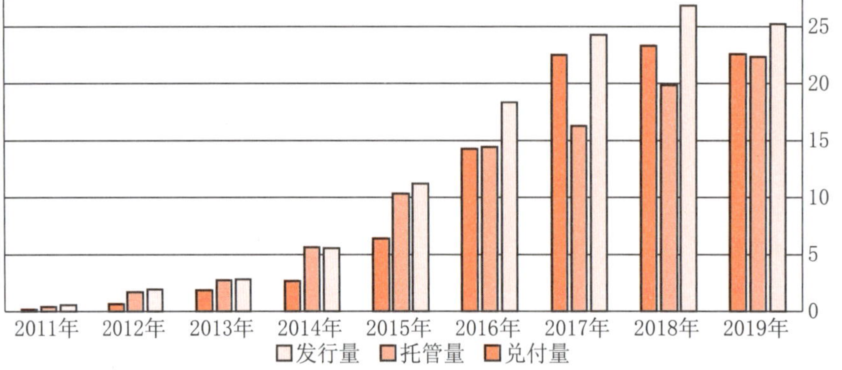

图12-2 上海清算所历年债券发行登记托管业务量

债券市场开放方面，助力加快债券市场对外开放步伐，深化与卢森堡交易所绿色债券信息披露合作，并会同建设银行三方一道深度探索跨境业务创新；支持“债券通”同业存单一级市场发行，并开展回购模式研究；推进与欧清银行合作服务境内发行人面向国际市场发债；为意大利、日本等国熊猫债发行人提供定制化税收服务；制定境外投资者非交易过户操作指引，延长境外投资者结算周期至 T+3。

2019 年，上海清算所办理债券发行登记 25.2 万亿元，代理兑付 22.6 万亿元，期末托管余额 22.3 万亿元；共办理债券全额清算 239.2 万亿元，其中，现券 63.1 万笔、54.7 万亿元，回购 224.2 万笔、182.0 万亿元，分销及债券借贷 3.4 万笔、2.3 万亿元。

3. 合格中央对手方建设

2019 年，上海清算所聚焦完善全面风险管理框架，守住不发生系统性金融风险底线。风险管理体系方面，深化中央对手清算业务风控机制，完善风险管理框架和制度，形成《集中清算业务违约处置指引》并征询市场意见，发布《清算会员资信评估办法》，优化风控机制与风险计量模型；积极开展跨境监管认证和多边合作协调，正式向英国提交监管认证申请；持续深化“外滩标准”应用和指标完善，成功入选首批“上海标准”。

技术系统建设方面，不断健全信息科技治理体系，编制信息科技发展规划，明晰发展路径；安全推进应用系统建设和运维保障，稳步推进新一代综合业务系统建设，优化运维服务方案；深入探索新技术研究和应用，开展数据治理咨询服务，加快完善数据治理机制，启动大数据平台研究，制定企业级大数据平台方案及建设路径，探索区块链等新技术研究和创新应用。

清算会员服务方面，2019 年上海清算所积极提升市场服务质量，研究完善清算会员整体发展规划，健全清算会员全流程管理。2019 年底，上海清算所共有清算会员 90 家，其中，综合清算会员 6 家，产品类综合清算会员 7 家，A 类普通清算会员 31 家，B 类普通清算会员 23 家，C 类普通清算会员 23 家。

4. 国际交流合作

2019 年，上海清算所继续加强国际合作与沟通。成功举办建设安全高效的金融基础设施国际研讨会，并发布了《银行间市场中央对手清算发展报告》。充分发挥金融基础设施作用，参与中外政府间经济金融对话机制，参加第三届中英金融服务峰会、2019 年人民币全球城市对话、中俄金融合作分委会第二十次会议等中外政府间经济金融对话机制，积极探索中英绿色金融领域合作、绿色金融市场国际联通及中俄金融基础设施开展跨境互联相关合作。积极参加国际组织活动，包括国际资本市场协会 2019 年年会、第 23 届亚太中央证券托管组织年度大会和 2019 年亚洲证券业与金融市场协会年会等，有效提升国际声誉。

5. 市场展望

2020 年，上海清算所积极落实党对金融工作的集中统一领导，坚持防范系统性金融风险、维护金融稳定，不断夯实金融基础设施机构建设。

一是密切跟进市场动态，深化和拓展登记托管服务。扎实服务政策性金融债、绿色债券等登记托管业务的发展，继续支持民营企业债券融资支持工具等机制发挥作用，提升发行登记托管服务质量，持续落实违约处置相关工作。

二是继续在合格中央对手方建设工作上保持国际先进水平和国内引领地位。持续完善风险管理体系，优化违约处置流程，研究保证金对冲机制，完善清算会员资信评估体系，继续推进跨境监管认证。

三是拓展清算业务的广度和深度。整合相关各方资源，全方位持续优化各条线产品、业务系统和服务，切实满足市场机构需求，推进业务快速发展。

四是全面提升服务市场效能。着力提升公司数据增值服务能力，加强价格基准服务建设，延拓专项业务领域，升级配套服务资质。

第二节　中央国债登记结算公司上海总部业务情况

中央国债登记结算有限责任公司(简称“中央结算公司”)，成立于1996年12月，职能定位于国家金融基础设施，是唯一一家由国务院批准并出资设立、专门从事金融基础设施服务的中央金融企业。公司于2015年7月设立上海分公司，2017年12月升级为上海总部。

公司是中国金融市场重要基础设施，从国债集中托管起步，逐步发展成为各类金融资产的中央登记托管结算机构。公司是财政部唯一授权的国债总托管人，主持建立、运营全国国债托管系统；是中国人民银行指定的银行间市场债券登记托管结算机构，商业银行柜台记账式国债交易一级托管人；是发展改革委授权的企业债总登记托管人和发行受理审核机构，并根据授权开展企业债券中介机构信用评价、政府出资产业投资基金登记和全国国有企业债务风险监测工作；根据银保监会授权，承担理财信息登记系统和信贷资产登记流转系统的开发运行工作。截至2019年底，中央结算公司债券登记托管总量达到64.98万亿元，占银行间债券市场总量的84.8%①；其中国债、地方政府债、政策性银行债三类投资级债券近100%托管在中央结算公司。

在各主管部门和上海市的指导支持下，公司积极对接上海国际金融中心和自贸试验区建设，设立上海总部，集聚人民币债券跨境发行中心、人民币债券跨境结算中心、中债担

① 注：不含同业存单数据。

保品业务中心、中债金融估值中心、上海数据中心五大核心功能平台，服务全球人民币债券市场。2019 年，公司上海总部主要业务情况如下：

1. 业务概况

(1) 债券发行服务

2019 年，中央结算公司上海总部支持各发行主体在沪发行各类债券 175 期，共计 6 211.01 亿元。其中，支持地方政府债券发行 79 期，共计 5 118.26 亿元；年内累计为上海、浙江、江苏、宁波、湖北、福建、江西、辽宁、湖南、大连、吉林等 11 省市提供了发行服务。年内支持金融债发行 4 期，共计 95.00 亿元；支持各类企业债券发行 88 期，共计 853.70 亿元；支持资产支持证券发行 3 期，共计 134.05 亿元。年内实现重点业务突破：支持全国首只自贸区和境外债券发行，募集金额 10.00 亿元。

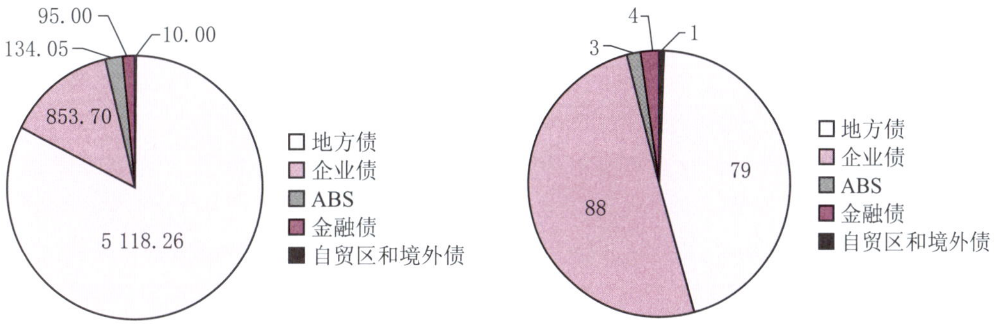

债券在沪发行量(亿元)　　　　债券在沪发行期数(期)

图 12-3　2019 年中央结算公司上海总部支持债券发行数据统计

数据来源：中央结算公司上海总部。

(2) 跨境互联合作与国际客户服务

中央结算公司在沪设立“人民币债券跨境结算中心”，将全球客户服务职能集聚上海，全面服务银行间债券市场直接投资(“全球通”)模式、香港“债券通”模式、澳门 MOX 模式等。与相关单位共建伦敦代表处，探索搭建债市跨境互联中债模式，为境内外机构提供安全、高效、领先的解决方案，作为金融基础设施互联的高级版本，全力支持中国金融市场对外开放。

强化国际交流合作，2019 年成功举办境外投资者年会，日本、英国和中东投资者推介会，近 10 场业务宣介会与入市业务培训会，与近 40 家全球知名资管机构建立紧密联系；细化境外投资者标准化服务，全面实施客户经理制，完善客户关系管理系统，推进服务机制流程化。截至 2019 年末，通过直接入市的“全球通”模式，公司已支持 445 家境外机构投资者开立债券账户 1 120 户，托管人民币债券余额近 1.8 万亿元，约占境外机构持有境内债券总额的86%。

(3) 价格产品服务

中债金融估值中心秉承建设人民币金融体系定价基准平台,支撑集团金融市场核心基础设施地位,打造国内领先、国际知名金融信息服务商的战略使命,在债券收益率曲线、债券和金融资产估值、债券指数等领域取得重要成绩。

承接金融市场基准定价使命,围绕提升"上海价格"国际影响力,持续完善推广上海关键收益率(SKY),推动中债价格指标产品不断创新,服务境内1 000余家大中型金融机构,每日向全市场发布金融资产估值10万余条,收益率曲线约2 300条,指数500余只,风险价值指标40万余条,覆盖金融资产近100万亿元。

紧密对接主管部门,在京举办中债指数专家指导委员会第十五次会议;深化服务上海及长三角一体化发展,编制发布长三角系列债券指数;与上海保险交易所携手启动保险资产管理产品估值合作,共同发布首批保险资产管理产品估值;制定业务标准和规范,发布《中债价格指标产品数据采集规范》等三项企业标准,制定《中债债券收益率曲线和估值基本原则》企业标准及《中债市场隐含评级编制方法》。

服务国家战略,辐射全球金融市场,首次向全球发布中资美元债价格指标产品,试发布离岸人民币债券系列产品,以"中债—10年期国债及政策性银行债绿色增强指数"为跟踪标的的新光中国政金绿债ETF在台湾证券交易所挂牌上市;"中债—工行人民币债券指数"向全球发布并于新加坡交易所挂牌,有力支持了人民币国际化和跨境投融资业务开展。

(4) 担保品业务

中债担保品业务中心自2017年12月落户上海以来,作为公司支持上海建设国际金融中心的重要部署,服务于上海发达的金融要素市场与各类金融机构,持续发挥债券市场风险管理平台与"流动性中枢"的重要作用。截至2019年末,公司作为全球最大的债券担保品管理机构,担保品管理规模超13万亿元,服务机构超7 200家。

在服务宏观政策调控方面,为中期借贷便利(MLF)、定向中期借贷便利(TMLF)、常备借贷便利(SLF)、支小/支农/扶贫再贷款、互换资金借贷等货币政策工具提供担保品管理支持,助力人民银行货币政策精准传导和调控。为全国34个省、市及自治区地方国库现金管理业务试点区域提供担保品管理服务,有效防范国库资金的市场风险,有力支持财政政策实施。截至2019年底,货币政策类业务担保品质押余额为5.2万亿元,地方国库现金管理业务质押担保品余额为8 123.08亿元。

在服务社保体系、央行支付体系和外汇管理方面,为全国及地方社保基金管理提供全流程的担保品管理服务,助力社保资金安全高效运作,截至2019年末,全国和地方社保业务管理中担保品价值达5 574亿元;为中国现代化支付系统提供担保品管理支持,如大额支付系统自动质押融资业务和小额支付系统质押额度管理业务；为国家外汇管理局的中央外汇经营业务与外汇委托贷款业务提供担保品管理服务，实现外汇管理的精准风险管控。

在服务金融市场方面，为债券回购、衍生品和贵金属市场提供担保品管理服务，涵盖质押式回购、买断式回购、债券借贷、债券远期等交易，支持各类信用交易的有序开展；与中金所合作开展债券作为期货交易保证金业务试点，与上海黄金交易所联合开展债券充抵黄金交易保证金服务，并在证监会支持下，与中金所、上期所、大商所、郑商所、上期能源签约，在中国期货市场全面开展债券作为期货交易保证金机制。

在跨境担保品管理服务方面，陆续推动担保品在外资银行与中资银行海外分行的外币融资业务、境外央行与境内商业银行跨境货币互换、金融租赁公司在自贸试验区融资等方面的应用，为跨境交易中所面临的信用风险提供防范和化解工具，担保品跨境使用由点到面逐步展开。2019 年推动"人民币债券成为英国市场普遍接纳的合格担保品"纳入中英经济财金对话成果。

(5) 上海数据中心

在上海市与浦东新区的帮助与支持下，上海数据中心于 2018 年正式落户张江银行卡产业园，按照国家 A 级机房标准并对标国际最高 T4 等级标准要求，于 2019 年全面开工，预计可在 2020 年内整体竣工投产。同时，数据中心运维团队、制度和工具平台建设也已初步准备就绪，为保障投产后稳定运营夯实基础。未来公司力争将上海数据中心建成与中国债券市场实力、与上海国际金融中心地位相匹配的世界级数据中心，为国际金融中心建设和公司业务系统运行提供支持。

2. 总结与展望

2020 年，中央结算公司上海总部将在各主管部门指导下，紧密围绕上海国际金融中心建设及公司战略规划要求，积极推动在沪各项业务的创新拓展。

一是推进人民币债券跨境发行中心建设。积极推动自贸试验区、跨境债券业务创新，服务实体经济、"一带一路"建设和金融业开放，支持长三角地区各类主体利用自贸区跨境融资平台发行本外币债券，助力长三角高质量一体化发展和上海跨境投融资服务中心建设。

二是推进人民币跨境结算中心建设。对接全球市场投资者，探索多元开放模式，加强与国际机构的交流合作，支持主管部门、金融基础设施、市场机构等联合开展海外推介活动，提升结算服务效率，助力上海人民币支付清算中心建设。

三是打造金融基准定价平台。发挥以"中国国债收益率曲线"为代表的中债价格指标产品优势，加强金融估值产品研发创新，发挥中债金融估值中心在人民币资产基准定价方面的优势，支持上海建设全球人民币资产定价中心及人民币资产管理中心。

四是提升担保品管理平台功能。切实发挥金融担保品作为金融市场“流动性中枢”与“风险管理阀门”作用,丰富金融担保品功能,拓展担保品跨境应用领域,完善集成化风险管理服务,支持上海建设全球人民币金融风险管理与压力测试中心。

第三节　中国证券登记结算公司上海分公司业务情况

1. 业务运行概况

2019 年,中国证券登记结算有限责任公司上海分公司(简称“中国结算上海分公司”)贯彻服务实体经济、防控金融风险、深化金融改革三大任务要求,支持资本市场对外开放和改革发展,不断强化金融基础设施建设和服务能力建设,存管各类证券 17 975 只(A 股 1 567 只、B 股 50 只、债券 15 566 只、基金等 792 只)、证券总市值 48.01 万亿,债券面值 10.51 万亿,代扣代缴 A 股交易印花税 542.80 亿元。

表 12-3　沪市证券登记结算业务概况

业务类型	2019 年	2018 年	同比
新增投资者数(万)	1 499.31	2 079.14	−27.89%
期末投资者数(万)	15 871.16	14 397.26	10.24%
登记存管证券只数(只)	17 975	14 011	28.29%
登记存管证券总数量(万亿)	16.74	12.65	32.33%
登记存管证券总市值(万亿元)	48.01	35.82	34.03%
非限售市值(万亿元)	42.55	32.13	32.43%
结算总额(万亿元)	1 004.89	962.46	4.41%
结算净额(万亿元)	41.13	35.68	15.27%

2. 业务运行特点

一是落实中央关于在上海证券交易所设立科创板并试点注册制的战略部署。配合上海证券交易所完成科创板登记结算业务方案制定与系统开发建设,推进注册制下的特别投票权登记、境外注册企业发行 CDR 等创新功能。2019 年 7 月 22 日开市至 12 月末,完成 70 只科创板股票发行上市,总市值 8 638 亿元,持有科创板股票的投资者 71.71 万个。

二是有序开展直接融资支持工作。2019 年办理新股发行 124 只,融资额 1 839 亿元、同比增长 119%；办理公司债券、国债新增登记 5 819 笔，融资额 3.52 万亿元；有序推进信用保护合约和凭证、定向可转债业务，缓解中小企业"融资难"问题。

表 12-4　证券登记业务

业务类型	2019 年	2018 年	同比
上市公司发行登记(家)	390	274	42.34%
股票权益(笔)	1 359	1 437	−5.43%
债券初始登记(笔)	5 819	3 981	46.17%
债券兑付兑息(笔)	18 127	14 864	21.95%

股票期权各项业务指标稳步攀升。衍生品合约账户数平稳增长，突破 41 万户；市场成交活跃，全市场日均权利金结算金额、日均持仓数量、日均维持保证金连续四年近翻倍增长。未发生强行平仓、交收违约等风险事件。

表 12-5　证券结算业务

业务类型	2019 年	2018 年	同比
日均划拨资金金额(亿元)	3 161	2 768	14.20%
日均划拨资金笔数(笔)	7 788	5 369	45.05%

表 12-6　股票期权业务

业务类型	2019 年	2018 年	同比
期末衍生品合约账户数(万户)	41.38	30.83	34.22%
股票期权合约日均持仓数量(万张)	337.58	178.70	88.91%
股票期权日均权利金结算金额(亿元)	13.89	7.40	87.70%
日均维持保证金(亿元)	99.26	51.83	91.51%
行权累计清算金额(亿元)	54.01	43.72	23.54%
累计行权清算证券(亿份)	22.78	17.93	27.05%

三是做好交易所债券风险防范化解工作。立足一线持续完善信用违约风险排查和风险债券舆情监控机制，强化回购业务风险监测；落实信用风险评估和折扣系数动态管理；开展债券信用风险内部评级认定工作。推出回购现金担保品业务；探索建立协助结算参与人处置违约客户质押券机制。配合上海证券交易所推出特定债券转让与质押券快速处置机制；配合发行人、交易所处置 165 只债券违约，化解市场风险。

表 12-7 债券质押式回购业务明细

业务类型	2019 年	2018 年	同比
债券质押式回购日均交易量(亿元)	8 720	8 646	0.86%
日均回购未到期规模(亿元)	16 644	14 938	11.42%

四是全力支持资本市场双向开放。扎实推进沪伦通工作,2019 年 6 月 20 日,首单华泰证券 GDR 在伦交所上市,同时做好 CDR 落地准备。沪港通业务平稳运行;实现中日 ETF 实现互通。积极支持"一带一路"建设。

表 12-8 跨境业务

业务类型	2019 年	2018 年	同比
港股通公司行为(笔)	1 390	1 320	5.30%
港股通结算总额(亿元人民币)	19 551.27	20 329.25	−3.83%
港股通换汇折合人民币(亿元)	2 106.97	2 242.28	−6.03%

表 12-9 债券跨市场转托管业务

业务类型	2019 年	2018 年	同比
跨市场转托管(笔)	12 314	12 688	−2.95%
跨市场转托管金额(亿元)	12 603	11 245	12.08%

五是深化改革登记结算基础性制度。持续落实 A 股 DVP 结算制度、结算备付金制度优化改革。实现组合策略保证金、组合行权项目顺利上线。落实沪市 ETF 结算模式改革,制定商品期货 ETF 和跨沪深港 ETF 业务方案。研究制定债券市场交易结算互通方案、跨市场债券 ETF 试点方案。加强账户实名制和结算参与人业务管理。

六是持续推进信息技术关键领域安全可控,深化金融科技应用。推进国产商用密码在登记结算系统应用,实施登记结算系统核心数据库迁移至国产及开源数据库研究和验证测试工作,建立基于大数据和 AI 技术的智能运维平台,实现内部及外部应用系统的自动巡检,试点应用机器人流程自动化技术。

3. 发展展望

2020 年,面对外部环境变化以及新冠肺炎疫情对金融运行带来的影响,中国结算上海分公司将坚持稳中求进工作总基调,坚持新发展理念,切实担当金融基础设施的职责使命,支持配合资本市场重大改革创新措施,支持上海国际金融中心建设和长三角一体化发展,统筹推进常态化防控疫情、防范化解金融风险和支持实体经济发展等各项工作,维护证券市场安全稳定运行。

一是统筹推进疫情防控与支持经济社会发展。落实做细各项防疫工作要求，快速反应，坚守岗位，确保资本市场安全运行与改革创新不停顿。

二是继续深化科创板并试点注册制。做好首单科创板CDR落地工作，保障科创板并试点注册制平稳运行，做好科创板经验的应用推广，配合落实科创板制度创新，为“硬科技”企业利用资本市场发展壮大搭建良好环境。

三是主动防范化解风险。持续加强债券风险防控，完善债券信用风险监测和违约处置，落实质押券内评认定、风险排查与动态管理，健全风险预警体系。完善信用保护合约和凭证，探索创新组合型信用衍生品，发挥信用衍生品风险缓释功能。防范化解股票质押风险。加强信息技术基础建设、加强信息安全防控能力，持续开展技术优化升级，探索基于人工智能及大数据技术的智能化运维管理方式，提升技术预警、运维监控能力。

四是夯实金融基础设施建设、扩大对外开放。推进A股DVP制度改革落地实施；推进股债分离及债券交易结算的优化完善，进行RTGS系统改造，推进债券跨市场与跨境互联互通，配合交易所债市对外开放。推进QFII/RQFII制度改革；推进期权证券冲抵保证金业务准备。做好沪伦通GDR运行保障和CDR落地准备，优化沪港通业务，支持“一带一路”项目建设，研究跟进自贸实验区建设进展；建立健全与执法机关的协助执行机制。

五是增强服务意识，持续强化服务能力建设。聚焦市场需求，进一步提高业务办理电子化程度，提升服务效率，丰富服务路径，确保投教工作成效。

第四节 跨境银行间支付清算公司业务情况

跨境银行间支付清算有限责任公司（CIPS Co., Ltd.，以下简称跨境清算公司）接受中国人民银行的监督、管理和指导，根据《人民币跨境支付系统业务规则》《人民币跨境支付系统业务操作指引》以及《人民币跨境支付系统参与者服务协议》等相关制度规则，负责人民币跨境支付系统（CIPS）的开发运行维护，开展参与者服务、产品创新、标准建设和市场拓展等工作，为境内外金融机构和中国人民银行允许的其他机构提供人民币跨境支付清算服务、数据处理服务、信息技术服务和投资人委托的其他相关业务，以及经中国人民银行批准的其他业务和服务。

人民币跨境支付系统（Cross-border Interbank Payment System, CIPS）是经中国人民银行批准专司人民币跨境支付清算业务的批发类支付系统，致力于提供安全、高效、便捷和低成本的资金清算结算服务,是我国重要的金融市场基础设施,在支持上海国际金融中心建设、推动金融业双向开放、增强金融服务实体经济能力、服务"一带一路"资金融通、助力人民币国际化等方面发挥着重要作用。

1. 2019 年 CIPS 系统运行概况

(1) CIPS 系统保持安全稳定运行,业务量持续增长

2019 年,CIPS 系统稳定运行 250 个工作日,累计处理业务 188.4 万笔,金额 33.9 万亿元,同比分别增长 30.6%和 28.3%。日均处理业务 7 537 笔,金额 1 357 亿元。

表 12-10 2019 年 CIPS 系统业务情况

业　务	年度累计	日均	全年增长率(同比)	日均增长率(同比)
笔数(单位:笔)	1 884 288	7 537	30.60%	31.70%
金额(单位:亿元)	339 255.4	1 357	28.30%	29.30%

数据来源:CIPS 系统。

其中,"债券通"资金结算 2.67 万笔,金额 2.66 万亿元,同比分别增长 256.5%和 197.5%;清算机构借贷业务自 2019 年 10 月 9 日上线以来累计完成资金结算 59 笔,金额 0.3 亿元。

(2) 参与者规模持续扩大,业务覆盖面进一步延伸

2019 年,CIPS 系统参与者规模持续扩大,机构类型不断丰富,实际业务覆盖范围进一步延伸。

全年新增 2 家金融市场基础设施类直接参与者:网联清算有限公司、城银清算服务有限责任公司。至 2019 年末,CIPS 系统共有 33 家直接参与者,其中境外 1 家(中银香港),境内 32 家(28 家银行、4 家金融市场基础设施)。

全年新增 85 家间接参与者,其中"一带一路"沿线新增 24 家(不含中国境内和港澳台地区)。至 2019 年末,CIPS 系统共有 903 家间接参与者,覆盖全球 6 大洲 94 个国家和地区(亚洲 697 家,欧洲 109 家,北美洲 26 家,大洋洲 18 家,南美洲 16 家,非洲 37 家)。其中,境内间接参与者 392 家,占 43%;境外 511 家,占 57%。

表 12-11 CIPS 间接参与者分布情况

地　区	中国境内	亚洲其他地区	欧洲	北美洲	大洋洲	南美洲	非洲	合计
数　量(单位:家)	392	305	109	26	18	16	37	903
占　比	43.41%	33.78%	12.07%	2.88%	1.99%	1.77%	4.10%	100.00%

数据来源:CIPS 系统。

至2019年末，全球已有167个国家和地区的3 000余家法人金融机构（包括59个“一带一路”沿线国家和地区的1 000多家银行法人）通过CIPS系统办理跨境人民币业务，较2018年分别增加6个国家和340余家法人银行。

2019年末，CIPS系统业务基本覆盖全球办理跨境人民币业务的国家和地区，实际业务覆盖范围更广，作为人民币跨境支付清算主渠道的作用日益增强，积极支持上海建成与我国经济实力和人民币国际地位相适应的国际金融中心。

(3) CIPS系统建设稳步推进，业务功能不断丰富

一是清算机构借贷业务报文（直接借记）功能投产上线。为支持粤港澳大湾区建设，便利香港居民在内地使用电子钱包，经中国人民银行批准，2019年CIPS系统新增清算机构借贷业务报文（直接借记）功能以满足相关业务需求。2019年10月9日，为网联等开通清算机构借贷业务报文（直接借记）功能权限，2019年10月11日，首笔由网联发起的清算机构借贷业务报文（直接借记）成功通过CIPS系统完成资金清算。2019年12月16日，为中国银行开通清算机构借贷业务报文（直接借记）功能权限，支持澳门地区支付机构“电子钱包”业务跨境资金清算，献礼澳门回归20周年。

二是支持同业存单跨境发行，助力金融市场双向开放。“债券通”业务自2017年7月3日上线以来，CIPS系统作为“债券通”北向通的指定资金结算通道，优先支持开展“债券通”结算业务，已涵盖现券买卖、发行承销、债券回购等业务类型。2019年，CIPS系统全面支持同业存单对“债券通”投资者一级发行业务的资金结算，为境外投资者投资境内金融市场提供了便利。

三是组织参与者完成CIPS系统转换。2019年5月，组织澳新银行完成CIPS系统（二期）投产上线。至此，33名直接参与者全部接入CIPS系统（二期），按照5×24+4小时的新时序运行，使用CIPS系统（二期）报文处理业务。

(4) 加强CIPS标准建设，扩大CIPS标准覆盖范围

一是积极参与标准治理。经国家金融标准委员会批准，跨境清算公司担任银行间市场技术标准工作组组长单位，参与国家标准《金融服务金融业通用报文方案》、行业标准《交易后处理业务规范》等多项标准的研制工作，并举办工作组2019年工作会议，利用标准化职能，建立银行业机构互联互通机制。公司有3名员工加入ISO 20022国际标准组织相关工作组，定期分享CIPS系统实践经验，强化国际标准兼容。

二是推广法人识别编码（LEI），参与全球法人机构识别编码基金（GLEIF）董事会治理。公司总裁许再越先生担任GLEIF董事会中国董事，积极履行董事责任，推动CIPS系统参与者赋码工作。截至2019年底，CIPS系统参与者LEI赋码率为75%，其中境内参与者赋码率达100%。

三是探索以市场化手段推动标准落地。通过“C-P合作”（跨境清算公司和参与者等利

益相关者之间的合作)模式,借助商业银行渠道将CIPS报文标准向前端用户推广,以标准落地为切入点,引导跨境人民币支付清算业务向CIPS系统迁移。

2. 2020年展望

2020年第一季度,面对突发的新冠肺炎疫情,跨境清算公司坚决贯彻落实党中央、国务院的决策部署,在中国人民银行管理和指导下,坚持疫情防控与复工复产"两手抓、两手硬",在保障系统安全平稳运行同时加大业务投入,不断扩大CIPS系统业务功能和覆盖范围。

跨境清算公司把保持CIPS系统安全稳定运行作为工作重中之重。2020年第一季度,CIPS系统共运行59个工作日,累计处理支付业务44.4万笔,同比增长14.51%;金额9.58万亿元,同比增长25.68%。日均处理业务7 526笔,同比增长16.45%;日均处理金额约1 623亿元,同比增长27.81%。共处理"债券通"资金结算1.12万笔,金额1.13万亿元,同比分别增长234.3%和228.5%。预计2020年全年,CIPS系统业务将继续保持平稳增长。

从公司发展来看,2020年,跨境清算公司将加强战略规划引领,坚持以制度建设为基础、以系统运行为核心、以产品标准为载体、以市场服务为支点、以合规风控为保证、以内部管理为前提,重点做好发展CIPS系统海外直接参与者,建设CIPS用户社区,平稳承接大额支付系统跨境人民币清算业务,推动标准普及和实施要素产品工程,以及进行机房及信息化系统建设等年度重点项目。

展望未来,跨境清算公司将以"哪里有人民币,哪里就有CIPS服务"为使命担当,按照"市场化、专业化、国际化"发展定位,以多元化服务和多样化产品满足不同类型机构不同层次的业务需求,全力把CIPS系统建设成为人民币国际支付清算的主渠道。

专栏17:

标准债券远期产品的发展和优化

标准债券远期产品是经中国人民银行批准,由上海清算所和外汇交易中心于2015年4月协同推出的创新利率衍生品,其合约是以票面利率为3%、按年付息的虚拟国开债为标的,针对3年、5年和10年三个期限的远期合约,合约要素进行了高度标准化设置,采用集中交易和分层清算机制。标准债券远期产品的交易通过外汇交易中心本币交易系统达成,由上海清算所提供集中清算服务。

标准债券远期产品的推出具有重要意义,一是填补了场外市场的标准化利率衍生品空白。我国利率衍生品市场发展迅速，以利率互换和国债期货为主，但场外市场的标准化利率衍生品还比较缺乏，市场参与者管理利率债乃至信用债的工具不够丰富，标准债券远期产品丰富了场外市场利率衍生品的产品序列。二是为各类型投资者提供了更多样的交易策略选择。标准债券远期的参与者类型包括但不限于商业银行、保险公司、证券公司、非法人产品等。标准债券远期定价机制简单透明，与国开债现券价格走势贴合，为市场提供全新的利率风险管理工具，便于各类金融机构构建多种交易策略，提升风险管理效果。三是标准债券远期作为银行间市场首个实现交易清算一体化的衍生品，为其他利率、汇率衍生品推出一体化交易清算机制起到示范作用。通过上海清算所对每个参与机构定制化设置限额，并将该限额前置到交易系统中，在事前限额控制基础上匹配成交，免去传统双边交易对手的授信占用。上海清算所在交易达成时作为中央对手方实时承接并纳入集中清算，没有交易确认环节，适用中央对手方清算协议，大幅节约机构资金占用，也提高了银行间衍生品业务处理效率。

2018 年 3 月，上海清算所和外汇交易中心正式推出标准债券远期现金交割优化机制。一是优化了可交割券选择机制，将每个合约的可交割券精简锁定为待偿期内当季最活跃的两只国开债，提升了远期合约和国开债现券的联动性。二是优化了虚拟券价格计算方式，采用市场公允的中债估值作为到期结算价，使得定价方式更加透明清晰，降低了价格操纵风险。

标准债券远期业务功能优化后，市场成员反馈良好，成交逐步活跃，市场一改之前交易平淡的情况，呈现良好的发展态势。2019 年全年，标准债券远期累计清算合约 4 187 笔、名义本金 4 368 亿元，同比增速分别达 42％和 435％。月均单笔清算量从 2018 年 3 月的 0.13 亿元/笔，增加至 2019 年 12 月的 1.16 亿元/笔，市场深度持续增加。2019 年末，标准债券远期集中清算参与者数量达 75 家，其中综合清算会员 6 家，普通清算会员 44 家，代理客户 25 家。各类型机构参与者清算量同比增长显著，参与积极性提高。至 2019 年末，城商行、券商和股份制银行同比增幅均超过 400％。

未来，上海清算所将持续优化标准债券远期业务功能。在进一步深入调研市场需求，听取市场成员意见的基础上，就实物交割上线方案、交割流程优化，与现有现金交割的并行方式等问题进行评估，与中央结算公司和外汇交易中心共同推进系统开发和实物交割功能上线，进一步提高交易活跃度和现券流动性，增强远期交易的价格发现能力，完善现货和远期市场价格收敛机制，提升参与者套期保值效率，提升远期市场功能发挥。

专栏 18:

中央结算公司上海总部服务金融市场开放,助力国际金融中心建设

2019 年以来,中央国债登记结算有限责任公司(以下简称“中央结算公司”)上海总部秉承国家重要金融基础设施职能,紧密对接上海国际金融中心与自贸试验区建设,服务实体经济发展与金融市场开放创新,在债券融资、金融估值、担保品管理等重点领域取得创新性突破。

在债券融资方面,通过搭建自贸试验区债券账户体系,支持南京东南国资集团面向上海自贸试验区和境外投资者成功发行 10 亿元企业外债,并成功在中华(澳门)金融资产交易股份有限公司(MOX)挂牌。作为首单在自贸试验区发行的境外债券,公司为其提供发行支持和国际登记托管结算服务,具有首创性,受到广泛关注。

在金融估值方面,中债金融估值中心发挥定价基准平台作用,为 900 余支、4 800 亿美元的中资美元债和约 50 支、1 650 亿元人民币的离岸人民币债券提供估值,将基准定价功能向境外延伸,提高海外市场的影响力,进一步丰富“上海价格”;中债指数和以指数为标的的价格产品在新加坡交易所、台湾证券交易所成功挂牌,为境外投资者提供更加便利、透明的投资工具。

在担保品管理方面,随着全球市场合格金融担保品缺口持续扩大,以国债、政金债为代表的高等级人民币债券价值相对稳定,与国际市场波动的关联度较低,受到境外投资者的广泛关注。2019 年 6 月,成功支持“推动人民币债券成为英国市场普遍接纳的合格担保品”纳入第十次中英经济财金对话成果,将有望成为中英金融合作的新亮点,受到中英两国政府及监管机构的高度重视。

业 务 篇

第十三章　银 行 业 务

第一节　2019 年总体运行情况

1. 业务和机构情况

2019 年末，上海辖内银行业金融机构资产总额 16.51 万亿元，同比增长 7.05%；各项贷款余额 7.9 万亿元，同比增长 7.08%；各项存款余额 10.97 万亿元，同比增长 10.96%；不良贷款余额 731.69 亿元，比年初增加 153.27 亿元；不良贷款率 0.93%，在全国处于较低水平。2019 年末，上海辖内共有银行法人机构 91 家，一级分行及分行级专营机构 164 家，各级营业性机构总数 4 069 家，银行业从业人数 13.09 万。其中，在沪非银行金融机构共计 53 家，资产总额 1.73 万亿元，较上年末增长 11%。

2019 年末，上海银行业金融机构的总资产、总负债在全国的占比分别为 5.72%、6.09%。

表 13-1　2018、2019 年上海银行业运行数据

	2019 年	2018 年	同比增长	在全国占比
总资产	16.51 万亿元	15.42 万亿元	7.05%	5.72%
总负债	15.73 万亿元	14.69 万亿元	7.07%	6.09%
不良率	0.93%	0.78%	—	—

资料来源：中国银行保险监督管理委员会、上海银保监局。

2. 发展特点

2019 年，上海辖内银行业资产质量处于较优水平，持续深化金融供给侧结构性改革，推动经济高质量发展。

(1) 积极推动支持国家重大战略和重点领域建设。加大“一带一路”建设信贷支持和保险保障，截至 2019 年末，支持“一带一路”建设贷款余额 1 326 亿元，较年初增长 8%。鼓

励先进制造业发展，打造“上海制造”绿色标签。2019年末，制造业贷款余额为7 571.72亿元，比年初增长7.26%。支持旧区改造和大型居住社区建设，2019年末，辖内保障性安居工程贷款余额1 378亿元，同比增长18%。

(2) 进一步提升普惠金融服务质效。构建大都市型普惠金融上海模式，升级银税服务平台，共享数据从25项扩大到70项，推动全国首个省级大数据普惠金融应用平台正式上线，启动“百行进万企”活动，精准服务民企和小微企业融资需求。截至2019年末，辖内小微贷款余额1.34万亿元，其中辖内中资法人银行单户授信总额1 000万元以下(含)小微企业贷款余额634.65亿元，较年初增长31.99%；小微企业贷款户数37 505户，较年初增加16 939户。深化全流程消保体系建设，创新“诉调对接”模式，“制度+技术”优化金融纠纷多元化解机制。

(3) 深化改革扩大开放。深化自贸实验区金融开放创新，大力支持自贸区临港新片区建设，充分运用自贸区创新监管互动机制，鼓励银行保险机构开展各类金融服务创新，落地创新项目42项，融资授信超1 100亿元。推动11条金融业对外开放措施率先在上海落地，年内批复6家自贸新片区分行升格开业。助力上海科创中心建设，发布进一步支持科创中心建设指导意见，明确“五大支持目标、五大完善举措、五大联动措施”。2019年末，科技型企业贷款户数和金额“双升”，分别较年初增加1 265户及增长9.37%。全年保险业通过“科技贷”“微贷通”累计服务2 532家科技型中小微企业。积极推进银行业对外开放。截至2019年末，上海辖内外资银行营业性机构总数达229家，较2001年末加入世贸组织初期的52家翻了两番多。

第二节　2020年第一季度情况

2020年以来，受新冠疫情影响，上海银行业资产增长保持平稳，信贷投放前低后高。3月末，上海银行业资产总额17.2万亿元，比年初增加7 283.9亿元，同比增长10.94%，增速高于去年同期5.7个百分点。其中，非银行金融机构资产总额1.62万亿元，比去年同期增长8.95%。

辖内各项贷款余额7.99万亿元，比年初增加2 620.8亿元，贷款余额同比增速4.93%，比去年同期降低4.46个百分点。各项存款余额11.4万亿元，比年初增加4 326.3亿元，同比增长10.94%，增速较去年同期上升1.95个百分点。辖内银行业金融机构不良贷款余额760.29亿元，比年初增加28.61亿元，不良率0.95%，比年初上升0.03个百分点，但仍低于全国平均水平。

专栏 19:

上海首单知识产权融资租赁支持票据落地

根据商务部、北京市政府联合发布的《北京市服务业扩大开放综合试点实施方案》(京政发〔2015〕48 号),在国家法律法规允许范围内,试点著作权、商标权、专利权等无形文化资产的融资租赁。2019 年 1 月 30 日,由上海银行股份有限公司独立主承的"北京市文化科技融资租赁股份有限公司 2019 年度第一期资产支持票据"(以下简称"19 文化科技 ABN001")在银行间市场成功发行,注册、发行金额 7.7 亿元,期限 3 年,该笔业务是银行间市场首单知识产权类融资租赁资产支持票据,实现了我国银行间市场知识产权证券化零的突破,大大加快了知识产权的资本价值转化速度,这是党的十八届三中全会后中国文化产业领域的重大创新,为文化创意产业发展作出贡献,标志着我国知识产权运营水平迈上了一个新台阶。

在该笔业务中,发起机构文科租赁将资产池中 11 笔融资租赁债权及其附属担保权益(以下简称"入池资产")信托给建信信托有限公司,设立"北京市文化科技融资租赁股份有限公司 2019 年度第一期资产支持票据信托"。底层租赁标的物中包含专利权、著作权等知识产权资产。建信信托以该信托财产为基础发行优先级资产支持票据和次级资产支持票据,将所得募集资金净额支付给发起机构,并以信托财产产生的现金为限支付本期资产支持票据的本息及其他收益。优先级资产支持票据在银行间债券市场以簿记建档方式发行,次级资产支持票据由发起机构文科租赁自持。

"19 文化科技 ABN001"分为优先级资产支持票据和次级资产支持票据,其中优先级资产支持票据又分为优先 01 级资产支持票据、优先 02 级资产支持票据、优先 03 级资产支持票据。其中,优先 01 级资产支持票据发行规模为 3.6 亿元,每季度付息,过手摊还本金;优先 02 级资产支持票据发行规模为 2.5 亿元,每季度付息,过手摊还本金;优先 03 级资产支持票据发行规模为 8 000 万元,每季度付息,过手摊还本金;次级资产支持票据发行规模为 8 000 万元。

文科租赁受建信信托的委托作为资产服务机构,提供与资产及其回收有关的管理服务及其他服务。同时,文科租赁作为第一差额支付承诺人,承诺对信托财产不足以支付优先级资产支持票据的各期预期收益和未偿本金的差额部分承担补足义务;文投集团作为第二差额支付承诺人,承诺对信托财产不足以支付优先级资产支持票据的各期预期收益和未偿本金,且第一差额支付承诺人未予以补足的差额部分承担补足义务。上海银行北京分行作为资金保管机构,为本交易提供账户管理和资金划拨等服务。上海清算所作为登记托管机构,负责各级资产支持票据的登记、托管、转让过户及收益支付等。

第十四章　证 券 业 务[①]

第一节　基 本 情 况

2019年，上海共有证券公司27家[②]（包括8家证券公司下属的资产管理公司），占全国133家的20.3%；证券公司分公司121家，证券营业部773家。此外，上海还有证券投资咨询公司17家；境外证券类机构上海代表处39家[③]。

第二节　主 要 特 点

1. 总资产、净资产增长，净资本保持相对平稳

2019年，上海证券公司总资产16 084.59亿元，同比增长14.62%；总负债11 207.61亿元，同比增长17.86%；净资产4 876.98亿元，同比增长7.82%；净资本3 818.14亿元，同比增加0.5%。

2. 盈利水平较2018年显著上升

2019年，上海证券公司营业收入817.84亿元，同比增长26.47%，净利润315.2亿元，同比增长107.49%（2018年，华信证券风险事件计提减值约82亿元）。从各部门业务收入看，经纪业务收入、自营业务收入、投行业务收入同比分别增长20.06%、46.76%、12.11%，资产管理业务收入、融资类业务收入同比减少1.94%、15.38%。

---

① 机构经营数据未经审计。

② 截至报告日，上海华信证券有限责任公司事实上已无证券业务资格。

③ 含1家境外交易所上海代表处。

表 14-1　2019 年上海证券公司经营情况　　单位:亿元

项　目	2015 年（23 家）	2016 年（25 家）	2017 年（25 家）	2018 年（25 家）	2019 年（27 家）
总资产	15 010.56	13 118.94	14 059.69	14 032.52	16 084.59
总负债	11 545.89	9 260.27	9 607.89	9 509.33	11 207.61
净资产	3 464.67	3 858.68	4 451.81	4 523.19	4 876.98
净资本	3 117.72	3 607.43	3 928.91	3 799.51	3 818.14
营业收入	1 262.31	717.15	708.78	646.65	817.84
净利润	581.42	301.58	294.05	151.91	315.20

资料来源:上海证监局。

表 14-2　2019 年上海证券公司盈利结构数据　　单位:亿元

项　目	2018 年	结构占比	2019 年	结构占比
营业收入	646.65	100.00%	817.84	100.00%
净利润	151.91	23.49%	315.20	38.54%
经纪业务收入	131.32	20.31%	157.66	19.28%
自营业务收入(含浮盈)	172.27	26.64%	252.83	30.91%
投行业务收入	74.42	11.51%	83.43	10.2%
资产管理收入	113.21	17.51%	111.01	13.57%
融资业务利息收入	286.19	44.26%	242.16	29.61%

资料来源:上海证监局。

3. 风险管理水平持续提升

2019 年,上海证券公司守住了风险底线,核心风控指标和流动性监管指标均符合监管标准。从财务杠杆来看,截至 2019 年底,上海证券公司杠杆率为 2.79 倍,低于行业水平(2.95 倍),财务结构保持稳健。2019 年分类评价中,上海共 13 家证券公司参评,其中 2 家公司被评为 A 类 AA 级,占全国 10 家 AA 级证券公司的 20%。

4. 有效服务实体经济

上海证券公司主动对接创新驱动发展、上海科创中心建设、可持续发展等国家战略,为科技创新企业、中小微企业和绿色产业提供高效的金融服务。2019 年,上海证券公司累计完成 2 个双创债项目,金额 5.2 亿元;承销(分销)绿色债券 51 只,金额 675.5 亿元。上海头部券商成为创新主力,积极参与交易所债券市场信用保护工具试点,其中,国泰君安针对红狮集团创设的信用保护合约成为市场首单信用保护工具。上海证券公司积极响应国家和上海市号召,着眼于长三角一体化发展的实际需求,充分发挥上海国际金融中心机构集聚、资源集中、人才汇集的优势,致力于与当地政府和机构全方位合作,通过积极开发多样化差异化的金融产品、金融工具，推进大数据、人工智能等互联网金融服务创新等方式，不断扩大服务供给，提高服务质量，提升服务能级，为长三角区域企业提供高效便捷的投融资渠道，助力成为长三角区域多层次、全方位、渐进式金融一体化发展的强纽带。

第三节 2020年第一季度情况

2020年第一季度，上海证券公司资产总额16 966.45亿元，较上年末增加5.48%；负债总额12 020.47亿元，较上年末增加7.25%；净资产总额4 945.98亿元，较上年末增加1.41%；净资本总额3 907.48亿元，较上年末增加2.34%。

表14-3 2020年第一季度上海证券公司经营情况 单位：亿元

项 目	2020年第一季度末	占全国比重	2019年末	变动
总资产	16 966.45	21.5%	16 084.59	5.48%
总负债	12 020.47	23.7%	11 207.61	7.25%
净资产	4 945.98	23.7%	4 876.98	1.41%
净资本	3 907.48	23.4%	3 818.14	2.34%

资料来源：上海证监局。

2019年第一季度，上海证券公司营业收入同比减少10.93%，净利润同比减少14.56%，受新冠疫情影响，第一季度市场波动较大，上海证券自营业务收入较同期减少54.7%。经纪业务、资产管理业务、投行业务分别较同期增加30.83%、23.83%、23.42%。

表14-4 2020年第一季度上海证券公司盈利结构数据 单位：亿元

项 目	2020年第一季度累计	占全国比重	上年同期累计	同期累计同比
营业收入	195.30	19.86%	219.27	10.93%
净利润	90.01	23.14%	105.35	14.56%
经纪业务收入	56.57	17.88%	43.24	30.83%
自营业务收入	42.00	14.39%	92.72	54.70%
资产管理收入	28.06	42.05%	22.66	23.83%
投行业务收入	21.24	19.25%	17.21	23.42%
融资利息收入	58.55	22.59%	60.94	−3.92%

资料来源：上海证监局。

从全国占比看，上海证券公司数量为26家，占全国(132家)比重为19.7%。净资本总额占全国比重为23.4%，维续了上海证券公司相对较强的风险抵御能力；营业收入、净利润占比分别为19.86%、23.14%，均高于数量占比。

专栏20：

积极助推外资控股证券公司新设发展

2019年3月，野村东方国际证券有限公司、摩根大通证券(中国)有限公司分别获证监会批准设立，这是《外商投资证券公司管理办法》发布后首批获批的两家新设外资控股证券公司。2019年11月、12月，两家公司相继取得中国证监会颁发的经营证券业务许可证，正式完成设立。

野村东方国际证券注册资本20亿元，由野村控股株式会社、东方国际(集团)有限公司、上海黄浦投资控股(集团)有限公司共同发起设立，其中外资股东持股51%，业务范围为证券经纪、证券投资咨询、证券自营、证券资产管理；摩根大通证券注册资本8亿元，由J.P.Morgan International Finance Limited，以及上海外高桥集团股份有限公司等5家国内机构投资者共同发起设立，其中外资股东持股51%，业务范围为证券经纪、证券投资咨询、证券自营、证券承销与保荐。

按照证监会统一安排，上海证监局周密部署、稳妥推进，积极做好新设证券公司的筹备指导、现场验收等各项工作。

一是服务前置，稳妥推进筹备指导。结合监管实际，在对相关法规规则系统梳理的基础上，结合近年来机构监管的新规则、新要求以及公司设立筹备的阶段情况，积极跟进筹备进展，加强设立筹备辅导。针对法人治理与内部控制、各类业务筹备、行政许可与备案报告等事项，多次安排过程沟通与专门答疑，指导公司明确筹备开业过程中的重要时间节点和监管要求。

二是做细过程，周密安排现场验收。在梳理现行法规要求的基础上，深入研究讨论验收标准与流程，确定验收内容与重点，制定开业验收流程方案与工作底稿。验收中，特邀证监会派员现场指导，采取多种检查方式，动态完善验收标准与工作流程，确保验收工作依法、规范、有效。

三是做深要求，加强日常监管工作。设立完成后，本着“规范起步，合规先行”的原则，结合公司具体情况，在日常监管工作中持续督促公司完善公司治理结构，健全合规风控体系，强化内部控制。同时，推动新设券商发挥外方控股股东优势，提高服务实体经济的专业能力，切实保护投资者合法权益，维护市场稳定与行业秩序。

两家外资控股证券公司在沪设立，对上海进一步提升金融机构综合服务能力、推动证券经营机构在沪集聚、加快国际金融中心建设具有积极意义。

第十五章　期 货 业 务[①]

第一节　基 本 情 况

2019 年,上海共有期货公司 34 家,占全国 149 家的 22.82%;期货分公司 68 家,营业部 113 家。

第二节　主 要 特 点

1. 资产规模持续增强,盈利能力有所下降

2019 年,上海地区 34 家期货公司的总资产(含客户权益)2 036.90 亿元、净资产 314.05 亿元,同比分别增长 28.04%和 12.54%;全年实现营业收入 75.18 亿元、净利润 15.83 亿元,全国占比分别为 27.28%、26.14%,同比分别减少 3.22%和 23.45%。

表 15-1　2019 年上海地区期货公司主要经营指标　　单位:亿元

项　目	2017 年(33 家)	2018 年(33 家)	2019 年(34 家)
总资产	1 475.85	1 590.83	2 036.9
净资产	247.83	279.33	314.05
净资本	205.04	209.00	201.46
客户权益	1 179.42	1 273.73	1 678.42
净利润	21.83	20.73	15.83

资料来源:上海证监局。

① 机构经营数据未经审计。

2. 积极拓展业务领域，服务功能效果显现

上海期货公司大力开发产业客户，并通过风险管理子公司持续深化仓单业务、基差交易、合作套保、场外期权等业务模式，为实体企业提供风险管理服务，提升实体企业风险抵御能力。上海期货公司大力开展扶贫助农，拓展“保险＋期货”险种及业务环节，并通过结对帮扶、直接捐赠等多种方式加大扶贫力度，做好服务“三农”工作。2019 年，16 家期货公司共开展 104 单“保险＋期货”业务，其中完成赔付 85 单，赔付金额 1.06 亿元。上海期货公司积极做好 20 号胶、沪深 300 股指期权等新品种的上市准备和后续服务工作，助力新上市品种稳健运行。

3. 内生约束持续强化

2019 年，上海地区期货公司进一步强化内生约束机制，完善内部合规体系建设，规范业务运作，提高合规管理能力。2019 年分类评价中，上海 34 家期货公司有 12 家被评为 A 类，较上年增加 2 家，A 类公司占比 35%，反映出上海期货公司整体合规管理水平进一步增强，发展步伐更加稳健。

专栏 21:

黄金期权挂牌交易，助力上海国际金融中心建设

2019 年 12 月 20 日，黄金期权在上海期货交易所正式挂牌交易。这既是我国黄金行业发展的客观需要，也是期货市场服务实体企业、规避价格风险的有力举措，在提升我国黄金市场的影响力等方面具有重要的现实意义。

一、黄金期权的上市有利于黄金市场价格发现功能的实现

近年来，我国黄金生产及消费一直居于全球首位，已经成为亚洲地区重要黄金市场。随着国内黄金行业在风险防范上的认识不断深入，仅仅利用黄金期货防范风险已经不能满足贵金属企业的风险管理需求，市场对推出黄金期权的呼声日益增强。如果说期货是发现未来价格一个点的话，期权发现的则是一个面，它包含了未来价格可能的分布状况。对企业来说，期货构建的套期保值策略简单实用，可以满足大部分的价格避险需求，期权构建的套期保值策略更加精细化和专业化，能够更好满足企业个性化的风险管理需求，因此黄金期权的上市，将为投资者提供更加丰富的金融工具，有利于黄金市场价格发现功能的实现。

二、黄金期权的上市有利于多层次黄金市场协调发展

作为金融市场之锚，黄金历来是重要的避险资产和定价基石。事实上，海外金融市

场对于黄金的需求一直非常旺盛,而随着这些年我国金融市场发展,国内对于黄金的需求也日渐高涨。部分券商和期货公司风险管理子公司已经开始开拓场外黄金衍生品业务,但是由于缺少场内标的,场外期权业务存在定价难、对冲难等诸多问题,客户也会对金融机构报价有所顾虑。场内黄金期权的推出可以有效解决这些难题,进一步促进场内场外市场的协调发展。不仅如此,黄金现货、黄金期货和黄金期权的有机结合,将进一步完善由上海黄金交易所现货市场、上海期货交易所期货市场以及银行间柜台市场三部分共同组成的黄金市场体系,有利于多层次黄金市场的协同发展。

三、黄金期权的上市有利于提升国内黄金产业的定价能力

当前境内黄金期货交易者只能统计历史波动率,难以测度市场预期的未来波动率。场内黄金期权引入后,交易报价更为公开透明,交易主体数量增加,将有效提升市场流动性,并推动连续隐含波动率的形成。可以预见,随着境内外黄金市场联系日益紧密,跨市场、跨品种的交易将更为活跃,不仅有助于境内期权隐含波动率的价格发现,也将提升境内黄金市场的国际影响力。

随着黄金期权等交易所创新金融衍生品的不断推出,境内金融机构将更多采用境内黄金衍生工具,依托境内基准价格,为客户量身定做风险管理或投资收益的金融产品,叠加中国境内巨大的黄金投资消费需求,中国黄金市场的定价影响力将得到积极提升,从而为建设匹配上海国际金融中心地位的全球贵金属中心的奋斗目标提供更加坚实的保障。

第十六章　基金业务

第一节　基本情况

2019年，上海共有基金管理公司57家，占全国128家的44.53%；基金管理公司分支机构32家，基金管理公司专户子公司37家；基金评价机构3家，独立基金销售机构29家，基金第三方支付机构7家，中基协登记私募基金管理人4 709家。

第二节　主要特点

1. 资产管理规模持续增长，行业集聚效应显著

上海基金管理公司管理总资产规模（含公募基金、专户、年金、社保、养老金）66 547.86亿元，其中，管理公募基金2 267只，公募基金资产规模49 481.21亿元，同比分别增长18.13%和21.48%；管理非公开募集资产规模17 066.65亿元，同比增长11.84%。基金管理公司专户子公司管理资产规模18 463.51亿元，同比减少19.14%。证券公司资产管理规模39 642.6亿元，同比减少8.9%。此外，在中国证券投资基金业协会完成登记的上海私募基金管理人管理私募基金22 490只，占全国的27.51%；管理规模29 508亿元，占全国的21.48%。

2. 创新发展持续推进，进一步加大对外开放力度

上海地区基金公司积极拓展海外业务。2019年，已有9家基金公司在香港设立子公司并取得相关业务牌照，管理产品47只，管理资产规模239.16亿元，管理RQFII产品13只，管理规模29.10亿元；5家基金管理公司香港子公司开展投顾业务，产品数量17单，规模90.11亿元。此外，22家登记为内地合格的外商独资私募证券投资基金管理人（WOFE）

落户上海。

上海地区基金公司积极开展内地和香港基金互认业务,截至2019年末,9家公司17只基金产品在香港销售,在港累计保有金额2.44亿元;5家公司获得香港基金内地销售代理资格,累计代销10只基金产品,在内地累计保有金额162.91亿元。

3. 强化重点领域风险防控,行业内生约束能力进一步提高

上海基金管理公司以风险控制和合规管理为抓手,积极落实合规管理办法、信息技术管理办法和信息披露管理办法等要求,切实规范整改合规风控方面存在的突出问题,提升公司治理与内控机制的有效性。积极落实资管业务指导意见和资管新规要求,有序推进分级基金、短期理财基金、私募资产管理业务规范整改,做好资产管理业务风险防范、化解、处置工作,不合规产品规模有序减少,分级基金、短期理财基金规模逐渐下降,稳步推进降杠杆、去通道、打破刚性兑付,推动资产管理业务规范健康发展。

第三节 2020年第一季度情况

2020年第一季度末,上海地区共有基金管理公司57家;基金公司专户子公司37家,获准开展公募基金业务的证券公司5家,基金公司销售子公司2家,异地基金公司分公司及理财中心32家,基金销售支付结算机构7家,独立基金销售机构29家。

2020年第一季度末,上海地区基金公司共管理资产72 537亿元,同比增长21.97%;其中公募基金管理规模55 693亿元,同比增长26.82%;非公募资产管理规模16 844亿元,同比增长8.29%。管理资产规模达到3 000亿元以上的公司有8家,依次分别为汇添富基金、富国基金、中银基金、华安基金、交银施罗德基金、兴证全球基金、国泰基金、中欧基金。

2020年第一季度末,上海地区基金公司专户子公司资产管理规模18 284亿元,同比下降16%。其中,一对一产品管理规模15 389.66亿元,一对多产品管理规模2 894.55亿元。管理规模达到2 000亿元以上的有3家公司,分别为农银汇理(上海)资产管理有限公司、上海浦银安盛资产管理有限公司、鑫沅资产管理有限公司。

2020年第一季度末,上海地区在中基协登记的私募基金管理人管理私募基金产品23 402只,全国占比27.5%;管理规模(实缴规模)为30 529.54亿元,全国占比21.4%。

专栏 22:

上海证监局全力开展私募领域风险防范处置工作

针对上海辖区私募行业总体良莠不齐、一些行业乱象导致风险频发的情况，上海证监局坚持“四个敬畏、一个合力”，立足监管本位，积极做好私募领域风险防范和处置工作，有力推动了辖区私募基金行业规范平稳发展。

一是稳步推进私募领域重大风险案件处置。针对辖区阜兴集团等多个较大规模以上风险案件，上海证监局积极协同市政府相关部门开展风险处置工作，切实按照地方金融稳定要求，全力做好群体性风险缓释工作，在市场化处置的原则下，探索出一套督促机构及从业人员自救、聘请中介机构清产核资以清查违法违规情况的经验做法。

二是利用科技系统全力开展辖区私募风险排查。上海证监局积极利用辖区私募基金登记备案数据，引入工商信息、负面舆情等第三方数据，建立并不断优化多维度风险指标模型，动态检验各风险指标有效性，综合辖区日常监管情况，排查出73家具有一定规模且风险隐患较大的私募机构，做到了一定的前瞻性和主动性，有效地起到掌握私募风险底数作用。

三是强化日常监管和行政执法效能，大力打击违法违规行为。上海证监局充分利用信访核查、风险排查及各类非现场、现场检查的机会，按照风险导向，分类处理发现的相关私募机构违法违规情况，防范风险扩大蔓延，对41家私募机构下发监管措施，将63家私募机构的违规情况通报行业自律组织，将21家具有重大风险情况的通报市政府相关部门。

四是探索建立重点区域综合监管机制。上海证监局紧密依靠地方政府开展私募领域风险防范和处置工作，充分利用地方政府属地管理手段，积极争取地方政府支持，加强与市政府及各区政府相关部门信息沟通力度，与浦东新区金融局、闵行区金融办启动联合检查工作，力争对浦东新区全部1 813家私募机构、闵行区全部152家私募机构做到检查“全覆盖”。

五是全力做好风险事件社会稳定工作。上海证监局共接待私募领域来访5 833人次，做好来访人员沟通解释工作，积极核查1 586件群众反映风险线索，此外，还配合市政府相关部门做好国庆70周年、进博会等重大时间节点社会稳定工作。

第十七章　保险业务

第一节　2019 年总体运行情况

1. 保险机构

2019 年，上海市共有 57 家法人保险机构，其中保险集团 2 家，财产险公司 20 家(其中自保公司 1 家)，人身险公司 22 家，再保险公司 4 家，资产管理公司 9 家；共有 108 家省级保险分支机构，其中财产险分公司 53 家，人身险分公司 52 家，再保险分公司 3 家。上海市共有 225 家保险专业中介法人机构，其中保险代理机构 110 家，保险经纪机构 77 家，保险公估机构 38 家；共有 273 家保险专业中介分支机构，其中保险代理机构 112 家，保险经纪机构 132 家，保险公估机构 29 家。

2. 保费收入

2019 年，上海市实现原保险保费收入 1 720.01 亿元，同比增长 22.35%。其中财产险公司原保险保费收入① 643.39 亿元，同比增长 10.53%；人身险公司原保险保费收入 1 076.62 亿元，同比增长 30.71%。财产、人身险公司原保险保费收入比例为 37∶63。中、外资保险公司原保险保费收入比例为 78∶22。

3. 财险、寿险、健康、意外险保费收入情况

2019 年，上海市财产险业务原保险保费收入 524.90 亿元，同比增长 8.21%；寿险业务原保险保费收入为 838.79 亿元，同比增长 35.28%；健康险业务原保险保费收入为 264.99 亿元，同比增长 22.90%；意外险业务原保险保费收入为 91.34 亿元，同比增长 7.37%。

4. 赔款、给付和退保情况

上海市保险赔付支出累计 654.90 亿元，同比增长 12.61%。其中财产险业务原保险赔

① 财产保险公司还经营人身险中的健康险和短期意外险业务，所以财产保险公司保费收入与财产险业务保费收入存在不一致的情况。

表 17-1 2019 年主要省市保费收入排名 单位:亿元

名次	地区	保费收入		财产险公司			人身险公司		
		保费	增幅	名次	保费	增幅	名次	保费	增幅
1	广东	4 112.23	18.43%	1	1 178.45	17.72%	1	2 933.78	18.71%
2	江苏	3 750.02	13.05%	2	1 014.31	11.20%	2	2 735.89	13.75%
3	山东	2 750.99	9.19%	4	732.61	8.49%	3	2 018.38	9.45%
4	河南	2 430.84	7.42%	8	566.55	8.73%	4	1 864.29	7.03%
5	浙江	2 251.45	15.27%	3	795.70	10.15%	7	1 455.74	18.27%
6	四川	2 148.66	9.73%	7	583.56	7.58%	5	1 565.10	10.56%
7	北京	2 076.45	15.79%	10	512.41	11.66%	6	1 564.05	17.21%
8	河北	1 989.16	11.09%	6	632.70	10.25%	8	1 356.46	11.48%
9	湖北	1 728.57	17.52%	12	458.90	16.48%	9	1 269.66	17.89%
10	上海	1 720.01	22.35%	5	643.39	10.53%	10	1 076.62	30.71%
11	湖南	1 396.12	11.24%	11	469.83	16.59%	12	926.29	8.71%
—	全国合计	42 644.75	12.17%	—	13 016.33	10.72%	—	29 628.42	12.82%

表 17-2 上海保险市场财产险业务和人身险业务保费收入情况 单位:亿元

险 种 名 称	2019 年	比 2018 年增长
1. 财产险原保险保费收入	524.90	8.21%
企业财产保险	39.24	16.87%
家庭财产保险	12.69	84.46%
机动车辆保险	258.01	4.07%
工程保险	6.23	5.77%
责任保险	95.97	16.57%
信用保险	15.93	−37.99%
保证保险	31.54	45.02%
船舶保险	23.75	4.35%
货运险	19.95	7.59%
特殊风险保险	5.30	2.38%
农业保险	8.16	10.29%
其他	8.24	14.18%
2. 人身险原保险保费收入	1 195.12	29.81%
人寿保险	838.79	35.28%
健康保险	91.34	7.37%
意外伤害保险	264.99	22.90%
原保险保费收入合计	1 720.01	22.35%

款支出 306.12 亿元,同比增长 12.70%;寿险业务原保险给付 225.15 亿元,同比增长 8.28%;健康险业务原保险赔款给付 100.77 亿元,同比增长 22.59%;意外险业务原保险赔款支出 22.87 亿元,同比增长 15.47%。

表 17-3 2019 年上海市各险种赔款给付支出情况 单位:万元

指标项目	保险公司		财产险公司		人身险公司	
	2019 年累计	同比	2019 年累计	同比	2019 年累计	同比
赔付支出	654.90	12.61%	349.21	14.79%	305.69	10.22%
财产险	306.12	12.70%	306.12	12.70%	—	—
人寿保险	225.15	8.28%	—	—	225.15	8.28%
健康保险	100.77	22.59%	26.40	30.55%	74.36	20.00%
意外伤害保险	22.87	15.47%	16.69	35.03%	6.18	−17.00%

5. 资产情况

2019 年末,上海保险公司总资产共计 8 831.87 亿元,较年初增加 963.50 亿元,增长 12.25%。其中,财产险公司总资产 661.55 亿元,较年初增长 0.36%;人身险公司总资产 7 544.28 亿元,较年初增长 14.91%;再保险公司总资产 626.04 亿元,较年初下降 2.78%。

第二节 主要特点

1. 促进上海国际保险中心建设,持续推进保险业长三角地区一体化全面升级

一是推动保险业扩大开放政策率先在沪落地。积极推动上海首台(套)重大技术装备保险补偿机制试点。推动落实巨灾保险试点续保。持续吸引保险机构在沪集聚,2019 年,上海共有外资保险法人公司 31 家,数量位居全国之首。二是促进上海科创中心建设。主动对接上海科创中心建设“四梁八柱”的任务,积极承担使命,致力提供专业化服务,实现科技与金融良好互动。2019 年保险业通过“科技贷”“微贷通”累计服务 2 532 家科技型中小微企业。承保上海科技型中小微企业专利 3 775 件。三是持续开展金融服务创新。在上海市保险同业公会和陆家嘴金融城发展局的指导和支持下,多家国际知名保险和专业服务机构共同发起成立“长三角一体化保险创新研究与发展中心”,持续促进长三角地区保险业一体化蓬勃发展。四是推进辖内保险机构廉洁与合规工作。上海市保险同业公会、上海市保险学会举办“上海保险业廉洁从业与合规发展论坛暨 2019 保险学术年会”,

来自沪上的逾百家保险机构的行业代表、高校专家近300人参加会议。

2. 优化保险保障功能，全力支持上海高质量发展

2019年，上海保险业共提供风险保障1 874.30万亿元，其中财产险公司共提供保额1 772.44万亿元，人身险公司本年共累计新增保额101.86万亿元。一是全力支持重大战略和重点工程。至2019年末，出口信用保险支持上海出口贸易356亿美元，承保"一带一路"沿线贸易金额56亿美元。累计为523个工程项目提供工程质量潜在缺陷保险，风险保障1 484亿元，为飞机船舶、智能发电等121个重点创新项目提供风险保障465亿元。二是全力保障银保监会国际咨询委员会、陆家嘴论坛以及进博会顺利召开。太平洋财险上海分公司和中怡保险经纪等机构联合相关银行成立专项工作小组，为进博会提供金融保障服务方案。相关保险机构为进博会举办场馆国家会展中心提供总保额202亿元的一揽子保险，并设计综合保障方案，贯穿进博会筹备期、布展期、展览期和撤展期的全生命周期，全面覆盖财产、人员及相关责任，总保额达450亿元；为红线内所有人员提供意外伤害保险保障达5 680亿元，覆盖100万人次。三是承办国际海上保险联盟（IUMI）第二届亚洲论坛。论坛围绕航运保险新趋势，探讨在错综复杂的市场条件下如何应对水险新的市场局势，并就中国、亚洲市场对国际航运保险市场贡献的变化趋势与特点广泛交换意见，共吸引来自全球40多个国家的近300位专业人士参与。

3. 推动民生保险项目，着力服务民生改善和城市精细化管理

一是鼓励个人税延型商业养老保险、住房反向抵押养老保险、长护险试点，深化医保个人账户购买商业健康保险试点，累计覆盖18万人。二是全面推行车险单证电子化，在全市范围内全面推行车险电子保单。通过保险、交管数据互联共享，提升机动车辆保险信息化、精细化和专业化管理水平。三是与上海市市场监督管理局联合印发食品安全责任保险管理办法，明确食品安全责任保险投保范围，灵活投保方式，加强监管联动，推动市场监管部门将投保情况纳入企业食品安全信用档案，作为等级评定、分类监管的重要参考。四是联合市政府相关部门与农业保险机构成立工作小组，统筹协调农业保险大灾分散工作，强化信息交流共享，研究制定大灾风险补偿方案与再保险购买方案。明确再保险保费补贴申报流程与申请资料、财政支持政策、补贴申报流程等。五是做好"利奇马"台风防灾防险工作。充分利用"水灾风险地图"等灾害防范工具，提前开展高风险筛查，做好重点领域的防灾防损准备。做好灾后保险服务，确保接报案通道24小时畅通，提前部署救援车辆和救援应急流程，出险后第一时间安排查勘定损人员到场，减少灾害扩大，防止次生灾害，并开通绿色理赔通道。

第三节　2020 年第一季度情况

2020 年 3 月末，上海市共有 57 家法人保险机构，其中保险集团 2 家，财产险公司 20 家(其中自保公司 1 家)，人身险公司 22 家，再保险公司 4 家，资产管理公司 9 家；共有 108 家省级保险分支机构，其中财产险分公司 53 家，人身险分公司 52 家，再保险分公司 3 家。共有 226 家保险专业中介法人机构，其中保险代理机构 110 家，保险经纪机构 78 家，保险公估机构 38 家；共有 273 家保险专业中介分支机构，其中保险代理机构 112 家，保险经纪机构 133 家，保险公估机构 28 家。

根据中国保险统计信息系统数据汇总，2020 年 1—3 月，上海市原保险保费收入累计 560.63 亿元，同比下降 3.22%。其中财产险公司原保险保费收入 151.86 亿元，同比下降 13.91%；人身险公司原保险保费收入 408.76 亿元，同比增长 1.46%。财产、人身险公司原保险保费收入比例为 27∶73。中、外资保险公司原保险保费收入比例为 80∶20。

2020 年 1—3 月，上海市原保险赔付支出累计 143.14 亿元，同比下降 15.80%。其中财产险业务原保险赔款支出 55.10 亿元，同比下降 23.05%。寿险业务原保险给付 61.18 亿元，同比下降 11.55%。健康险业务原保险赔款给付 22.74 亿元，同比下降 4.49%。意外险业务原保险赔款支出 4.13 亿元，同比下降 23.77%。

专栏 23:

上海地区全面实施机动车辆保险电子保单

近年来，国家积极倡导绿色金融、数据金融和科技金融理念。机动车辆保险是财险行业的第一大险种，在车险领域全面实施电子保单，不但能够进一步提升保险公司机动车保险服务质量及服务水平，切实保护保险消费者的合法权益，夯实机动车辆保险发展基础，提升机动车辆保险信息化、精细化和专业化管理水平，而且能够对保险全行业形成积极的示范效应，对于消费者、保险行业乃至全社会都具有重要的价值。

为了全面提高上海车险信息化、精细化和专业化管理水平，在上海银保监局、上海市公安局交通警察总队的指导和大力支持下。2019 年 5 月 1 日起，上海保险业在全市范围内全面实行车险电子保单。项目设计研发适用于车辆保险的电子保单系统，全面建立健全车辆保险电子保单配套制度，在上海地区全面推行机动车辆保险电子保单，实现投保、理赔等保险业务全流程电子化，优化完善承保理赔业务流程。并通过实施上海地区“机动车辆保险客户身份识别及交易信息可回溯”相关工作，进一步提高车险客户投保理赔的便利性，强化承保数据真实性及客户信息安全性，为监管机构、行业和车险客户提供全方位的数据服务和业务支持。

实施车险电子保单是落实公安部、中国银保监会深化公安交通管理“放管服”和“减证便民”有关要求，秉承“创新、协调、绿色、开放、共享”的发展理念，通过保险、交管数据互联共享，运用信息技术手段使广大车主出行、办理车驾管业务和投保、理赔更加便捷、环保、高效。

车险电子保单上线后，保险公司将向车险投保人签发“以数据电文形式存在的证明机动车保险合同关系的电子证明文件”，即车险电子保单。它是纸质保险单和保险批单的电子替代品，与纸质保单具有同等法律效力。保险公司通过短信或邮件推送电子保单下载链接，投保人也可以通过承保公司官方网站、App、微信公众号查询、下载。上海市保险同业公会也将通过“快处易赔”微信公众号为广大车主提供本市所有保险公司车险电子保单的查询、下载服务。在车险电子保单上线实施一年内，保险公司将同步向投保人提供车险电子保单和纸质保单，两者具备同等效力。

在车险领域全面实施电子保单，对于消费者、保险行业乃至全社会的信息共享共治都具有重要的价值：

第一，提升市场透明度，优化服务体验。一是运用电子签名技术确保单证的真实、安全，有效防范虚假保单等保险欺诈行为，保护保险消费者合法权益。二是在投保、理赔等单证管理和使用环节，以电子化和在线化的方式最大程度减少消费者的繁琐操作，提高业务和服务效率。三是基于云计算技术，可以实现行业电子保单的集中制单与查验，有助于提升行业经营规范和透明度。

第二，实现信息交互，促进融合创新。一是采用信息化交互手段，将电子保单转化为一串数据，呈现为保险行业一项重要金融资产。二是建立以保险资产、承保、理赔、欺诈等保险信息为主题的信用数据库，逐步纳入国家金融个人征信和企业征信体系。三是在国家大数据战略背景下，可积极促进保险主题与其他领域的数据融合和交互，碰撞和激发出个性化和综合化的业务创新。如基于个人的保险电子账户，集中归集保单信息，衍生保险投保、理赔、支付、转账等金融一站式功能。

第三，贯彻绿色金融理念，大幅降低保单运营成本。传统纸质保单从造纸、印刷到仓储、物流等环节，需要大量的人力和财力成本。以费改后车险为例，2015 年全国车险保费收入 6 199 亿元，实现承保利润 34.46 亿元。但当年的行业单证使用成本合计估算约 23 亿元，占当年总保费的 0.37%，相当于当年承保利润的 66.74%。从长远来看，电子保单的应用将极大程度上减少保单从生产到消费者手中的边际成本，大幅降低行业运营成本。

第十八章　银行卡业务

2019年，在上海市市委、市政府和中国人民银行上海总部的领导下，中国银联上海分公司紧密围绕中央、国务院“长三角一体化”和上海国际金融中心、智慧城市发展战略，助力打响上海“四大品牌”，积极贯彻落实“支付为民”理念，提升金融服务能级，推进全市银行卡产业创新、普惠金融和便民服务，银联跨行系统高效安全运行，有效促进地区经济和社会发展。

第一节　银行卡市场整体情况

2019年，全市经济延续总体平稳、稳中有进、进中固稳的发展态势，经济结构不断调优，城市能级和核心竞争力不断提升。全年社会消费品零售总额1.35万亿元，同比增长6.5%，显示出较强的韧性和活力。在稳中求进的宏观经济背景下，辖内银行卡交易保持两位数增长势头，线下刷卡交易快速向二维码、手机闪付等移动端迁移。

一、跨行交易

2019年，在银联体系内，全市实现银行卡跨行交易44.6亿笔，金额11.7万亿元，同比分别增长99.9%和24.7%，分别占全国总笔数的7.2%和总金额9.2%，在全国分别排名第3和第2。日均笔数和金额分别为611.5万笔和257.3亿元，同比分别增加2.2万笔和65.8亿元。全年移动交易量7.27亿笔，在全国排名第3。

二、发卡情况

至2019年末，全市银行卡累计发行量2.46亿张，同比增长15.8%，增速较上年增加7.1个百分点。其中信用卡累计发卡量超5 400万张，占全市银行卡总量的22.2%，远高于全国8.9%的平均占比。

三、受理市场

至2019年末，全市银行卡月均活动受理商户达36.2万户，同比增长5.4%，其中二维码月均活动商户为28.3万户。全市ATM活动终端1.5万台，较去年减少9.6%。

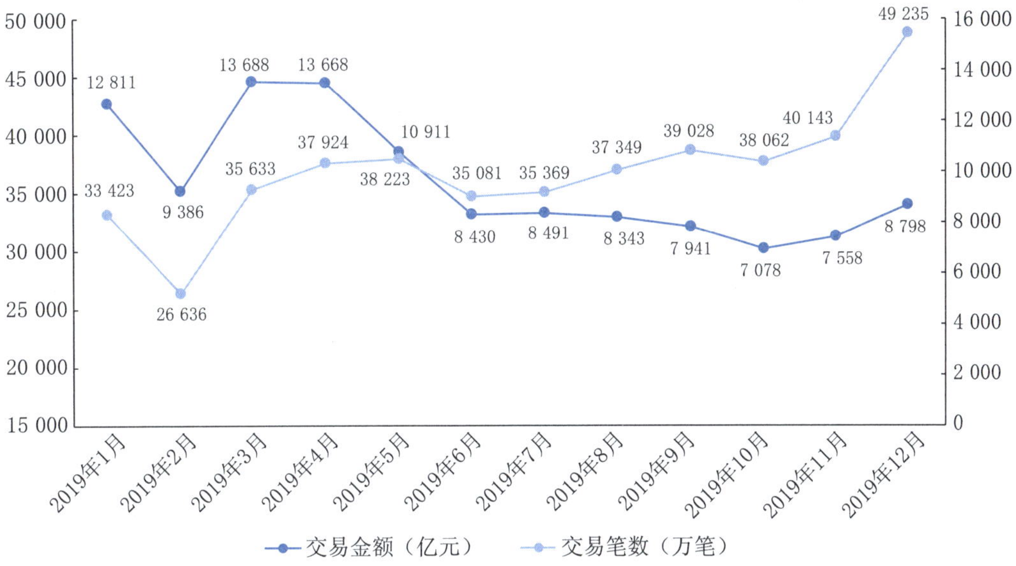

图 18-1 2018—2019 年上海地区银行卡跨行交易总体走势

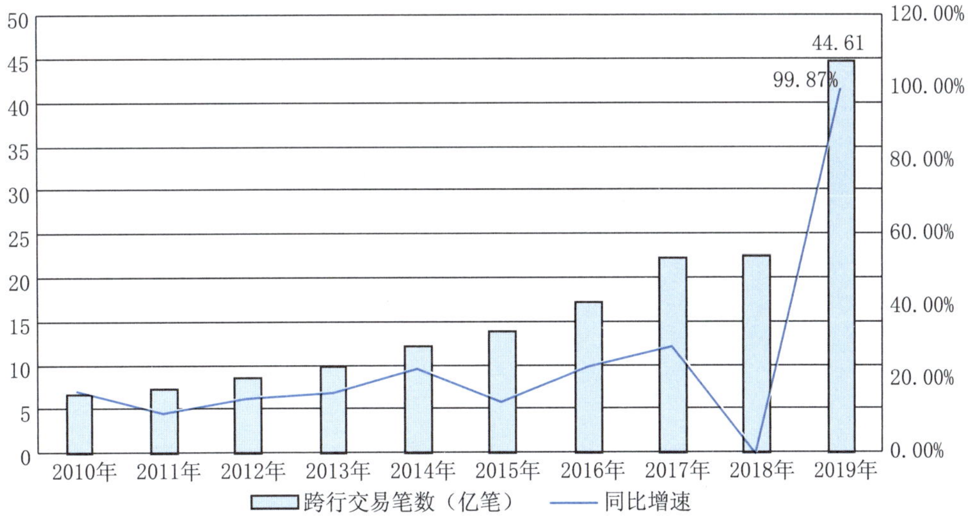

图 18-2 2010—2019 年上海地区银行卡跨行交易笔数及增速

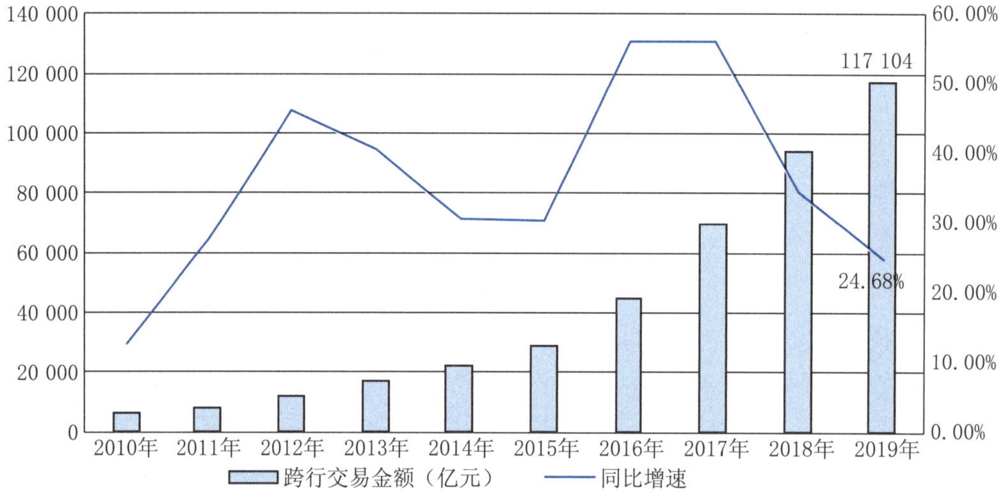

图 18-3　2010—2019 年上海地区银行卡跨行交易金额及增速

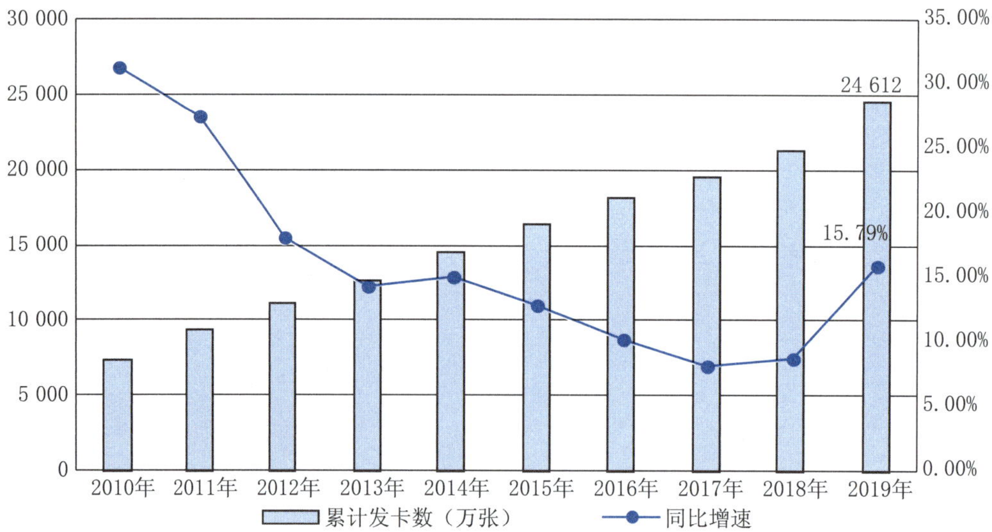

图 18-4　2010—2019 年上海地区银行卡发卡数及增速

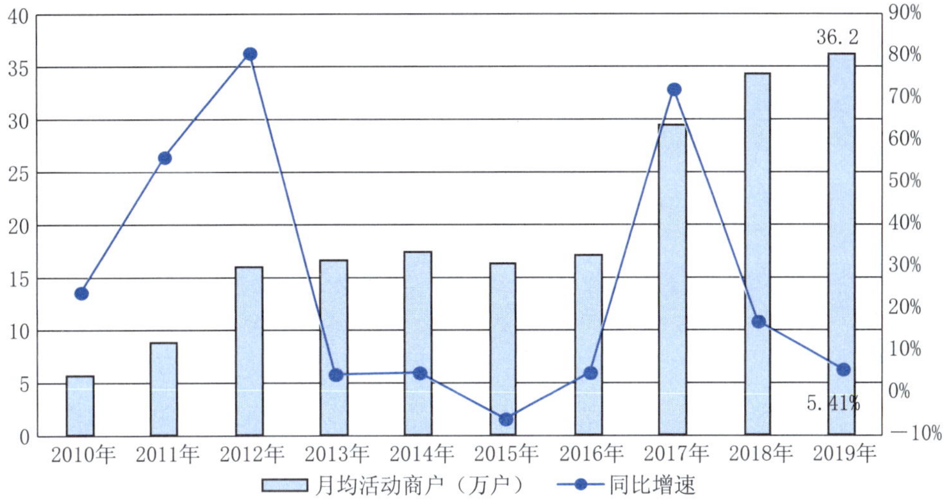

图 18-5　上海地区 2010—2019 年月均活动商户数及增速

第二节　重点产品和业务发展情况

2019 年，支付市场在技术进步和市场需求的推动下加速变革，移动化迁移不断加快，并进一步向数字支付时代升级，整个产业支付账户、支付工具、支付模式、支付生态等方面发生了深刻变化。在产业参与主体日益多样化的背景下，银联联合产业各方，紧紧围绕“统一接口标准、统一用户标识、统一用户体验”“共商、共建、共享”的原则和方向，持续推进“银行业统一 App”云闪付 App 的建设推广，整合各方资源共同推进产品建设与场景建设，加大市场推广和营销宣传回馈，在扩大用户规模和市场份额等方面取得显著成效，云闪付 App 也成为产业联合共建的典范。

一、移动支付便民工程扎实推进

在中国人民银行上海总部的组织领导和产业各方的共同努力下，上海地区各便民领域场景取得了积极突破。2019 年末，上海已累计建成示范商圈、示范街区超 100 个。一是推动长三角交通一体化，助力建设轨道上的长三角。公交方面，银行业统一支付入口云闪付 App 上线“上海公共交通乘车码”。地铁方面，在 2018 年余额支付和银行卡先乘后付基础上，新增“云闪付先乘后付”功能。银联移动支付产品已基本实现在上海交通领域的全覆盖，涵盖磁悬浮、停车、加油、高速、长途客运等场景。二是围绕政务民生，大力支持和推进“一网通办”。为政府税务征收、社保缴纳以及“一网通办”交通罚款、高院诉讼费等 42

个非税项目提供银联移动支付,并独家提供了银联B2B网银支付,实现个人和企业在线便捷付款。三是积极推动虹桥地区高端商务、会展、交通功能深度融合,助力打造虹桥国际开放枢纽。实现虹桥商圈、进博会国际会展中心移动支付无障碍受理,进一步提升进博会支付服务能力。虹桥机场和高铁枢纽内7 000个停车位全面支持“无感支付”和银联手机闪付,进一步增强了服务长三角、联通国际的枢纽功能。四是零售、餐饮、文娱和旅游校园、电商、医院、社保、公缴等生活消费和民生保障领域受理覆盖全面提升。实现200多家沪上知名连锁商户、10多家4A级景区、7 500家便利店、6万台自助终端、320家标准菜场、670家加油站、23万个小微商户受理银联二维码,便利人们的衣食住行。签约、上线银联移动支付三甲医院21家,学校14所,打通3 000多个无人货柜的银联无感支付。此外,中石化全国首家外滩云闪付无感支付无人便利示范店于9月在上海开业,得到国家主要媒体的关注和报道。

二、云闪付App建设推广取得积极进展

2019年末,银行业统一App——云闪付App上海地区累计注册用户数达近570万,其中云闪付App月均活跃用户超过100万,已成为上海金融系统中用户量级最大、使用频率最高的App。二是云闪付App对商业银行的用户导流、权益共享、能力输出等方面赋能进一步增强,商业银行与云闪付的合作医院、协作关系明显加强,支持银行余额查询、信用卡账单查询、Ⅲ类账户申请等服务。界面不断升级完善,功能内容进一步丰富,实现税务、交罚、工会费等项目入驻云闪付App内容平台,扫码功能持续优化,推出刷脸付在进博会上投入使用,实现了“刷脸付”在国家级重大展会上的首次亮相,也是人民银行标准的刷脸支付产品在上海地区的首例应用。三是手机闪付覆盖面进一步扩大,实现华为、苹果、小米、三星、魅族、OPPO、ViVo等主流厂商手机闪付功能全覆盖,上海地区手机闪付全年交易量3 800万笔,月均活卡120万张,其中月均活卡排名均列全国第二。

三、传统卡基业务不断发展

2019年,上海地区新增发卡近3 400万张,累计发卡总数达2.46亿张,其中信用卡占比达22.2%,远超全国平均水平。一是我国自主知识产权的银联卡发卡市场份额持续提升,银标信用卡新增发卡占比新增信用卡首次突破八成,银联信用卡月均活卡量达1 350万张。二是银联卡产品体系进一步丰富、主题卡、联名卡、商务卡、高端卡等卡产品针对性、实用性有效提升,在银行端的产品影响力和渗透力持续增强。以小微企业卡、乡村振兴卡为基础,积极打造“小微企业卡服务”和“涉农惠农服务”体系。三是与商业银行由规模发卡向用户经营策略转变有效结合,打造更具市场竞争力和本地特色的银联卡权益体系。优化商旅出行、健康保健、人文娱乐、至臻生活四大类高端权益,积极打造“1元”权益品牌,并向辖内银行输出,全年权益使用23万人次,部分权益使用同比增长500%。

四、营销回馈取得良好社会反响

在重点场景、商圈、生活圈周边持续开展营销活动，助力精准扶贫，在回馈了持卡人的同时，提升了地区日常消费的质量与水平。一是发挥支付产业组织者、引领者、协调者、推动者的作用，联合商业银行在老百姓衣食住行各个场景开展营销活动，回馈广大用户。全年开展及推动开展营销项目总计超500个，带动整个支付产业出资超亿元。二是配合政府开展上海市购物节、上海市旅游节、全市有奖用卡等平台型主题营销活动，重点打造“南京东路云闪付一条街”“外滩云闪付一条街”，着重推动夜间经济发展，助力建设特色城市商业综合体。三是围绕云闪付开展各类主题营销，全年累计参与商户近5万户，涉及近百个连锁品牌、45个商圈，居全国前列。2019年，全市银行卡消费金额3.1万亿元，其中超市家电、水电煤缴费、房产汽车、日用百货等重点行业消费金额居全国前列。

第三节 业务发展展望

2020年是我国进入全面建成小康社会的关键之年，各项改革工作将继续加快推进，坚持稳中求进、坚持供给侧结构性改革仍然是金融工作的重要内容。短期内我国经济发展和银行卡产业会因2020年初新型冠状病毒肺炎疫情的爆发受到一定影响，但不会改变长期向好的趋势。银行卡产业将在开放竞争和监管规范下，继续保持良好的市场环境和秩序，贯彻落实防范和化解金融风险任务。在市场开放、合作共赢、科技进步的产业环境中不断孵化和迭代新产品、新服务和新商业模式，提升金融服务实体经济效率，并进一步服务长三角一体化国家战略和上海国际金融中心建设，驱动银行卡产业参与方向更高质量和更大规模的国际化市场迈进。

一、清算及支付市场开放将进一步影响国内产业格局

2020年我国金融业将进一步深化改革开放，境外机构在华展业进度将持续加快。境内清算及支付市场的扩大开放，有利于吸收全球范围内优秀产业参与方的技术和业务能力，向消费者和企业等客户提供更加优质的支付服务，有利于优化国内支付产业结构，加快产业供给侧结构性改革步伐，助力支付产业的持续、快速、健康发展。

二、金融科技将成为支付产业转型升级的关键驱动力

在中国人民银行《金融科技(FinTech)发展规划(2019—2021年)》等政策的指导下，我国支付产业将具备更丰富的金融科技内生动力和外部资本支持，加快产业整体转型升级，进一步推动金融业供给侧结构性改革的稳步高效发展。2020年，在新冠肺炎疫情的影响下，云计算、大数据、人工智能等新兴技术的特殊价值再次凸显，产业依托新兴技术的转型升级步伐将进一步加快。

三、移动端仍将是产业各方业务发展的重心

手机等移动设备已成为产业各方获取用户流量的重要入口,用户基于移动设备的操作产生丰富的数据资源,为App内容、营销、功能等移动端业务创新提供决策参考,更为人工智能算法的开发和训练提供重要的生产要素,进一步促进产业向智能化方向发展。未来在向数字经济迈进的过程中,移动端仍将是各种数字化创新服务的前置入口。尤其在新冠肺炎疫情中用户和商户均加速向线上迁移的环境下,移动端App的入口价值地位更加凸显,将促使包括商业银行和支付机构在内的产业相关方加大移动端业务的投入力度,扩大外部合作范围,强化App的功能内涵,相关方的移动App或将向数字化的生活服务平台发展演进。

四、监管政策将推动产业环境和秩序持续优化

2020年,产业相关监管部门将继续完善顶层监管设计,从严规范市场活动,加强市场违规违法行为的惩治力度。在政策的推动下,参与方的创新发展空间将继续扩大,产业格局将进一步优化,数据安全问题将受到监管的持续关注,国家和行业层面将共同推进数据和隐私保护法规的订立,营造安全友好的数据保护环境。在监管机构的有力维护和引导下,支付产业的安全和效率、创新与规范将实现更好的平衡,市场秩序和环境将得到进一步优化。

第十九章　新型地方金融业务

第一节　小额贷款公司

1. 基本情况

至2019年末，本市共有130家小额贷款公司，其中法人机构127家，分支机构3家。注册资本总计220.7亿元，累计放贷762.98万户4 926.26万笔3 529.72亿元，贷款余额288.93万户1 078.29万笔208.01亿元。

2. 行业发展情况

(1) 服务“三农”和小微持续发力

至2019年末，本市小额贷款行业“三农”贷款余额12.08亿元(占贷款余额比例为5.81%)、小微企业贷款余额92.42亿元(占贷款余额比例为44.43%)，两者合计占贷款余额的50.24%。

(2) “小额、分散”特点明显

至2019年末，本市小额贷款行业户均贷款余额7 199元，笔均贷款余额1 929元。

(3) 经营管理基本规范

在公司治理方面，本市小额贷款公司基本能按照相关要求，建立以股东会、董事会、监事会、高级管理层为主体的组织架构，并对各主体之间的责、权、利关系作出制度安排。在内部控制与风险管理方面，基本能按照相关要求，划分董事会、监事会、高级管理层，以及相关部门、岗位之间的职责，也相应建立了内部监督制约机制。大部分小额贷款公司均聘请了有银行信贷经验的人员作为高级管理人员。

(4) 行业风险总体可控

至2019年末，本市小额贷款行业逾期贷款46.67万笔43.46亿元，逾期率20.89%，较2018年末上升2.05个百分点。不良贷款21.88万笔24.48亿元，不良率11.76%，较2018年末下降0.61个百分点。本市小额贷款公司在业务开展中风控意识进一步增强，虽逾期风险有所抬头,但风险总体处于可控范围。

第二节　融资担保公司

1. 基本情况

至2019年末,本市共有30家融资担保机构持有有效经营许可证。注册资本总计173.6亿元,其中分支机构营运资金12亿元。担保余额共计308.27亿元。其中,融资担保余额253.34亿元。

2. 行业发展情况

(1) 业务结构基本不变

至2019年末,在融资担保行业结构方面,为商贸类企业担保的担保余额占比最高,为32.19%。在担保额度方面,单笔200—500万元的担保余额占比最高,为52.05%。在担保期限方面,6—12个月的担保余额占比最高,为89.97%。在反担保方式方面,信用担保占比最高,为71.1%。业务结构与2018年保持一致,集中度略有降低。

(2) 服务中小微企业作用凸显

至2019年末,本市中小微企业融资担保余额195.78亿元,占融资担保余额的77.28%。同时,上海融资担保机构担保费继续下降,年化平均融资担保费率1.23%,同比下降17.45%,进一步降低了中小微企业融资的成本。

(3) 公司治理水平进一步提高

2019年,本市融资担保机构基本能按照《融资担保公司监督管理条例》要求,建立以股东会、董事会、监事会、高级管理层为主体的组织架构,并对各主体之间的责、权、利关系做出制度安排,建立内部监督与制约机制。

(4) 行业活力有待提升

本市融资担保机构在发展同时也面临着活力不足、集中度较高、个别机构发展停滞等问题。至2019年末,本市融资担保平均放大倍数为1.39倍,虽较2018年末上升0.36个百分点,但与外省市相比,担保倍数有待进一步提高。

(5) 行业风险总体可控

当年累计解除融资担保额135.96亿元。累计发生代偿2.31亿元,代偿率为1.64%。受经济下行影响,代偿风险继续显现。

第三节 典 当 行

1. 基本情况

至2019年末，本市共有典当企业301家，其中法人公司238家，分支机构63家。注册资本65.46亿元。当年典当总额361.37亿元，典当余额54.73亿元。

2. 行业发展情况

(1) 积极为中小企业提供服务

2019年，上海典当行业85%的服务群体为中小微企业的小额短期融资借款，约294.65亿元；10%为城市居民消费型短期小额贷款，约34.67亿元；余下的5%为市民应急性小额贷款17.33亿元。全市超过一半的典当企业为中小微企业提供融资服务，中小微企业大多用房产作为抵押或股权质押向典当企业融资，融资基本用于企业经营周转或扩大再生产。

(2) 房地产业务仍是行业主要业务

2019年度房地产业务比2018年萎缩14.49%，所占业务比重保持在60%左右，55%的收入来源于房地产业务，全市一半以上的企业以房地产业务为主。

(3) 民品业务持续下降

2019年民品业务比去年下降18.81%；所占业务比重为17.2%，为近五年来最低；从事企业数与2018年比减少21家；民品业务占动产类业务比重76.75%，比去年下降8.06%，民品业务中金银珠宝类当品所占比重最高65.71%，是主要业务品种，其余依次是世界名表、数码产品、名家字画、古玩杂件等。

第四节 地方资产管理公司

1. 基本情况

至2019年末，本市共有地方资产管理公司2家。注册资本75亿元。当年累计收购不良资产74.28亿元，处置不良资产73.62亿元。

2. 行业发展情况

(1) 坚持金融企业不良资产处置主业

2019年，本市地方资产管理公司收购不良资产中78%为金融企业不良资产处置业务,处置不良资产中79%为金融企业不良资产处置业务。

(2) 积极参与改善地方金融组织资产质量

2019年,本市地方资产管理公司累计收购小额贷款公司、融资担保公司、融资租赁公司等地方金融组织不良资产29.57亿元。

第五节 融资租赁

作为一种新兴商业模式,融资租赁与金融、贸易、航运、科技的发展紧密相连。上海是全球金融中心和我国重要经济中心,发达的专业服务市场、强大的经济辐射能力、良好的自贸区契机,为融资租赁行业发展提供了优质的营商环境。至2019年末,上海市共有各类融资租赁企业1 910家(含金融租赁公司10家),约占全国的15%;行业资产总规模约22 300亿元人民币,约占全国的三分之一;上海租赁行业总体呈现高质量发展的良好态势。

1. 资产规模保持全国前列,行业总体健康发展。上海融资租赁行业监管职责于2018年底转隶至市地方金融监管局以来,通过开展全行业清理排查和现场检查,加快结构调整、市场出清,2019年底企业数量下降至1 900家。但行业资产规模持续增长,资产规模保持全国前列。上海融资租赁企业整体经营情况优于全国平均水平,单体企业平均资产规模为全国平均水平的2.15倍,全行业以稳定向好的态势持续健康发展。

2. 头部企业优势明显,"金字塔型"竞争格局已经形成。至2019年末,上海市资产超百亿的融资租赁企业30家,资产规模合计约18 560亿元人民币,约占行业总资产规模的83%。其中,资产规模超千亿的融资租赁企业5家,资产规模约10 900亿元人民币,占比接近行业总规模的一半。头部企业,尤其是百亿级企业的快速发展,推动融资租赁行业在上海金融市场中的地位不断提升,在业务开拓、风险控制、资产管理、资产融资等方面起到良好的示范带头作用。

3. 聚焦租赁主业,主营业务保持较快增速。2019年末,上海融资租赁企业融资租赁及经营租赁资产合计约18 500亿元人民币,约占行业总资产规模的83%,聚焦主业明显。其中,融资租赁资产余额16 131亿元人民币,较2018年增长1 143亿元人民币,同比增长7.62%;经营租赁资产余额2 397亿元人民币,较2018年增长400亿元人民币,同比增长20%。两类租赁资产增速均超过行业整体规模增速。

4. 业务覆盖区域、涉及行业广泛,重点区域和业务领域聚集效应明显。2019年,上海融资租赁企业业务覆盖了除澳门之外所有的省、自治区、直辖市及特别行政区,基本做到业务区域国内全覆盖。业务最集中的前五个地区是上海、广东、浙江、江苏和山东。2019

年，上海融资租赁企业新增客户几乎涉及各主要行业。其中，客户最集中的前五个行业分别是制造业、租赁和商务服务业、批发和零售业、交通运输及仓储和邮政业、个人业务。区域和行业的全面覆盖、重点突出，有助于上海融资租赁行业均衡稳定发展，增强行业对抗系统性风险的能力。

大力发展融资租赁行业，充分发挥融资租赁“融资”与“融物”相结合的特点，已成为上海进一步完善金融机构体系、丰富金融市场功能，促进金融服务实体经济与经济高质量发展的重要抓手。

第六节　商 业 保 理

2019 年，上海市商业保理行业在经历了业务摸索尝试的兴起阶段、注册企业迅猛增长的发展阶段、业务风险暴露的反思阶段之后，进入了监管渐趋严格、服务转向实业、机构开始出清、经营逐步规范的内涵式发展阶段。2019 年末上海商业保理企业 517 家，行业资产总规模约 1 166 亿元，发放保理融资款 832 亿元。当年新增注册商业保理企业 15 家，新增企业数量明显减少、质量明显提高。2019 年，上海市商业保理行业发展呈现出以下特点：

1. 政策导向趋于明朗，市场环境持续优化。2019 年 12 月，中共中央、国务院发布《关于营造更好发展环境支持民营企业改革发展的意见》，明确民营企业、中小企业以应收账款申请担保融资的，国家机关、事业单位和大型企业等应付款方应当及时确认债权债务关系；《意见》针对商业保理行业向债务人确权难的痛点进行了支持鼓励，为商业保理行业注入发展动能。银保监会发布的《关于推动供应链金融服务实体经济的指导意见》（银保监办发〔2019〕155 号）也对发展供应链金融给予了明确的政策指导，商业保理行业市场环境持续优化。

2. 服务行业稳步扩展，展业方向逐步明晰。伴随行业发展与各类资本涌入，商业保理业务覆盖进一步扩展，服务触角已逐步渗透到以电力能源、基建工程为代表的国家支柱行业，以高端设备制造、电子通讯设备为代表的高精科技行业，以医疗健康、教育辅导、电子商务为代表的民生服务行业。经过几年的探索发展，在政策指导、市场教育和风险反思之后，商业保理行业不断调整、回归实业，服务对象由早期大中型企业逐步转向产业链中小微供应商，形成“专业化、精细化、场景化、链条化”发展特点。

3. 各类主体错位竞争，科技创新成为竞争基础。不论是具有产业背景的央企集团或产融一体化平台发起设立的商业保理公司，还是服务核心企业庞大产业链或完全市场化、深耕细分市场的商业保理公司，都在发挥各自优势，开展错位竞争。在目前商业保理行业发展过程中，为优化风险防控能力，大数据技术普遍应用，科技创新逐渐成为市场竞争的基本功。

环 境 篇

第二十章　金融监管

第一节　银行业保险业监管

1. 2019 年监管工作重点

2019 年，在中国银保监会党委的领导和上海市委、市政府的关心支持下，上海银保监局深入学习贯彻落实习近平新时代中国特色社会主义思想，党的十九大和十九届二中、三中、四中全会精神，牢固树立"四个意识"，不断增强"四个自信"，坚决做到"两个维护"，紧密围绕供给侧结构性改革主线和"六稳"工作，全面加强党建引领，扎实推进改革融合和监管效能建设，积极提升上海银行业保险业服务实体经济质效，着力打好防范化解重大金融风险攻坚战。

(1) 标本兼治，防范化解金融风险获得新进展

一是坚持不懈治理市场乱象。率先规范"助贷""联合贷"行为，前瞻防范社会金融风险输入。持续推进合规示范区建设，不断压实机构主体责任，切实增强合规内生动力。二是全力以赴防范化解金融风险。加强房地产融资监测，连续 6 年组织开展压力测试。持续压降交叉金融业务。有力推进网贷风险专项整治，成功实现"三降"和头部机构转型。积极化解涉及 P2P 信用保证监控交叉金融风险。优化辖内财险市场结构，出台车险增值服务规范行业自律约定，规范辖内车险市场经营秩序。三是强化信息化监管水平。建立工程质量风险管理机构系统评级机制，定期对工程质量风险管理机构工作进行追踪和分析评价，实现将承保、风险管理、报案、查勘、理赔、维修全流程信息纳入平台阳光化管理。建立对保险公司、风险管理机构、项目参建单位的多方位考核管理。四是紧抓重点扎实推进案件防控。对 32 家银行基层网点的案防、"双录"及员工管理进行实地走访。用好从业人员监管信息系统，实现银证报信息共享 2 385 人次，防止"带病"流动。推进银行业保险业廉洁金融文化建设。深挖根治积极开展扫黑除恶专项斗争，组织开展三轮稽查，严厉打击金融领域涉黑涉恶涉乱活动，积极移送查核相关线索，对黑恶活动"打财断血"。指导行

业协会成立推进廉洁金融文化建设专业委员会,部署15项重点任务,整合行业资源,实现机构主动、行业联动与监管推动,共同推进银行业保险业廉洁金融文化建设。

(2) 固强补短,服务实体经济迈出新步伐

一是支持重大战略和重点工程。升级银税服务平台,推动国内首个省级大数据普惠金融应用平台正式上线,启动“百行进万企”活动,精准服务民企和小微企业融资需求。二是全面助推上海科创中心建设。发布进一步支持科创中心建设指导意见,在构建上海“4465”科技金融框架的基础上,提出了上海银行业保险业发展科技金融的五大支持目标、建立科技金融创新机制的五大完善举措、多方合作开展科技金融的五大联动措施,贯彻实施国家创新战略。三是鼓励银行保险机构开展金融服务创新。推动11条金融业对外开放措施率先在上海落地。指导在沪保险行业协会建立对接平台,常态化开展新片区金融服务需求险企对接交流会。充分运用自贸区创新监管互动机制,鼓励银行保险机构开展各类金融服务创新。四是当好新时代改革开放排头兵。推动国际金融中心机构集聚,年内新设外资银行分行2家、外商独资保险控股公司1家。积极推动金融服务自贸新片区和长三角一体化发展,6家自贸新片区分行第一时间获批升格开业,保险分支机构备案管理获准实施。指导上海市保险同业公会联合上海市政府相关部门及多个长三角城市和保险创新研发中心共同签署“长三角一体化城市间合作备忘录”,谋求拉动区域内保险业深度融合发展。全力保障银保监会国际咨询委员会、陆家嘴论坛以及进博会顺利召开,指导上海航运保险协会承办国际海上保险联盟2019年亚洲论坛,推动国际再保险中心建成。

2. 2020年监管工作规划

2020年,上海银保监局将在银保监会党委坚强领导下,进一步提高政治站位,严明纪律规矩,增强监管本领,围绕以“六稳”推动经济高质量发展的要求,认真贯彻落实各项工作部署,做好新形势下的上海银行业保险业监管工作。

一是提升党建水平转作风。坚持党中央对金融工作的集中统一领导,确保党的基本理论、基本路线、基本方略、重大决策部署以及会党委全年的工作部署不折不扣得到贯彻执行。坚定正确的政治方向,以加强党的政治建设为统领,着力深化理论武装,持续学习宣传贯彻习近平新时代中国特色社会主义思想、党的十九大和十九届历次全会精神,切实履行全面从严治党的主体责任和监督责任。

二是打赢金融风险攻坚战。持续巩固治乱象工作成果,深化“合规管理示范区”建设。妥善处置化解存量隐性债务风险。继续推动符合标准的企业成立债委会以及联合授信试点工作。严格落实五部委联合发文精神,有效管控下内中小法人机构的各类风险,坚决落实监管主责。继续压降影子银行和交叉金融业务。加大互联网保险规范力度。严防案件风险和外部风险传导,持续推进扫黑除恶专项斗争和网贷风险化解。

三是不断深化改革扩大开放，着力提升服务质效。推动支持国家重大战略和上海市重点项目工程，引导机构增加对四大核心产业融资供给。强化辖内法人机构公司治理。推动银行业保险业创新发展。贯彻落实对外开放工作部署。督促辖内机构加大对小微、民营企业的支持，提升医责险、食责险、校责险覆盖面。

第二节 证券业监管

2019 年，上海证监局以习近平新时代中国特色社会主义思想为指导，全力服务上海"三项新的重大任务"建设，系统推进金融供给侧结构性改革和全面深化资本市场改革各项举措在上海落地实施，为保持上海资本市场平稳健康发展和推进上海基本建成国际金融中心做出了新贡献。

1. 切实履行日常监管职责，有效防控上海资本市场风险

一是持续做好日常监管工作。积极践行分类监管，实行差异化年报审核，对半数以上的上市公司年报进行了重点研析，及时调整风险分类。提高现场检查效率，重点加大对上市公司信息披露违规、大股东资金占用、董监高违规减持、短线交易等违法行为的查处力度。督促证券公司落实股权管理、信息技术管理等新规，重点关注高杠杆、治理不透明、业务庞杂、风控失效的公司及业务领域。持续优化完善资管业务风险台账，加强对通道业务、债券投资、股票质押、私募基金等重点风险领域的统计分析，提升风险监测预警能力。

二是完善风险防控体系。全面排摸上海辖区资本市场各类主体的风险底数，并建立重大风险月度分析报告制度，重点分析风险易发高发的重点领域和关键环节。修订完善应急预案，实现风险事件监测预警、应急处置全流程规范化。完善风险防控监管协作，与上海市相关部门共享风险线索，协同防范区域性系统性风险。

2. 严厉打击各类违法违规行为，加强诚信法制环境建设

一是保持对各类违法违规行为的高压态势。2019 年，共办理立案、初查及线索核查案件 72 件，承办 A 类案件 7 件，审理案件 17 件，作出处罚决定 10 件，对 19 名当事人处以罚没款 1.76 亿元。推进上市公司案件快查快结，用 30 个工作日即完成某公司信披违法案的调查工作。推进上市公司案件刑事追责工作，将中毅达财务造假案及时移送公安机关。顺利完成证监会统一部署的 11 起积案清理工作，办结"易见股份"涉众型内幕交易案，涉案金额 2 500 万元。与市公安局签署《防范打击证券期货领域违法犯罪合作备忘录》，强化双方在风险监测研判、案件协作等方面协作。与人行上海分行签订反洗钱监管合作备忘录，明确双方在信息共享、监管协同等方面的合作。

二是查处各类非法证券期货活动。2019年,共办结打非案件线索153件,排查涉非企业158家次,核查疑似场外配资线索61条。将"上海元慧"非法证券投资咨询活动以涉嫌非法经营犯罪案件移送公安机关,协助查获作案手机卡200余张、电脑20余台、话术本7箱。持续配合公安机关对某股市黑嘴涉嫌非法经营犯罪线索展开侦查,8名嫌疑人被刑拘,初步查明涉案金额逾4亿元。联合市委网信办等部门针对互联网媒体涉非信息传播实施联手防范和打击,封停违规用户账号20余个,下架专辑1 800余个,下架音频近9万个,清理带有"荐股"等信息的记录10万余条。

三是加强诚信及法制环境建设。2019年,共录入诚信信息371条,办理诚信查询申请227份,出具诚信信息报告363份。通过及时出具诚信记录查询报告和资本市场"限乘限飞"诚信约束情况宣传,强化市场主体及从业人员的诚信约束。协助市金融工委"三类金才"评选、上海海关"2018年上海关区企业"诚信状况查询3 700余条。修订《上海证监局证券期货市场诚信监督管理办法》,进一步规范诚信信息的采集和管理、公开与查询等工作流程。重点宣传《证券投资基金法》等法律法规,开展"证券法进高校"相关讲座,组织证券公司、基金公司开展"我与宪法"微视频报送活动。共处理行政复议、行政诉讼案件67件,全部案件均获得了复议机关或法院的维持。

3. 提升依法行政水平,保护投资者合法权益

一是持续做好投资者教育工作。形成了监管部门牵头、自律组织协调、经营机构落实联动开展投教活动的有效机制。组织开展了"走近科创,你我同行"等8次专项投教宣传活动,协同开展"携手筑网　同防共治"防范非法集资宣传,联合录制"多元化解纠纷　促进投资和谐"3·15投教专题电视节目和《常见金融骗术揭秘》宣传视频,主办《股东来了》上海赛区知识竞赛国泰君安战队获得全国冠军,完成了上海辖区第三批省级投资者教育基地评审工作,推动投教基地开展投资者教育纳入国民教育工作。

二是全力做好信访工作。全年共接收各类信访投诉举报以及电话咨询9 983件。其中,群访288批次4 887人次,受理举报事项1 247件,未发生涉众型维稳风险事件。持续优化干部接访工作机制,持续做好12386投诉直转证券期货经营机构的试点工作。做深做实纠纷多元化解工作,推动调解委员会进一步与法院对接,建立与市高院的诉调对接系统,为网上转办调解案件提供条件。

第三节　地方金融业监管

至2019年12月末,本市"7"类地方金融机构总数2 820家;注册资本9 293.5亿元;资

产总额 17 856.6 亿元；从业人员 29 483 人。从整体上看，本市地方金融组织存在如下特点：一是量大面广、盈利能力弱的特点尚未改变。小额贷款、融资担保等行业和区域性股权交易市场基本处于微利状态，保理行业未盈利。二是两极分化情况较为突出。部分融资租赁龙头企业资产规模、盈利水平国内领先。两家地方资产管理公司盈利较好。但地方金融组织中空壳僵尸企业比例仍然较高，有待市场出清。三是相较传统金融体系，地方金融组织更加小额、灵活，起到了积极的拾遗补缺、熨平波动和服务民生的作用。

1. 小额贷款公司

(1) 扎实推进监管信息系统建设，提高数据报送的及时性和准确率。

完成上海小额贷款公司监管信息系统二期开发，扎实推进监管信息系统建设和应用，及时统计、分析机构经营数据；在监管信息系统二期升级改造项目完成后，上海市地方金融监管局组织辖内机构开展了系统培训，并在此后运用中，主抓系统数据报送率、及时率及准确率。目前，系统报送率已达到 100%，及时率和准确率也有大幅上升。

(2) 不断优化现场检查方式，及时督促落实整改工作

为进一步集中监管力量，减轻机构负担，2019 年本市对小额贷款公司现场检查首次采取分类检查方式。对 2018 年现场检查评为第一类的机构要求自查，第二类机构要求 50% 抽查，第三、四类机构要求全覆盖重点检查。在检查中重点关注机构对 2018 年现场检查发现问题的整改情况。

(3) 切实强化风险监测、预警机制，做到早发现、早处置

加强对行业的统计分析、风险监测、研判预警，争取以数据的深入挖掘实现行业潜在风险隐患的早发现、早处置。加强对高风险机构的动态监测，定期掌握其风险情况，及时通报相关区主管部门做好风险预警、处置；对个别存在突出问题的机构，在查实问题的基础上，督促区主管部门加强关注，并责令其限期整改。

(4) 结合扫黑除恶专项斗争工作，全面排摸本市小额贷款公司违法违规经营情况

下发《关于深入开展扫黑除恶专项斗争促进行业依法合规经营的通知》，要求各区主管部门督促辖内机构严禁开展“套路贷”及其他违法违规业务，督促辖内机构不得暴力催收、非法高利放贷；组织各区主管部门，对辖内机构是否有非法高利放贷、暴力催收、开展“套路贷”、违法违规开展“校园贷”“美容贷”“首付贷”“培训贷”等情况开展全面排查；指导小额贷款协会下发扫黑除恶相关通知，加强行业自律。

2. 融资担保公司

(1) 持续开展政策措施制定

2019 年，上海市积极落实《融资担保公司监督管理条例》及相关配套制度，并推动《上海市融资担保公司监督管理办法》修订出台。

(2) 持续推进开展现场检查与问题整改

自2014年起,上海市地方金融监管局每年都组织全市14个区主管部门(青浦、闵行两区未设立融资担保机构),对本辖区持有有效经营许可证的融资担保机构进行现场检查。综合现场检查以及非现场监管等情况,形成《现场检查监管意见》,以市地方金融监管局名义向各区政府发出,对每家机构逐一提出分类监管的意见和措施,并督促各区落实各项监管措施、整改要求。通过多年推进,融资担保机构合规运作能力进一步提升,违规问题逐年下降。

(3) 持续完善监管信息系统建设

2019年,上海市地方金融监管局完成了本市融资担保机构监管信息系统二期升级改造,并组织开展了监管信息系统使用及数据报送专项培训,数据报送率已达到100%,及时率和准确率也大幅提升。监管信息系统的数据汇总统计、动态监管、风险预警等功能已基本实现。

(4) 按规定开展资产比例自查

根据《关于印发〈融资担保公司监督管理条例〉四项配套制度的通知》(银保监发〔2018〕1号)中《融资担保公司资产比例管理办法》有关要求,上海市地方金融监管局在2019年末,组织本市融资担保机构开展资产比例自查。

(5) 妥善处置和监测重点领域风险

指导各区主管部门对各类信访、举报等事件进行妥善处置,并对发现的风险点予以关注、警示。继续根据银保监会统一部署,对融资担保机构参与"首付贷""校园贷""租金贷""培训贷""医美贷"等重点风险领域情况,以及与民间融资机构开展业务情况进行持续监测,确保无重大风险事件发生。

3. 典当公司

(1) 完善监管政策体系

出台《关于进一步促进本市融资租赁公司、商业保理公司、典当行等三类机构规范健康发展强化事中事后监管的若干意见》(沪金规〔2019〕1号),进一步明确典当行业监管要求,加强事中事后监管。

(2) 完善市区两级监管体系

明确区主管部门典当行业属地监管职责与监管要求,对区主管部门进行典当公司准入、变更事项培训,指导区主管部门与典当公司进行对接,开展监管工作。

(3) 继续落实事中事后监管

完成2018年度典当公司年审工作。就年审、信访、投诉举报等渠道发现的行业或公司潜在风险,及时约谈相关典当公司或典当公司负责人。

4. 地方资产管理公司

调研本市地方资产管理公司,了解行业发展情况。根据《关于加强地方资产管理公司监督管理工作的通知》（银保监办发〔2019〕153号）要求，开展辖内地方资产管理公司自查及整改工作。完善市区两级监管体系，明确区主管部门监管职责。研究制定本市地方资产管理公司事中事后监管相关政策。

5. 融资租赁和商业保理

2018年底，上海融资租赁和商业保理行业监管职责转隶至市地方金融监管局。2019年，上海市地方金融监管局从健全完善制度和机制着手，从调结构、强监管、促发展等方面着力，确保监管职责转隶不断不乱、行业发展健康持续。

（1）调结构方面，坚持引进优质企业与清退异常企业并举。一方面积极引导、支持优质企业在沪新设融资租赁公司。2019年以来，先后吸引和支持电信天翼、南方航空、大金投资、东方航空、台湾仲利等优质企业在沪设立融资租赁和商业保理企业40余家，支持东航租赁、南航租赁、浦银金融租赁等重点融资租赁企业在自贸试验区内设立飞机、高端设备等领域SPV公司近50家。另一方面，稳妥审慎加大市场出清力度。对“失联”“空壳”等异常经营的融资租赁企业形成常态公示、动态调整、稳妥清退的机制，2019年清退各类异常经营企业110余家。

（2）强监管方面，坚持加强制度建设与提升监管能力并重。一方面在国内率先印发《关于进一步促进本市融资租赁、商业保理、典当行等三类机构规范健康发展强化事中事后监管的若干意见》（沪金规〔2019〕1号），明确合规“红线”、经营“底线”。另一方面全面上线本市融资租赁和商业保理企业数据报送系统，着力运用信息科技手段提升监管工作效能；在国内率先组织开展两个行业经营状况全面排查、现场检查及监管评级工作，在掌握行业企业合规经营及风险状况的基础上，探索开展分级分类监管。

（3）促发展方面，坚持健全工作机制与聚焦重点破解发展瓶颈并行。一方面着力健全行业发展推进机制。市地方金融监管局会同人行、银保监、外管、海关、财政、税务、市场监管、法院等部门建立本市融资租赁业发展协调推进工作机制，及时梳理形成促进行业发展重点工作清单并积极有序推进落实。另一方面聚焦重点领域破解行业发展瓶颈。市委、市政府印发《上海市新一轮服务业扩大开放若干措施》，明确探索推动无形资产融资租赁业务；市高级人民法院在2019年8月出台《关于审理融资租赁物权属争议案件的指导意见（试行）》，着力营造良好司法环境；人民银行上海总部（国家外汇管理局上海市分局）升级自贸试验区融资租赁业外汇管理政策，支持融资租赁母子公司共享外债额度，支持融资租赁企业接入央行征信系统及动产融资统一登记公示系统；上海海关落地飞机租赁异地委托监管等便利化措施，推动全国首单涉及三地海关的飞机租赁异地委托监管业务、上海自贸实验区首单飞机保税退租再租赁业务等创新业务落地；自贸试验区保税区发布进一步促进融资租赁业产融结合若干措施，强化“一网通办”、优化“一站式”服务；黄浦区、陆家嘴金融城等重点地区举办“2019中国融资租赁年会”等行业论坛、峰会，成立“外滩国际融资租赁专家咨询委员会”,组建上海融资租赁研究院、上海融资租赁人力资源服务中心,着力优化行业发展环境。

6.“1+3”类机构监管情况

(1) 2019年监管工作重点

一是平衡监管与发展,推动上海股权托管交易中心转型升级。一方面,有序开展日常监管:会同上海证监局对上股交联合开展现场检查,进一步落实证监会关于区域性股权市场的监管要求;结合扫黑除恶专项行动要求,完善自律监管长效机制,保障市场健康运行;指导上股交落实证监会《关于规范发展区域性股权市场的指导意见》等文件精神,研究设立股份转让系统基本信披层,做好精细化分层管理;优化相关经营考核规则。另一方面,抓住机遇推动发展:支持上股交开展新业务创新探索,申请成为三家全国性债转股平台之一;推动落实未上市银行业金融机构股权托管业务;推动上股交抓住科创板设立的有利契机,夯实资本市场“塔基”作用。

二是防范化解风险,持续推动交易场所清理整顿。落实清理整顿长效监管机制。出台《上海市交易场所管理暂行办法》,为交易场所的规范发展提供依据。上线本市交易场所统计监测与风险预警平台,完善信息化监测功能。会同相关行业主管部门和区政府,推动重点交易场所存量风险化解和清退工作。推动相关行业主管部门出台本行业管理细则,为交易场所规范发展夯实基础。

三是有序开展辖区内社会众筹、投资公司等机构的排摸、监测和研究工作。初步排摸辖区内投资公司和社会化众筹机构底数和主要特征,掌握两类机构总体情况。以行业监测为主,以重点风险事件处置为辅,分类施策,强化监管思路。

(2) 2020年监管工作计划

一是强化区域性股权市场日常监管,推动债转股资产交易平台筹备工作,指导支持上股交开展区域性股权市场创新试点等工作。二是用好长效机制,协调各行业主管部门认真落实监管职责,出台各类交易场所行业管理细则,提升监管质效。三是落实好本市清理整顿各类交易场所攻坚战各项任务要求,稳妥推进重点交易场所存量风险化解和整合工作。四是支持优质投资类机构引进,引导行业持续健康发展,推动本市社会众筹行业发展的定期监测。

7. 新型金融业态监测分析平台和地方金融监督管理信息平台建设情况

(1) 推进新型金融业态监测分析平台建设情况

为提升对P2P、线下理财、小额贷款、私募基金等新兴金融业态的监测能力和金融风险监测分析能力,上海市地方金融监督管理局自2017年起持续开展了新型金融业态监测分析平台的建设工作。2019年,平台建设着力提升金融风险监测水平。一是加强风险监测预警。随着监管要求的不断变化,持续优化平台内部逻辑并积极推进功能改进。统筹推进与公安的企业风险信息交互接口、与国家打非平台的数据报送及信息接收接口等功能完善，加强与公安、国家互联网应急中心等数据对接，大大提升了平台的风险监测能力和信息互通能力，提高了各个监管层级的工作联动性。二是完善私募基金监管模块。同步更新私募基金业协会公布数据，并进行相应处理，充实私募基金监管数据，使平台的风险监测能力进一步提升。三是加大风险摸排和管控力度。除例行日常企业风险排查之外，配合“扫黑除恶”工作，通过对监测平台提示的风险等级较高企业的摸排，形成高风险企业预警名单，对排查工作起到了很好的辅助和指引效果。

（2）推进地方金融监督管理信息平台建设情况

伴随着信息技术的高速发展和新兴科技在金融业的广泛应用，技术驱动的金融创新层出不穷，对地方金融监管带来了严峻挑战。面对本市量大面广的各类地方金融组织，传统监管手段已难以满足监管需求，必须借助科技手段改造金融监管能力、提升监管效率、降低监管成本。为推动现代信息技术在地方金融组织监管当中的运用，必须通过统一的平台载体开展监管信息归集、行业统计和风险监测预警等工作，同时实现与有关部门监管信息的互联共享，分析研判金融风险状况。为此，2019 年上海市地方金融监督管理局着力推进了本市地方金融监督管理信息平台的建设。监管平台的建设站在本市地方金融监管信息化建设的高度，按照“统一规划、统一标准、统一管理、资源共享”的原则，开展了顶层设计，梳理归纳了建设需求，建立了有关工作推进机制，申请了建设资金，明确了分步推进的时间节点，并启动了配套制度的课题研究工作，预计 2020 年底前一期建设完成。

第二十一章　金融行业自律

第一节　银行业行业自律

2019年，上海市银行同业公会以习近平新时代中国特色社会主义思想为指导，践行新发展理念，紧密结合上海"五个中心"和三大新任务，进一步发挥行业平台作用和自治功能，在推动上海银行业稳健发展，落实防风险、强服务、促改革的工作要求等方面取得了积极的工作成效。截至2019年末，会员单位总数增至232家。

1. 坚持改革创新，助推经济高质量发展

一是深化银税互动机制，打造服务实体经济"上海模式"。"上海银税互动信息服务平台"二期正式上线，银税互动实现线下向线上拓展，共享数据项从原25项增加至70项，共有14家会员单位与平台完成专线直联；"上海银行业小微企业贷款查询平台"上线至"上海市企业服务云"，共汇集了在沪78家银行的506款产品。二是紧跟国家战略步伐，重点支持长三角金融一体化建设和自贸新片区发展。开展上海银行业参与长三角金融一体化发展情况调研，与浦东新区金融工作局就长三角资本市场线上服务平台与公会小微平台进行系统对接达成合作意向，配合外汇局上海市分局开展自贸新片区政策调研，召开自贸新片区外汇管理改革座谈会，参与《"新片区"金融机构业务本外币一体化运营和操作办法》的相关制度设计工作。三是推进专家人才库建设和行业研究工作。组建了合规专家库、投资银行专家库、金融科技（银税互动）专家组、文明规范服务专家组，聚焦国家战略和市场热点开展重点课题项目研究，完成近10篇调研报告。

2. 坚持风险防控，促进行业规范健康发展

一是培育合规文化，推动创建合规管理示范区。牵头制定《创建上海银行业合规管理示范区指导意见》和《上海银行业合规管理示范行指标体系》，与人民银行上海总部联合召开银行反洗钱合规建设调研会，配合开展境外反洗钱和制裁案例编译工作，组织开展2019年上海银行业案防知识竞赛。二是规范银行卡业务市场秩序。发布《信用卡逾期催收自

律公约》，制定《信用卡外部催收机构违规处罚实施细则》和《POS专业化服务公司准入管理办法》。三是维护银行债权，做好债委会协调服务工作。持续做好债委会协调组建工作，搭建债委会议事协商平台，协助相关债委会向政府部门表达诉求、请求支持；推进上海银行业押品处置信息平台二期项目建设，开展联调测试等上线应用准备工作。四是配合做好联合授信试点有关工作。完善联合授信工作制度，梳理相关问题形成工作报告向中银协反馈，做好信息统计传达工作。五是商请上海市高级人民法院执行局在全市开展涉金融债权重大疑难案件专项执行行动，坚决打击逃废银行债务行为，依法保护会员单位合法权益。六是协调应对银行托管风险事件，联合相关方商讨应对策略，拜访仲裁机构传递银行诉求。

3. 坚持普惠金融，优化社会民生金融服务

一是完善上海银行业金融知识辅导志愿讲师队伍建设，组织开展金融消费者权益保护系列活动，在"上海银行同业"微信公众号开辟金融知识普及宣传专栏。二是加强窗口服务建设，提升行业服务品牌。完成2019年银行业文明规范服务百佳单位及星级网点达标评估工作，制定《上海银行业敬老服务评选管理办法》，组织开展敬老服务网点和敬老服务标兵的自查和自评估工作，举办窗口服务手语培训班，持续推进上海银行业无障碍环境建设，举办投诉处理专题研讨会和专题讲座，引导行业建立规范、有效的投诉处理机制。三是发布《2018年度上海银行业社会责任报告》。

4. 坚持服务会员，发挥互联互通平台作用

一是搭建交流合作平台，畅通协调沟通渠道。二是夯实多维宣传平台，树立行业良好形象。三是丰富行业培训平台，提升公会培训品牌。四是多措并举，为会员单位落实减费增效措施。

第二节　证券业行业自律

2019年末，上海市证券同业公会共有会员单位982家，同比增加20家。公会在中国证券业协会和上海证监局的指导下，在会员的支持下，秉承"自律、服务、沟通"的宗旨，积极引导上海地区证券行业落实国家战略、合规经营、有序竞争，努力维护市场健康发展。

1. 自律管理

一是对上海地区60家证券分支机构开展了自律规范执行情况现场检查，并对其中16家存在违反自律规范问题的分支机构采取了相应的自律管理措施。

二是配合上海证监局对上海地区868家证券经营机构开展了机构信息登记公示专项治理工作，并对上海地区60家证券分支机构开展合规自检现场校验检查。

三是落实上海证监局关于信息安全通报工作，在国庆与进博会期间启动网络与信息安全信息通报工作机制，加强网络安全监测和应急保障工作，实行每日“零报告”制度。

四是通过技术系统，加强日常监控。

2. 服务政府、社会、会员

(1) 服务政府。积极配合监管部门，组织召开相关会员座谈会；配合上海市地方政府，对原有的上海《证券业窗口服务质量规范》组织修订，形成上海《证券业窗口服务规范》；配合上海金融党工委、市金融工会等政府部门，邀请和组织会员单位参加调研座谈及相关评选活动。

(2) 服务社会。持续加强“五位一体”系统平台维护和管理，2019年1月面向上海地区证券经营分支机构信息交互平台手机移动App系统上线。根据上海证监局要求，对公会网站、信息系统进行二级等级保护测评工作，并通过了相关测评；2019年初将10万元捐赠崇明开展帮困活动款项编入公会年度预算计划，经理事会和会员代表大会审议批准后于年底完成捐赠，用于崇明建设镇界东村老年活动中心的改扩建工程。

(3) 服务会员。紧扣市场热点、行业监管重点和会员要求，全年举办了6次专题免费培训和9次主题沙龙，并组织32家会员单位相关负责人，赴重庆、成都开展“证券经纪业务转型发展”业务调研交流活动；开展上海地区证券公司客服中心运营情况调研工作，共走访了上海地区11家会员单位，并形成了包括客服中心运营概况、运营情况分析、目前存在的问题以及建议和展望等内容的调研报告。

3. 投资者权益保护工作

(1) 丰富投资者教育工作形式，深化投资者教育保护工作。积极协办《股东来了》2019投资者权益知识竞赛上海赛区活动。上海赛区总注册人数超22万，累计答题人次超过9 000万，位列全国各大赛区之首，组成的国泰君安战队在全国总决赛中一举夺冠；动员组织行业开展3.15等系列投教活动，据不完全统计，各证券经营机构举办了1 314场讲座、沙龙、座谈会等形式的宣传活动，活动受众近70万人，发放宣传资料6万余份，发送手机短信100多万条；制作并免费发放投教宣传手册。

(2) 持续推进证券行业纠纷多元化解机制建设。在公会推动下，上海市证券、基金、期货业纠纷联合人民调解委员会邀请监管部门、法院相关工作负责人，召开诉调对接工作研讨会，专题研究诉调对接工作，并在法院指导下，在2019年年底完成与法院工作系统对接。在相关会员单位支持配合下，完成小额诉调签约意向征询；开发投诉转办系统，提升投诉处理效率。全年累计受理投诉1 037起，其中，已办结767起，办结率74%。

第三节　期货业行业自律

2019年适逢新中国成立70周年，上海市期货同业公会（以下简称公会）紧紧围绕党的十九大提出的“深化金融体制改革，增强金融服务实体经济能力”整体要求，在上海证监局和上海市民政局的指导下，在广大会员的大力支持下，奋发有为、锐意进取，秉承“重实务、促协调，守自律，拓发展”的宗旨，在会员服务、社会责任、自律管理等方面取得了积极成效。截至2019年12月底，公会共有团体会员258家，其中期货公司34家，期货分支机构171家，银行7家，软件公司8家，风险管理公司38家。

1. 不断加强内部建设，顺利通过社团评估检验

9月上海市社团评估院对公会开展了上海市5A级社团组织现场评审，在上海证监局的关心指导与广大会员单位的大力支持下，公会顺利通过评审，这是对公会内部治理工作取得成效的充分肯定。年内公会分别举行了4次会长会议、4次理事会和1次会员大会，审核修订了公会相关管理规定，进一步优化制度建设，12月公会召开第六届会员大会第一次会议，审议通过了第五届理事会各项工作报告，选举产生了第六届理事会、监事会，表决通过了修改章程的议案，在第六届一次理事会、监事会上选举产生了新的领导班子。

2. 持续做好品牌活动，进一步扩大机构投资者年会影响力

10月31日，公会成功主办以“衍生品市场的国际化、机构化、多元化”为主题的第十届期货机构投资者年会。已举办了十届的期货机构投资者年会，旨在为期货行业和机构投资者合作交流搭建良好的沟通平台，累计吸引了近万人次的各类产业及金融行业投资者参加。经过十年来的发展，期货机构投资者年会得到了来自社会的肯定和专业领域的认可，公会特在第十届年会之际制作了《逐梦奋进——期货机构投资者年会十年回眸》纪念册，通过对历届期货机构投资者年会的回顾，彰显期货市场服务于投资者，服务于实体经济发展的初心与使命。

3. 立足诚实守信合规，积极践行行业社会责任

一是连续第11年组织上海地区期货公司编写社会责任报告。社会责任报告集中体现了期货公司在公司治理、社会责任、经济责任、环境责任等诸多方面的履行情况，报告摘要部分也在期货日报以“加强社会责任意识　积极践行精准扶贫”为题进行了刊登，进一步在社会公众面前树立了期货行业有诚信、敢担当的良好形象。

二是积极推动精准扶贫。“保险＋期货”项目是资本市场服务脱贫攻坚战略的新型金融扶贫模式，期货公司与保险公司合作，发挥了期货市场在服务农业现代化、助力乡村振

兴战略中的重要作用;期货公司除了推进“保险+期货”扶贫项目外,多举措同时推进,扶志与扶智并举、输“血”与造“血”并重,推动定点帮扶、功能扶贫、教育扶贫等多项扶贫工作。此外,在2018—2019年度国务院扶贫办、证监会扶贫办和各交易所等机构代表考评审议的期货公司扶贫工作结果中,上海地区8家期货公司进入前30名,其中3家期货公司位列前5名,整体排名在全国122家期货公司中处于较高水平。

三是在上海市民政局的支持下,公会积极投身“三区建设”,进一步关爱农村失独老人,向“2019年崇明区建设镇关爱失独家庭公益项目”进行公益捐赠10万元,充分体现了行业协会的社会担当。

4. 发挥联席机制作用,提升行业自律服务水平

一是首席风险官联席机制。作为公会合规自律工作与传递监管信息的品牌活动,除反洗钱、合规检查、分支机构管理等常规议题外,公会首席风险官联席会还邀请人行上海总部反洗钱处领导、异地公司首席风险官、风险子公司负责人、资产管理业务负责人、高校教授等嘉宾讲师,共同交流金融行业热点业务和合规案例。

二是信息技术负责人联席机制。年内公会分别举办了主题为“国产化正版化信息安全及穿透式监管”和“Ipv6网站解决方案、看穿式监管的后续解决研讨”的第31次和第32次上海期货行业信息技术负责人联席会(以下简称IT联席会)。IT联席会议结合最新监管规定,对行业中信息发展的热点问题加以讨论,特别是在第32次联席会上,与会人员就当前特别突出的落实技术系统合规管理和运维等达成共识、形成倡议,从技术专业角度为行业发声。

三是结算交割负责人联席机制。结算交割负责人联席会(以下简称结算交割联席会),通过加强同业间结算、交割业务的交流,不断促进上海地区期货公司合规经营与发展。5月结算交割联席会就上证所50ETF执行风险事件、境外客户的结售汇业务、交割服务和看穿式监管数据采集及报送等问题进行专项讨论,会后公会就结算交割联席会议上反映的问题,专程与上海期货交易所结算交割业务部门进行了深入交流,至2019年末,上期所已对标准仓单系统进行了升级,仓单系统已实现交割配对自动化,利息与质押手续费收支分离结算,结算交割联席会议机制取得了良好效果。

5. 积极开展投教活动,维护投资者合法权利

一是开展“3.15”、“5.15”现场宣传活动和“携手筑网　同防共治”防范非法集资宣传专项活动,有效做好投资者教育和保护,使广大期货投资者了解相关法规,树立正确投资理念,提高风险防范能力。

二是开展普法日和全民国家安全教育日的宣传,包括开展《保密法》专题法律知识讲座,组织廉政基地参观,邀请知名律所律师开展期货法律知识宣传暨现场法律咨询活动等,通过法律宣讲进一步推进法律素养的提升。

三是积极配合指导单位开展投教素材征集，公会报送的“期货机构投资者年会”案例入选中期协2019年度32项期货投资者教育优秀案例之一，公会选送的4家会员投教产品入围了中国投资者网最终的展播名录，形成了良好的宣传示范效应。

四是担任上海市证券、基金、期货业纠纷联合人民调解委员会轮值主席，协助上海证监局投保处开展12386投诉热线直转试点工作，保障了投诉处理转办的顺利转接。为应对科创板上市可能带来的各类纠纷，牵头组织了上海证券、期货、基金行业的调解员培训，深入学习探讨与科创板相关的司法问题。年内公会共受理投诉56件，办结56件，其中达成和解26件，未达成和解26件，解释说明4件，和解率为46%，高于历年水平。

6. 紧密联系会员单位，大力推进行业文化建设

一是开展各类竞赛，助力金融中心建设。包括组织会员单位参加市级立功竞赛，获得最美服务窗口4个、建功奖（个人）5名、建功奖（团队）10个、技能提升奖5名、优秀组织奖6家；与大商所联合举办玉米期权知识竞赛，相关视频点击量达2.8万次，6.2万人次参与了网络投票，活动微信官网关注度超过11.5万次，掀起业务学习热潮；举办行业趣味运动会，37家单位500余名选手通过运动会，进一步促进行业文化建设，助益员工身心健康发展。

二是强化信息建设做好会员服务。公会通过上线综合信息管理系统、实施等保2.0、举办网络安全周知识竞赛、召开苏浙沪期货公司技术研讨、筹备网络安全培训等，不断加强自身信息化建设，谋求更好地为会员服务，推动行业整体信息技术效能的提升。

三是通过实地调研促进创新业务发展。5月、10月先后开展风险管理业务的座谈与调研，远赴新疆开展产品调研，推动期现融合，帮助相关企业和投资者及时把握产业发展趋势和市场变化特征。

四是组织各类培训助力行业发展。针对从业人员开展新品种上市业务培训，同时结合国民教育，分别在同济大学和立信会计金融学院联合开展高校期货人才培育和“股东来了”校园PK赛，不断完善后备梯队的建设。

五是开展长三角地区经营机构交流，召开自律监察和看穿式监管的座谈会，加强与异地经营机构的交流，做到互通有无。

六是发挥公会期刊宣传阵地作用。通过汇编《上海期货——社会责任专刊》展示会员单位在服务实体经济、推进精准扶贫和履行社会责任方面的优秀经验与案例，传播行业正能量。

7. 党建引领业务建设，组织各类有意义活动

一是为庆祝新中国成立70周年，组织会员单位赴嘉兴南湖开展徒步活动，弘扬“红船精神”，重温中国共产党建党历程。

二是公会领导班子和从业人员一起参加了歌唱《我和我的祖国》的活动，全体人员热情饱满的精神状态、积极向上的精神风貌成为活动现场一道亮丽的风景，充分展示了期货人良好形象，增强了凝聚力和向心力。

三是发挥党支部辐射作用,联合上海市证券同业公会举办以传达两会精神为主题的报告会,组织会员单位党员聆听"2019年宏观经济形势分析报告会"专题讲座。

四是组织会员单位参观浦东新区廉政教育基地,旨在强化从业人员树立规矩意识,筑牢思想防线,长鸣自律警钟。

第四节　基金业行业自律

至2019年末,上海市基金同业公会有会员单位176家,其中公募基金公司57家,具有公募基金管理人资格的证券资管公司5家,特定客户资产管理公司37家,私募基金公司22家(其中外商独资私募基金4家),异地基金公司在沪分支机构23家,独立基金销售机构32家。

1. 围绕热点、精准施策,积极开展各类专业培训研讨

一是围绕政策法规动态,开展行业专业研讨。针对科创板顺利开板、《全国法院民商事审判工作会议纪要》发布、新证券法审议通过等政策法规的施行开展研讨会。二是把握经济监管政策动向,助力行业稳健发展。以提高上海辖区进行反洗钱工作的有效性为工作重点之一,以专题培训、研讨会等形式,建立会员单位代表与人民银行反洗钱专家面对面座谈的机制,共同探讨基金行业反洗钱工作的痛点和难点。三是洞悉宏观经济走向,探索资本市场机遇与挑战。有针对性地邀请律师事务所、会计师事务所及境内外知名资管机构的专家,共同探讨全球资产配置趋势。四是聚焦资管业务创新趋势,探索行业布局新高地。聚焦衍生品、权益类基金、养老FOF、"固收+"等细分领域创新产品;与大商所共同开办"商品衍生品与基金投资"高级研修班,开拓专业培训新模式。五是金融科技推动行业创新,人工智能助力行业发展。通过研讨会及信息技术负责人联席会议等形式,邀请优秀科技企业与会员单位共同探索大数据、人工智能等新兴技术在基金行业的深入应用方式。公会就市场热点及行业动态,先后举办国内外培训交流超过100场,吸引逾8 000人次参加。

2. 加速推动行业国际化进程,以全球视野开启国际合作新篇

一是进一步加强对外交流,探索与国际金融机构合作机遇。携手全球多家政府机构、顶级金融机构包括爱尔兰基金业协会、港交所、新加坡交易所、芬兰埃夫利银行、毕马威中国、摩根资产、道富环球、美世等举办交流活动,共同展望全球资本市场,承办2019年春季内地金融机构高层圆桌会,为国内资管行业代表同港交所总裁李小加面对面对话提供平台。二是坚持"走出去"和"引进来"并重,助力金融业进一步对外开放。在上海市金融工作局和上海证监局的指导下,与中国证券投资基金业协会共同编写和发布《海外资管机构赴上海投资指南》中英文双版,是国内同类行业协会为服务海外资管机构推出指南性文件

的首次尝试，为将要或已经赴上海开展业务的海外资管机构提供政策指引和实务指导。

3. 构建行业宣传高地，打造行业品牌与形象

一是着力推进新媒体建设，全面展现行业风貌。2019 年，官网发布公会公告 147 篇，刊登公会要闻 54 篇，公众号文章推送 422 条。“上海基金业献礼新中国 70 周年华诞”主题系列报道、《海外资管赴上海投资指南》的发布、“白衣天使”专项基金的成立、上海辖区基金公司集体接待日活动，均得到了主流媒体的转载。二是及时掌握行业发展动态，稳步进行数据统计工作。公会定期汇集行业数据并向监管部门报送，全面打造互联互通、信息共享、业务协同的行业“数据中心”。三是持续开展行业文化活动，铸就团结奋进、追求卓越行业精神品质。先后举办“兴全基金杯”足球赛、第八届乒乓球赛、同业青年联谊活动、“同业·同心·同行”徒步活动、第七届羽毛球赛等活动，各项赛事已成为每年行业同仁所期盼的品牌活动。

4. 坚持服务社会的使命和责任，切实保护投资者，积极践行社会公益事业

一是深入推进投资者保护工作，形成长效机制。积极开展“走近科创，你我同行”、“515 全国投资者保护日”、“携手筑网，同防共治”防范和打击非法金融活动等投资者保护专项活动；精心整理风控词条，以“识别游说”“谨防骗局”“保护自己”三个角度，设计并制作投教环保袋 3 万个，向会员单位发放。二是强化投资者关系管理工作，开创投保新模式。举办“2019 年上海辖区基金公司集体接待日”活动，建立健全公募基金公司与投资者线上面对面互动交流机制。三是妥善处理投诉者诉求，做好“12386”投诉处理工作。2019 年累计收到投诉转办函 1 674 件，870 件达成和解，和解率 51.97%，和解金额近 2.58 亿元。四是有效推进纠纷化解机制，构建纠纷多元化解新格局。召开 2019 年第一次全体委员会议，举办 2019 年调解员培训，举办纠纷多元化解机制建设座谈会，召开小额速调机制宣导会。五是积极践行社会公益事业，展现行业的责任与担当。代表上海基金业向崇明区界东村“老有所养”公益关爱项目进行捐赠；新冠疫情防控阻击战打响之后，公会发出了《致敬白衣天使项目倡议书》，得到会员单位的积极响应，在上海市医药卫生发展基金会下设立“上海基金业致敬白衣天使专项基金”，由 34 家会员单位筹集了 4 748 万元，已为 4 319 位抗击新型冠状肺炎疫情一线医护人员提供支持和激励。

第五节　保险业行业自律

2019 年，上海市保险同业公会在上海银保监局的正确领导下，以习近平新时代中国特色社会主义思想和党的十九大精神为指导，牢固树立“四个意识”，坚定“四个自信”，做到

“两个维护”，按照年初确定的工作目标，在夯实支部党建工作、加强行业自律、构建宣传培训交流平台、推进合规文化建设、配合辅助监管等方面发挥了较好作用，上海市保险同业公会获评上海市首届品牌社会组织。

1. 坚持思想领航，党建工作扎实推进

一是把牢政治方向，推进支部组织建设。根据上海银保监局党委决定完成联合支部组建，增强落实组织生活制度的自觉性，密切联系群众。二是加强学习，推进党员教育制度化规范化。开展一系列党建共建活动，加强干部员工廉政自律守则教育。三是坚持问题导向，推进作风建设与源头治理。加强制度建设，完善工作规则，切实把控风险，加强意识形态阵地管理，认真对待上级党委对联合支部开展的巡察工作。

2. 坚持防范风险，为行业稳健发展提供支持与服务

一是推进自律。车险针对“报行合一”和合规要求不断深化出现的新问题推出自律新规；人身险开展人员流动、健康调查介绍信管理、电销质检标准自律检查；中介推进 8 家会员首次参加人员流动自律互查。二是维权诉调。实施“护航 2019”专项行动；做好行业“风险预警”及数据串并与案件移送；成立非车险反欺诈核心小组；推动建立人身险反欺诈工作平台；行业信访、投诉调解扎实有效；交警驻点调解工作获肯定，获客户赠送锦旗 18 面、表扬信 3 封；与法院诉调对接工作有效开展。三是夯实基础。推进服务规范化建设；组织行业对接上海国际贸易“单一窗口”平台；配合监管完成中介审核；做好银保监会中介监督信息系统改版升级。

3. 坚持服务为本，为行业转型高质量发展增效

一是搭建技术服务平台。推动车险电子保单上线工作；进一步提升“快处易赔”的服务功能；做好行业服务平台的迁移、开发、升级工作。二是搭建交流培训平台。与国家税务总局上海市税务局第三税务分局签订《税收合作备忘录》；推动“陆家嘴金融城长三角一体化保险创新研究与发展中心”在沪成立。三是搭建行业宣传平台。组织行业建立首批“警保联动移动服务站”；做好个账产品宣传推动；发布 2018 年产寿条线上海地区十大案例分析；多渠道开展 3.15 消费者权益保护、7.8 保险宣传等活动。

4. 坚持合规为先，打造全国保险合规管理示范区

一是明确任务。印发《“2019 上海保险业合规文化年”建设工作方案》，成立“廉洁与合规专业委员会”。二是多管齐下。组织行业首届廉洁从业与合规发展论坛；发起上海保险业“廉洁从业、合规发展”倡议；发布《上海市保险行业自律合规制度汇编》；组织开展行业合规培训和从业人员执业道德教育。三是点面结合。以“学、考”增强对高管人员的教育管理；以“学、赛”增强从业人员合规意识；以“查、改”强化行业合规工作。

5. 坚持基础治理，提升自身建设水平

一是加强法人治理结构建设。规范民主议事、民主决策的范围、程序和方法，发挥专

委会职能，建章立制。二是提升服务会员能力。加强员工培训，加强调查研究，加强与政府主管部门、相关行业协会的联络。

2020 年，公会将进一步全面贯彻落实党的十九大精神和习近平新时代中国特色社会主义思想，以中国银保监会 2020 年工作会议精神为指导，在上海银保监局领导下，围绕监管工作要求，顺应形势，认真履职，在服务实体经济，治理市场乱象、建设廉洁金融文化、加强风险防范等方面再有新突破。

第六节　互联网金融行业自律

进入 2018 年后，随着互联网金融风险专项整治工作的不断深入，行业风险不断出清。2019 年，互金整治领导小组和网贷整治领导小组更是将稳妥有序化解存量风险、多措并举支持和推动机构良性退出或平稳转型作为重点。

在这样的大背景下，上海市互联网金融行业协会紧紧围绕市整治办、市金融综合党委的工作部署，调整工作重心，立足于引领会员、配合监管、服务社会，聚焦防范和化解风险，取得了一定的成效。同时，协会持续推进党建工作，深入学习贯彻习近平新时代中国特色社会主义思想，在思想上、政治上、行动上始终同党中央保持高度一致。

1. 多措并举，防范和化解行业风险。

(1) 以查带改，全面提高合规水平。

2018 年下半年至 2019 年初的 P2P 网贷会员自律检查工作过程中，协会始终高度重视，统一思想，切实领会监管意图，严格要求会员单位，边查边纠，即查即改。协会积极研究与制定自律检查方案，组建了一支专业的自律检查队伍，历时 4 个多月，经过实事求是、客观公正、精益求精的检查，严格落实即查即改政策，有效提升了网贷会员的合规意识与合规水平。通过自律检查掌握的情况，也为监管部门下一步工作提供了重要参考。

(2) 线上线下，多维度摸清风险点。

为维护消费者利益，维护行业稳定，2019 年，协会进一步加强了线上和线下巡查，从舆情、产品、现场等多个维度着手，力图尽早发现风险、上报风险、防范风险。2019 年以来，协会向会员发出问询函 2 封，约谈会员 4 家，赶赴现场 5 次，基于各种突发事件、投诉情况向监管部门报送 20 余次。

(3) 打开窗口，维护消费者合法权益。

协会的电话专线、官网专页等多种接诉渠道运行至今，已成为互联网金融消费者与企业沟通解决问题、向监管部门反映诉求的一扇窗口，有效维护了金融消费者的合法权益、净化了互联网金融行业风气。

(4) 搭建桥梁,上情下达与下情上陈并重。

在行业整治期间,协会始终致力于搭建监管部门与会员单位间的桥梁。一方面协会及时向会员单位传达整治办等相关部门的政策精神,另一方面,协会也积极地向监管部门反映会员单位面临的困难,转达会员单位的诉求。

(5) 发起倡议,推动行业规范经营。

协会一直引导会员单位合规经营,2019 年,协会再次向上海市全体网络借贷信息中介机构发起了合规诚信经营的倡议及规范催收的倡议。

2. 加强学习,不忘初心跟党走

为认真学习贯彻习近平总书记重要指示批示精神和《中共中央关于在全党开展“不忘初心、牢记使命”主题教育的意见》(中央〔2019〕19 号)要求,根据上海市委转发的中央《关于开展第二批“不忘初心、牢记使命”主题教育的指导意见》(教组发〔2019〕24 号),按照市金融工委直属综合党委关于开展“不忘初心、牢记使命”主题教育的工作要求和部署安排,协会党支部紧紧围绕守初心、担使命、找差距、抓落实的总要求,坚持将学习教育、检视反思、整改落实、创新方法贯穿始终。

2019 年,协会共召开了 4 次党员大会,10 次支委会,7 次党课,组织开展了 10 次主题党日活动,结合协会工作特点,强调协会要以党建工作为引领,支持金融体系建设,防范系统性金融风险。总体来说,在协会党支部的带领下,协会全体人员通过学习,对“不忘初心,牢记使命”有了更深层的理解,对自己的工作有了更强的使命感。

第二十二章　金融集聚区

第一节　浦东新区

2018年是我国改革开放40周年，浦东开发开放28周年，上海自贸试验区运行5周年。浦东新区以集聚高能级金融机构、推进金融开放创新、促进金融服务实体经济和社会民生、防控金融风险为工作重点，深入推进浦东金融核心功能区建设，促进了新区金融业继续保持快速健康发展。全年实现金融业增加值2 937.10亿元，同比增长6.1%；金融业增加值占全市(金融业增加值)比重达50.8%，占新区生产总值的比重是28.1%，占新区第三产业增加值的37.0%。

1. 金融发展环境不断优化

(1) 积极落实和优化金融扶持政策。2018年持续完善“十三五”金融业财政扶持政策，出台政策操作细则的口径，完成政策的中期评估工作。持续做好财政扶持资格认定工作，局内资格认定时间控制在5个工作日之内，资格认定完成率超过95%。针对重点项目，协调推进“一事一议”工作。出台《自贸试验区专项资金促进融资租赁SPV项目发展实施细则》，设立融资租赁产业发展服务中心(平台)，发布《中国(上海)自由贸易试验区关于进一步促进融资租赁产业发展的若干措施》，一批重点融资租赁项目签约落地。研究针对外资资管和金融科技行业的专项扶持政策。

(2) 扎实开展企业大调研。多次走访重点金融机构、实体企业、政府部门，召开多场调研座谈会，了解机构和企业发展中遇到的各类问题和诉求。深入企业，加强和改善企业服务，注重问题的发现、收集、分析，通过改革创新，完善制度建设，解决企业发展中的“堵点”“痛点”和“难点”问题，增加企业获得感。

2. 金融机构体系建设

(1) 大力引进金融监管类机构。引入一系列重点机构，包括：银行及非银类机构方面，建信金融科技、商飞集团财务公司、国泰世华法人银行、江苏银行资金营运中心、摩洛哥外贸银行上海分行、农银资本管理公司等重点机构相继落户。保险类机构方面,中国人寿保险(集团)公司上海总部在浦东揭牌,国寿上海分公司、国寿财险上海公司、国寿养老保险上海分公司等国寿旗下保险机构随之落户。证券类机构方面,国盛证券和汇丰前海证券的上海分公司、蜂巢基金管理公司、摩根大通期货风险管理子公司等落户浦东。2018 年全年共引进监管类金融机构 41 家,总数达到 1 042 家。其中银行类机构新增 6 家,总数达 272 家;保险类机构新增 12 家,总数达 293 家;证券类机构新增 23 家,总数达 477 家。

(2) 促进非监管类金融机构健康平稳发展。2018 年在防控金融风险背景下,保持了健康平稳发展。第一,大力推动融资租赁行业发展。截至 2018 年 12 月末,浦东新区有融资租赁企业 1 802 家,注册资本总额 7 410 亿元,机构数量和资产规模占全市八成以上、占全国 1/4 左右。新引进机构中,上汽通用融资租赁、江铁国际融资租赁等企业注册资本达 10 亿元人民币,中航租赁、东航租赁、中电投租赁等公司增资均超过 5 亿元。第二,扩大优质私募投资类机构集聚优势。至 12 月末,重点引进了中金资本运营公司上海分公司、国开金融、云锋基金等具有影响力的私募投资企业。持续跟踪全球资产管理规模排名较前的机构,引进了“霸菱”和“行健”两家资管机构,全球资产管理规模排名前 100 名的资产管理公司中已有 43 家落户浦东并设立外商独资企业(WFOE)。

(3) 金融专业服务机构。2018 年末,浦东新区共有各类金融专业服务机构 2 200 家,较年初增加 3 家。其中在信用评级与征信类机构的引进上取得了较大进展,年内新增 3 家。

(4) 地方小型金融机构。至 2018 年末,融资性担保公司数量减少 1 家,小额贷款公司数量没有变化,年末融资性担保公司和小额贷款公司数量分别为 8 家、24 家。

3. 金融创新取得进一步发展

(1) 率先推动了金融服务业扩大开放项目落地。第一,率先出台了《中国(上海)自由贸易试验区关于扩大金融服务业全面对外开放　进一步形成开发开放新优势的意见》,为上海自贸试验区主动承接国家金融服务业开放重大举措落地,加强上海国际金融中心与自贸试验区建设联动提供有力的支持和保障。第二,重点挖掘和跟踪服务业扩大开放背景下的外资金融项目,已推进近 10 个开放项目落地,涵盖了银行、证券、保险、评级、第三方支付等几乎所有金融业相关领域,韦莱和怡和保险经纪公司扩大经营范围,摩根大通期货风险管理子公司、国泰世华法人银行等落户。

(2) 自由贸易账户功能不断拓展。自由贸易账户体系实现了本外币一体化以及中外资企业跨境金融服务审慎统筹管理,为金融开放创新和服务实体经济提供了有效载体。至 2018 年末,共有 56 家金融机构通过分账核算系统验收,年末自由贸易账户开立个数为 136 204 个,账户内资金余额 2 564.2 亿元。2018 年全年自贸实验区跨境人民币经常项下结算额 5 463.95 亿元;直接投资项下结算额为 7 927.46 亿元;区内跨境人民币结算总额为

25 518.88 亿元，占全市的 35.25%；区内共发生 13 笔共计 5.38 亿元的跨境人民币境外借款。至 2018 年末，累计有 898 家企业发生跨境双向人民币资金池业务，资金池收支总额 14 587 亿元；95 家企业取得外汇资金集中运营试点资格，52 家已经开展试点。

（3）基本形成了更加开放的金融市场体系和金融机构体系。上海证券、债券、期货、货币、外汇、黄金、保险、票据等市场加快发展，上海国际能源交易中心、上海保险交易所、上海票据交易所、中国信托登记公司先后设立。推出了证券"沪港通""债券通"、上海黄金交易所国际板以及上海股权托管交易中心科技创新板。配合推动上海国际能源交易中心原油期货上市，上市百日交易量就已进入全球前三。推动上海保交所进一步完善功能，国际再保险平台正式上线。支持上期所标准仓单交易平台上线，标准仓单交易品种已扩容至 6 个，为"期现联动"提供了更多品种。此外，上期所保税 380 燃料油期货、铜期权和纸浆期货陆续上市，不断提升上海国际金融中心配置全球金融资源的功能。推出了自贸试验区铜溢价和人民币动力煤掉期等中央对手清算业务。上海市政府通过中央结算公司平台在自贸试验区面向境内外投资者发行 30 亿元地方债，在上海证券交易所发行首单 300 亿元地方债。

4. 金融支持中小企业

（1）建设长三角资本市场服务基地。与上海证券交易所合作建设长三角资本市场服务基地，服务长三角一体化发展国家战略，在科技金融、创业孵化、风险投资、技术协作等方面探索新的工作机制，围绕上市行政综合服务、股权投资对接、债权融资服务、信用信息共享、金融指数编制、路演推介展示、信息发布咨询、专业服务匹配、系统专业培训、金融风险防范十大服务功能，推动长三角企业利用资本市场做大做强。

（2）推动企业利用多层次资本市场发展壮大。扩充上市联席会议办公室成员单位达到 27 家。继续完善上市企业数据库，强化企业与监管部门间的上市沟通协调机制，加强上市辅导，推动政策落实。2018 年浦东已有 43 家企业登陆资本市场，其中境内上市 3 家，募集资金 44.5 亿元人民币；境外上市 9 家，募集资金 93.5 亿元人民币；新三板挂牌 14 家、股交中心挂牌 17 家。浦东新区已累计拥有境内上市企业 105 家、境外上市企业 50 家、新三板挂牌企业 203 家以及上海股交中心挂牌企业 184 家。

（3）推动小微双创企业增信基金政策落地实施。会同相关部门和合作银行，扎实推进小微增信基金工作，优化工作机制，推动政策落实。至 2018 年末，浦东新区小微企业通过小微增信基金累计获得 3 468 笔共计 44.3 亿元贷款。其中，浦东新区小微企业通过市担保中心直接担保，从 43 家合作银行累计获得 999 笔共计 24.7 亿元贷款；通过市担保中心再担保，累计获得 123 笔共计 4.5 亿元贷款；通过合作银行专门研发的贷款创新产品，累计获得 2 346 笔共计 15.1 亿元贷款。小微增信基金各项数据均位列全市排名首位，科创类小微民营企业占主体。

(4) 持续开展科创金融服务工作。联合浦东科技金融联合会,挂牌成立科创金融服务基地,累计开展8场次融资路演和政策解读活动,内容涵盖投融资路演、上市辅导、政策解读以及长三角科技金融发展交流等。推动投贷联动试点,梳理摸排科创企业需求,联合上海银监局组织开展投贷联动专题座谈会,并形成投贷联动试点调研报告。开展产业资本对接,与市担保中心和相关片区合作,先后在张江、南汇、金桥等地召开10场资本产业对接会,宣传介绍了最新的融资服务政策和企业融资产品。

5. 强化金融风险防范

(1) 完善浦东新区金融综合监管服务平台。平台集事前监控、事中干预、事后处置为一体,研发了信息归集、风险监控、协同处置、信息共享披露四大功能模块;已经在72个监管部门、市级部门、区委办局、管委会、街镇间开展试运行;已实现浦东新区23 900多家金融及类金融企业基本信息的在线查询。

(2) 推进三个领域的整治工作。互联网金融风险专项整治方面,对互联网金融机构进行全覆盖、有重点的风险排查,摸清情况底数;持续跟踪督促机构整改,根据监管要求进行分类处置;严格要求互联网资管等互金机构清退业务;与相关单位共同做好属地维稳工作。防范处置非法集资相关工作方面,针对四类重点领域在全区组织涉非排查,并建立"一企一档"进行动态管理。会同市场监管局等部门排查清理涉嫌非法集资广告资讯信息。清理整顿各类交易场所"回头看"工作方面,对交易场所及会员单位进行了逐一检查和推动分类处置。此外,比特币、ICO方面,已配合人行上海总部完成区内部分平台清退工作;股权众筹方面,区内部分非重点机构均已出具承诺函,表示不再开展有关业务,目前正在推进重点机构的核查整改。

(3) 探索完善区域金融风险防范机制。梳理固化工作流程、工作标准,形成了六步核查法,制定了关于交易场所及处置非法集资法律专项核查、审计专项核查的工作标准及流程。完善部门协同处置机制,实体化运作区打非领导小组办公室工作专班,增进了沟通、发挥了合力。推动建立属地考评机制,压实属地处置责任。依托律所、会所等专业力量,加强了排摸力度和专业性。加强防范金融风险的宣传培训,通过防范风险进社区、公益广告投放、贴片广告插播等,提升社会大众风险防范意识,组织召开了2018年浦东新区防范和处置非法金融活动工作培训会。

(4) 聚焦增强金融风险防范法治宣传。通过防范风险进社区活动,投放公益广告、贴片广告,张贴宣传海报,发放宣传手册等形式,广泛开展防范非法集资宣传。特别是在《浦东时报》刊登专版,在《浦东金融》微信公众号发布系列"金融·小常识",宣传普及防范识别非法集资的相关金融知识,向公众介绍非法集资的特征、表现形式和常见类型,宣传近年来公安机关查处的典型案件,以案说法,揭露非法金融活动的惯用手法,提升社会大众风险防范意识。

第二节 黄 浦 区

2018年黄浦区认真贯彻市委、市政府的总体要求，紧紧围绕上海国际金融中心建设的目标任务，在集聚功能机构、推动金融创新、优化产业生态等方面取得了新的进展。2018年黄浦区金融业增加值达916.88亿元，同比增长5.8%，占全市金融业增加值的15.9%；全年金融服务业完成总税收161.21亿元，占比23.7%，区级税收40.38亿元，占比18.8%，金融服务业的贡献进一步提升。

1. 持续加强金融机构体系建设

持牌金融机构继续加快聚集，2018年引进重点金融、类金融机构62家。公募基金再添新军。2018年中国证监会公布获批的首家公募基金—弘毅远方基金管理有限公司完成落地，成为区内第一家PE系公募基金公司。资管业务集聚度持续提升。申万菱信资产管理、星赫投资控股等一批具有产融结合特点的优质项目相继入驻。优质私募快速发展。宁泉基金、海通系并购基金、立信系立信序伦等各类私募基金持续扩容。“金融+”产业跨界创新取得突破。专注为中国票据交易系统平台的建设及运营维护提供专业化服务的金融跨界机构—中票信息技术（上海）有限公司、重点投资国内外注重技术创新的高端制造业公司—上海电气科技创业投资有限公司、上海信托设立的科创母基金—上海浦利维信股权投资管理有限公司等纷纷落地黄浦。

2. 全力服务金融要素市场建设

全力保障金融要素市场、功能性项目驻区发展和业务创新。城商行特许清算机构——城银清算服务有限责任公司落地黄浦，黄浦的要素市场功能性机构增至6家。城银清算是央行批准设立的特许清算机构之一，其成立将进一步拓宽国内支付清算渠道，增强支付清算服务能力，有效防范系统性金融风险，也标志着上海国际金融中心建设取得了新进展。切实服务CIPS二期增资扩股相关事宜，进一步提高人民币跨境资金的清算、结算效率，推动人民币国际化再上新台阶。协调上海票据交易所和黄金交易所总部办公，全面支持保障驻区金融基础设施、功能性项目的发展，持续强化外滩金融集聚带金融功能地位。

3. 积极支持外资金融发展

积极对接国家、上海金融新一轮开放，把握金融引领开放的机遇，制定并发布了《外滩金融集聚带关于服务上海扩大金融业对外开放，支持外资金融发展的若干意见》，推出包括“进一步支持外资金融集聚发展”“进一步推动外资金融创新发展”“进一步优化外资金融发展环境”三部分 12 条措施，切实发挥外滩金融集聚带核心功能区作用，加大开放领域外资金融的吸引力度与支持力度，跟踪并推动野村东方合资券商等一批重点项目。支持服务外资金融的各类专业服务业的集聚发展，积极打造服务外资金融的服务链、生态圈。

4. 主动对接自贸金融改革

率先试点巨灾保险制度，探索“政府引导，市场运作，多层保障，风险共担”的巨灾保险新模式，通过金融创新的方式加强特大城市公共安全管理，提高城市风险抵御能力，为全国提供了可复制、可推广的工作经验，巨灾保险也因此入围自贸试验区 2018 年金融创新案例。同时，积极把握推动拓展自由贸易账户适用范围的契机，排摸区域内企业申报 FT 账户意向，2018 年黄浦区 FT 账户上报名单 18 家，并协助企业对接银行开展账户开设工作，切实精准服务实体经济的跨境业务需求。

5. 鼓励支持金融创新

支持鼓励各类金融机构推动金融创新，2018 年共有 13 项金融创新成果荣获上海市金融创新奖：中国外汇交易中心、银行间市场清算所股份有限公司和 CIPS 联合推出的债券通获得上海金融创新成果奖特等奖；上海浦东发展银行股份有限公司小企业金融服务中心推出的“e 企行”综合服务平台获得上海金融创新成果奖一等奖，另有众安保险、黄金交易所等多家企业获得金融创新奖。

6. 不断优化金融生态环境

进一步服务金融智库建设，协助国家金融与发展实验室举办第四届、第五届金融与发展论坛及外滩沙龙活动，协助推动复旦泛海国际金融学院新址正式启用。积极推动外滩金融品牌体系建设，支持推动金融行业活动，“外滩金融科技峰会”“外滩金融法律论坛”“上海国际股权投资论坛”等高端论坛活动成功举行，促进了国际行业交流与合作。外滩金融发展指数于 2018 年外滩金融科技峰会上发布，2017 年外滩金融发展指数为 122.69 点，同比上涨 8.25%；2017 年外滩金融稳健性指数点位为 100.72 点，区域金融市场抗风险能力进一步增强，产业生态辨识度与竞争力持续提升。

7. 切实防范金融风险

扎实推进互联网金融风险防范工作，加强 P2P 网贷机构监督整改，推进 P2P 网贷机构分类处置和合规检查。加快互联网资管机构整改验收。有序推进打击非法金融活动工作，加强类金融企业的风险排查和处置，加强事中事后联合监管，推进重点商务楼宇非法金融活动综治挂牌。推进全区类金融企业监测预警，做好 P2P 等涉众型投资受损类风险防范化解。

2019 年，黄浦区着力提高持牌金融机构、功能性项目的规模和密度，积极推动外滩成为全球人民币产品创新、交易、定价、清算中心的核心区域。全力争取外资金融开放试点项目，鼓励包括银行、证券、保险等领域开放进程中新设的外资金融机构落户，支持有条件的金融机构引进外资，服务上海金融中心全球资源配置能力。进一步加大对优质金融科技企业的引进和培育力度，聚焦金融科技，丰富外滩“新金融”内涵。鼓励金融机构围绕服务小微、服务创新创业，丰富金融服务产品，提升金融服务实体经济的能级。

第三节　虹　口　区

2018年，虹口区坚持以建设“上海国际金融中心”等国家战略为切入点，持续打造北外滩“财富管理高地”，区金融产业发展态势良好，产业规模不断扩大，活力度不断提升，金融产业支柱地位进一步巩固。2018年末，区金融产业税收贡献已位居各行业之首。

1. 持续提升产业集聚规模和质量

2018年，虹口区新入驻金融企业115家，全区各类金融和类金融企业共计1 520家，资产管理规模超过5万亿元，金融产业全口径税收收入53亿元，同比增长21%，占全区现代服务业全口径税收比重的30%，占全区全口径税收比重的20.4%。大力引进优质金融企业落户，交通部交通信息产业基金等一批重点企业入户虹口。区内公募基金新增3家，分别为中庚基金、睿远基金、淳厚基金，至2018年末，区内公募基金数量达15家，约占全国公募基金总数的九分之一，持续保持全国领先地位。

一年来，虹口区依托北外滩金融集聚区建设持续提升金融产业发展能级，加速打造北外滩企业并购和资产重组综合服务基地，北外滩金融港在国内外市场的影响力不断提升，正加速迈向高端化、国际化。

2. 主动对接自贸实验区金融改革创新

2018年共推动区内58家重点金融机构成功入围2018年度上海自贸实验区账户扩容名单，不仅将自贸实验区核心政策复制推广至清单内的金融机构，也将自贸实验区的政策红利以及创新人才服务政策拓展至北外滩集聚区在内的核心区域。

3. 不断增强金融服务实体经济能力

积极推进企业改制上市，年内共实现10家企业在多层次资本市场挂牌，区内挂牌上市企业总数已突破70家，形成了“上市一批，挂牌一批、改制一批、储备一批”的梯度推进格局；依托功能性金融机构开展高端投融资系列对接会，举办区企业高管专题培训班、精品讲座及洽谈会，加强挂牌上市企业培育和再融资服务。

积极推进金融与科技、文化融合发展，加快打造以金融科技大厦为核心的金融科技产业发展和应用高地，成立上海市首个区级综合性文化金融服务平台—虹创文化金融服务平台，帮助区内近万家文创企业对接银行、证券、担保机构等金融机构和第三方服务资源，开展融资项目征集、金融服务资源匹配等工作。作为上海市首个以区级政府名义与上交所签约的区县，在科创板推出之前，虹口区与上海证券交易所续签了战略合作备忘录。

4. 切实强化金融风险防范

凝聚防控非法集资风险合力，围绕 P2P 网络借贷、互联网资管、现金贷等重点领域，深入开展日常监管及专项排查整治工作；逐步形成“区级层面统一规划，宣传主管部门协调推动，行业主管、监管部门指导落实，相关部门积极参与，街道全面落实”的风险宣传体系，年内区“公检法”部门与区金融局、区市场监管局等部门密切协作并联合各街道社区，组织开展多种形式的防范非法金融宣传教育活动，收到了良好效果；综合运用上海市新型金融业态监测分析平台、银行账户异动监测预警、各渠道投诉举报等信息源，筛选风险隐患，深入排查，不断强化金融风险预警研判。截至 2018 年末，全区未出现系统性、区域性金融风险。

5. 不断优化金融产业发展环境

2018 年，虹口区举办或配合承办 2018 年中国首席经济学家论坛年会、第八届北外滩财富与文化论坛暨中国基金业 20 周年纪念活动、上海证券 2018 年财富管理峰会暨私募实盘投资大赛启动仪式、北京大学 2018 年长三角新年金融论坛、2018 年中国零售银行财富管理论坛、北外滩绝对收益投资学会“大宗商品国际化研讨会”、第二届上海 CFA 中国量化金融峰会、第五届中国北外滩财富管理峰会等一系列高端论坛及活动。举办第四期“金英汇坛”结业仪式暨虹口区金融产业调研活动，深化与市金融工作局的战略合作。各类专业活动为金融企业发展提供有力的人才及平台支持，北外滩金融集聚区的市场影响力不断扩大。进一步完善金融人才政策，继续从人才奖励、便捷就医、子女入学等方面给予金融人才扶持奖励和贴身服务，保障区域金融高层次人才扎根虹口。

第二十三章　金融人才队伍建设

第一节　金融人才工作机制情况

坚持党管人才，加强对金融人才的政治引领和政治吸纳。根据市委对人才工作的统一部署和工作要求，助力上海国际金融中心建设，有效发挥市金融人才工作领导小组作用，科学制定金融人才工作要点，加快金融人才队伍建设，扎实推动各项重点工作落地。

坚持市场导向，注重发挥市场在金融人才资源配置中的决定性作用，以上海海外金才、领军金才、青年金才这“三类金才”为统领，不断完善金融人才开发、服务、交流、宣传四大平台，最大限度激发和释放人才活力。健全金融人才发展的制度，遵循人才成长规律，构建科学规范、运行高效的人才发展体系，搭建政府、社会、市场三方良性互动的人才和智力平台。

坚持多管齐下，充分调动各方力量积极参与金融人才工作。加强与“一行两局”等中央在沪金融管理部门、各类金融机构的交流与沟通，加强与各区，以及金融类同业公会、行业协会、上海欧美同学会金融分会、民主党派金融工委等的协作，实现优势互补、资源共享。进一步加强与市委组织部、市人力资源社会保障局、市财政局等上海金才工程联合实施单位的政策对接，开展部门联手、市区联动，开创上海金融人才工作新局面。

第二节　金融人才队伍建设情况

点面结合促选才。开展 2019 年“三类金才”选拔工作，共有 602 名金融人才申报，参加网上评审、现场评审的专家评委分别达到 211 人次和 155 人次，共评选出上海海外金才 18 人、领军金才 40 人、青年金才 58 人，发放专项资助资金 729.8 万元。在“三类金才”选拔工作基础上，择优推荐至国家及上海重大人才开发计划。开展对 2016 年入选的 106 位“三类金才”的综合考核,共完成项目(课题)研究成果70份,考核优秀的人选67名。完成2016年第十批5名上海领军人才中期考核工作。

搭梯建台促引才。组织开展“金招荟·校园行”2019年上海金融行业校园招聘活动,助力金融机构招募青年人才,做好金融人才的“店小二”,共有近80家持牌金融机构参与,提供了600余个工作岗位。对接市里的人才政策,协调市人力资源社会保障局等相关单位,积极支持重点金融机构引进人才。通过引机构来引人才,既关注高端紧缺人才,又紧盯中坚力量和青年人才,有力推动人才聚集。

多维互动促育才。调研51家金融机构培训需求,与复旦大学、上海交通大学高级金融学院、上海财经大学、华东政法大学、国家会计学院、上海立信会计金融学院6家高校合作筹建上海金融人才培训基地。依托上海金融人才实践基地,组织开展金融人才实践锻炼工作,双向匹配56名系统人才赴22家基地实践锻炼。进一步开发上海金融人才讲师团资源,委托上海立信金融会计学院开发“金融创新与风险管理”继续教育培训项目;完成金融人才讲师团网上选课评价模块开发,年内共有3名讲师受邀参加各类论坛和培训活动,培训人数超240人次。举办“金英汇坛”高端金融人才研修班,打造金融人才跨界交流学习平台,共有130多名学员报名参加,实现互学互鉴、协作共赢。

第三节 金融人才发展综合环境

构建金融人才多层次宣传展示平台。充分运用传统媒介和新媒体技术,扩大金才工程的影响力和引领作用。在上海金融人才网和金融e党校宣传的基础上,对外密切与上海主流媒体的合作。通过《解放日报》“澎湃新闻”《上海组织工作》《组织人事报》等媒体,加强对金融人才工作和金融人才代表的专题宣传报道。上海市金融人才《弘扬爱国奋斗精神建功立业新时代》和《“金才”之光耀浦江》两篇材料分别被中央组织部《组工研讨》和中央人才办《中国人才》杂志刊发。

健全金融人才可持续发展的保障措施。加强调研,认真谋划并形成“十四五”时期上海金融人才发展规划基本思路。落实市人才办部署的政策和服务,会同人行上海总部、上海银保监局、委局相关处室完成人才政策一本通(一网通)有关政策、指南、办事事项梳理、校核和宣传工作;会同太平洋保险,形成为上海市高层次人才及配偶提供专属医疗保障服务方案;协调落实人才高峰团队海外引进高层次人才配偶调沪工作;与上海外汇管理局协调沟通上海市外籍专家人才境内合法收入换汇便利措施,形成解决方案;推荐8名金融系统上海领军人才参加上海市专家人才疗休养。

第二十四章 支付体系和信用体系建设

第一节 支付体系建设情况

2019年，人民银行上海总部坚持党对支付结算工作的领导，贯彻落实党中央、国务院关于支付结算工作有关部署，按照人民银行总行年度支付结算工作会议精神，推动上海市支付体系发展。

一、取消企业银行账户许可，力促营商环境优化

人民银行上海总部对标对表世界银行以及国家发展和改革委员会关于营商环境的评估标准，确立4月底取消企业银行账户许可的工作目标。成立总部取消企业银行账户许可工作领导小组，先后两次向各银行业金融机构（以下简称银行）作专题部署动员，组织各银行成立以本行主要负责人为组长的行内工作领导小组，加强取消企业银行账户许可工作的组织领导。制定并下发《上海市取消企业银行账户许可工作实施方案》等8个文件，组织银行对账户管理制度、绩效考核、业务流程、账户协议等进行针对性修订并完成行内系统升级改造，并对银行准备工作完成情况逐家开展验收。依托上海市支付清算协会开展行业自律管理，对近200人集中统一授课开展培训，制作统一宣传模板，组织银行开展现场宣传。经过前期充分准备，4月30日上海市顺利取消企业银行账户许可。

二、理顺支付系统管理机制，强化清算业务管理

按照“先易后难、客户无感、平稳有序”的原则，结合辖内业务实际对同城清算业务向人民银行总行支付清算系统迁移作出具体部署。开展待迁移业务量实时监测，对业务存量较大的同城清算系统参与者进行针对性指导，积极排除可能存在的风险隐患。实现上海同城清算系统实时贷记和贷记转汇业务全量迁移至支付系统办理，已迁移业务量约占上海同城清算系统业务量的95%。着手推进第二阶段实时借记业务、“两公类”集中代收付业务、自贸区业务等其他特色业务的迁移。对清算规则执行不力的金融机构予以全辖通报、逐家约谈并提出整改要求，跟踪落实整改完成情况。扩大支付系统自动质押融资业务覆盖范围,新增1家银行开办支付系统自动质押融资业务,2家银行以直接参与者身份加入大、小额支付系统,2家银行以直接参与者身份加入网上支付跨行清算系统。推进中央银行会计核算业务电子化进程,为辖内13家农村金融机构开通ACS综合前置子系统自助转账业务权限。

三、建设移动支付便民工程,改善支付服务环境

推动南京东路等示范商圈建设外滩云闪付便民示范区。推进肯德基等知名商户受理联网通用二维码,做好重点商户MIS收银改造、连锁商户运营服务。充分调动行业各方资源,拓展暴雪游戏、阿基米德等线上TOP商户接入云闪付。实现大都会App新增"云闪付先乘后付"功能,数百个停车场支持银联"无感支付",多家三甲医院线上云闪付全流程服务和线下窗口、自助机受理联网通用二维码,数百家标准菜场、数万台自助终端等受理联网通用移动支付产品。为政府税务征收、社保缴纳以及"一网通办"高院诉讼费等多个非税项目提供联网通用移动支付服务。对进博会期间全市支付环境建设、现金服务保障、清算基础设施服务等各项工作进行统一部署,协调银行和清算机构进一步优化进博会展馆内的商圈建设,实现馆内所有商户无障碍受理银行卡及银联移动支付产品。以联惠农站为抓手,推广普惠金融服务站点,优化升级助农业务,在崇明、金山、松江等郊区建立惠农站,实现农产品批发等云闪付受理、标识覆盖。以打造便民乡镇集市为抓手,推动建设崇明八一云闪付示范街、嘉定嘉实同济美食街、嘉定毛桥集市等乡镇集市。拓展崇明地区乡村旅游农家乐商户数百户。组织开展农村地区示范商圈建设,建成百联南桥购物中心、青浦奥特莱斯等云闪付示范商圈。

四、保持支付业务从严监管,维护支付市场秩序

完成年内对银行和支付机构的支付结算业务执法检查计划和部分银行、支付机构的现场督查。完成对部分银行、支付机构和相关个人的行政处罚。督促支付机构加强商户管理,关闭疑似风险商户,清退P2P商户。监测支付机构备付金余额,建立备付金核验机制。落实支付机构重大事项报告制度。配合公安机关开展职业投诉人的调查取证,打击职业投诉人违法犯罪活动。完成上一年度支付机构分类评级初审。加强无证整治,规范电商平台资金清算,促进上海市电子商务平台合规健康发展。

五、加强票据业务管理,规范银行账户业务

开展上海市空头支票违规行为改革试点和综合治理,进一步规范空头支票行政处罚,对银行报送的每一笔空头支票信息严格把关,确保空头支票行政处罚工作落实到位。落实空头支票黑名单制度,提高空头支票行政处罚执法效能。修订《上海票据交换管理办法》,完善本地票据业务管理制度。稳妥办理银行分支机构加入、退出同城票据交换。组织开展个人Ⅱ、Ⅲ类银行账户风险排查,督促各银行建立健全账户业务管理和风险监测机制。会同上海市公安局及上海银保监局联合下发《关于加强对公账户网银交易风险防控工作的通知》，建立企业银行账户黑、白名单制度。组织 4 家法人银行开展企业网银系统升级改造，实现对长期无交易企业银行账户暂停网银转账汇款功能和活跃银行账户余额变动提醒功能。联合上海市公安局开展电信网络诈骗防范集中宣传日活动。会同上海市支付清算协会开展账户、银行卡、移动支付、支付系统等各类宣传。

第二节　信用体系建设情况

2019 年，中国人民银行上海总部积极参与和推动上海市信用体系建设工作，强化征信信息安全管理，践行“征信为民”宗旨，提升征信服务水平；坚持“培育与清理并重”思路，推动征信市场健康发展；广泛开展“千企万户”纾困行征信专题宣传活动，不断推动上海征信工作取得新进展。

1. 强化征信信息安全管理，不断加强对接入机构的监管

一是 2019 年对部分接入机构开展征信信息安全巡查，推动接入机构合规开展征信业务。二是积极运用内控制度报备、用户及人员报备、重大事项报备等报备制度、异常查询监测、季度自查自纠报告等非现场监管措施，进一步加强对接入机构征信相关业务的监督管理。

2. 践行“征信为民”宗旨，不断优化营商环境提升征信服务水平

一是实现个人查询以自助查询机为主。至 2019 年末，上海市自助查询机布放总数达 90 台，遍布全市 16 个区，并已全部开通扫码付款功能。二是多渠道加强企业征信查询可获得性。在微信公众号内增加企业查询网上预约功能，推动建设银行上海市分行等商业银行开通网银查询企业信用报告模式，实现企业信用报告查询多渠道服务。三是不断推广应收账款融资服务平台，加强与商业银行和核心企业的对接，增强中小微企业的融资能力。积极开展动产担保统一登记试点工作，广泛开展宣传并做好登记系统常用户的审核工作。

3. 坚持“培育与清理并重”思路，进一步推动征信市场健康发展

一是积极培育辖内有潜力的征信机构，定期对辖内所有备案的企业征信机构进行摸底调查，2019 年对 4 家征信机构注销备案。二是加大现场检查力度，加强对征信机构的监督管理，2019 年对 6 家企业征信机构开展征信信息安全巡查和非现场检查。三是加强企业征信机构的日常监管，对备案征信机构和未备案征信机构开展监测，及时发现备案机构工商变更以及涉及诉讼、虚假宣传等风险。同时，监测未备案机构的活跃度、是否违规从事个人征信业务等情况。

4. 贯彻《信用评级业管理暂行办法》,稳步推进信用评级工作

一是严格开展辖内信用评级机构备案工作,对信用评级机构的高管人员、项目经理、评级从业人员等实施备案管理和动态监测。二是加强对信用评级机构的现场检查,2019年对4家机构开展信用评级合规检查,确保备案信息真实、各项评级制度和内部管理制度完善、合规开展业务。充分利用征信管理监测系统、违约率系统等信息化手段,加强评级业务的上报、统计、监测和分析,强化对评级机构的非现场监管。

5. 开展"千企万户"纾困行活动,广泛开展征信专题宣传

一是组织开展"千企万户"纾困行活动,自5月起组织辖内金融机构分别对100家民营小微企业、1 000户个体工商户开展点对点宣传活动,积极宣传征信在提升信贷效率、帮助小微与民营企业更便捷、更低成本获得信贷支持等方面的作用,促进小微企业和民营企业主体提升信用意识。二是开展第十二次"6·14"信用记录关爱日活动,6月14日,牵头中信银行上海分行等金融机构,在上海张江高科技园区长三角资本服务基地启动"征信助力小微与民营企业融资发展"信用记录关爱日专题宣传活动。三是联合共青团上海市委员会、上海市发展和改革委员会、中共上海市虹口区委员会共同举办"诚信点亮中国"主题教育活动。

第二十五章　金融法治建设和风险防范

第一节　金融法治建设

2019年以来，上海金融法院在中央、市委、最高法院、上海高院和社会各界的高度重视和关心支持下，聚焦建设“专业化、国际化、智能化”世界一流金融法院发展目标，立足高起点、高标准、高水平、高速度、高质量建设要求，紧紧围绕服务实体经济、防控金融风险、深化金融改革三项任务，主动对接国家金融发展战略，加强审判工作，规范金融市场秩序，为上海国际金融中心建设营造良好的金融法治环境提供有力的司法服务和保障。世界银行营商环境评估团队专家认为，设立上海金融法院，是全球金融法治的最佳实践。

1. 狠抓执法办案，确立裁判规则

2019年共受理各类金融案件6 888件，案件类型主要涵盖证券虚假陈述责任、金融借款、融资租赁等。其中案件结收比达到100.52%，位列全市法院第一。依法审结一批重大、疑难、复杂、新类型和在法律适用方面具有普遍指导意义的案件。有6件案件分别入选2019年度人民法院十大民事行政及国家赔偿案件、十大执行案件、金融纠纷多元化解十大典型案例，中国十大影响性诉讼等，通过司法裁判厘清市场规则，规范和引导金融交易行为。

2. 创新审判机制，服务保障大局

找准找实金融审判服务保障大局的着力点和切入点，推进金融审判机制创新，优化法治化营商环境。在全国首创证券示范判决机制，并创建“示范判决＋专业调解＋司法确认”全链条的纠纷多元解决机制，妥善化解4 762件涉群体性证券纠纷，有效降低当事人维权成本，提高纠纷化解效率。证券示范判决机制被写入最高法院全国“两会”工作报告，取得了“可复制可推广”的改革示范效果。配合新《证券法》出台，发布全国首个关于证券纠纷代表人诉讼机制的规定，打造具有中国特色的集团诉讼模式，形成有效保护中小投资者合法权益的诉讼机制。对接资本市场改革开放重大任务，制定发布《上海金融法院关于服务保障设立科创板并试点注册制改革的实施意见》,得到资本市场及金融、法律界专家的普遍认可。

3. 强化预警研判,防范金融风险

妥善处理好金融领域疑难复杂案件和影响金融市场稳定的重大敏感案件,切实维护群众合法权益。在全国率先开创在证券交易所协助下的大宗股票执行新机制,降低了大宗股票处置对证券市场的影响,切实保护了投资者和上市公司的合法权益,维护了资本市场的稳定。对案件中暴露的金融风险问题采用审判白皮书、司法建议等形式强化预警,国务院国资委采纳我院司法建议并发函全国央企要求提高风险防范意识,建立风险管控长效机制。打造金融风险防范预警信息平台,通过审判大数据提炼分析影响金融安全和金融稳定的潜在风险,进行风险监测与评估,为金融监管提供数据支持,共同防范金融风险。

4. 融合科技应用,深化司法改革

完善多元化纠纷解决机制,加快建设诉讼、调解、仲裁"一站式"衔接工作机制,深化证券期货、银行、保险金融纠纷全领域诉调对接合作,打造更加便捷智能的"一站式"诉讼服务平台,为中外当事人量身定做中英文双语智助立案系统,智能诉讼风险提示系统,中小投资者保护舱等,实现全程自助立案,提供个性化调解、诉讼等多元解纷渠道。全面推进繁简分流改革试点,通过在线庭审、当庭调解、当场送达,快速化解矛盾纠纷,做到"繁案精审、简案快审"。深度融合人工智能、区块链、大数据等科技手段,全力打造集"智审平台""智源平台""智管平台"和"智慧法庭"四位一体的金融智慧审判新模式,提升审判、管理和服务质效。

5. 加强人才培养,提升审判能力

加强政治建设,全面推进从严治党,抓好党风廉政建设,主动接受监督,充分听取社会各界意见,倾听群众呼声,加强和改进法院工作。与上海交大高级金融学院共同开设"金融法治菁英培训项目",选派法官赴境外研修,开设"金融大讲堂"专项培训,举办"智荟融法"学术、读书、外语沙龙,组建翻译研究团队"译研社",努力培养一批知识能力专业化、审判思维现代化、司法视野国际化高层次金融审判人才。

第二节　金融风险防范

2019 年,上海贯彻落实党中央、国务院关于金融风险防控工作的系列指示要求,积极探索适应于国际金融中心发展及超大型城市精细化管理的工作新路径,始终坚持不发生系统性、区域性风险的重要底线,坚决打赢金融风险防控攻坚战。

1. 建立健全金融风险防控长效工作机制

一是建立上海市金融稳定协调联席会议，整合市打击非法金融活动领导小组、互联网金融整治领导小组和交易市场清理整顿领导小组工作机制，并制定议事规则，进一步明确在沪中央金融管理部门、地方金融监管部门及各相关部门工作职责和协作制度机制，强化工作对接和信息沟通，定期组织召开专题会议，研商风险形势、制定处置方案。印发打好防范化解重大金融风险攻坚战实施方案，推动各区、各部门跨前协作，强化防范化解风险合力。

二是针对涉众型投资受损类风险，阶段性更新下发《工作指引》、《工作提示》等，不断健全市打击非法金融活动领导小组“一办三组”(办公室、案件侦办组、信访维稳组、宣传教育组)与各区工作专班分工明确、衔接高效的工作格局，逐步形成“市—区—街(镇)—居(村)委”四级纵向到底、“跨行业、跨领域、跨产品”横向到边、“监测—处置—稳控”全链贯穿、“一事一案一专班”落实到位、地方事务管理与国家金融监管同频共振的综合风险防控体系。

2. 建立多层次风险监测预警体系

一是落实《上海市非法集资监测预警实施办法》，充分统筹全市各方面工作力量，健全完善立体化、社会化、信息化、全覆盖的监测预警体系。

二是借力大数据、高科技手段，推动风险监测信息系统建设，不断完善上海市新型金融业态监测分析平台，将辖内数十万家类金融企业纳入实时动态监测范围，以行为监测为出发点推进功能监管和综合监管；强化行政、司法、在沪金融监管等部门间的信息共享，以信息的专业化分析为立足点推动风险监测的“早预警、早发现”；逐步开放监测分析平台的接入端口，已完成上海市各区及主要商务区管委会的接入，以监管科技平台为支撑点，做好各项风险排查整治工作。

三是发挥专业优势，不断深化商业银行资金账户异动监测机制，高效衔接银行业金融机构前端监测、市区两级打非办中端核查、相关部门后端处置的完整闭环式工作流程。

四是积极动员群众力量，依托城市网格化管理平台拓宽涉非线索发现渠道，提升城市风险管理的精细化水平；严密组织开展非法集资举报奖励，开展“地方金融风险监测平台”运行试点，积极探索中心城区商务楼宇、居民社区通过线上平台举报非法集资线索工作模式，不断完善有效线索核实查证工作流程，有效调动社会大众参与防非打非工作积极性。

3. 不断强化金融风险源头治理

一是继续深入推进各专项整治工作。聚焦非法集资高发行业领域，将非法集资风险专项排查整治、互联网金融风险专项整治、扫黑除恶专项行动以及涉非广告资讯排查等各项工作紧密结合，对缺乏监管主体的类金融企业形成监管合力，聚焦重点领域、分层分类逐步化解存量风险。

二是继续强化类金融企业的准入管理。原则上停止办理非金融机构及不从事金融活动企业新设或增加含有金融相关字样的名称、经营范围的登记申请。压实各区属地发现责任,强化风控在先,要求做到“真正了解你的服务对象”。各区以企业新设准入、违规经营行为查处、涉非广告审查为重点,强化类金融机构的工商登记事项管理,主动配合行业主管部门开展非法集资风险排查工作,通过随机抽查、梳理消费投诉举报、参加实地检查及聘请第三方机构分析评估等方式,及时发现违反工商法律法规的案件线索。

三是充分发挥社会治理的自治作用。鼓励行业自律组织的发展,充分发挥行业协会在行业管理、行业监督、行业约束等方面的积极作用。依托上海市互联网金融信息行业协会,指导不符合条件的P2P网贷机构有序稳妥退出,支持符合条件的机构探索转型的可行路径,加快推广失信借款人信息纳入征信系统相关工作,促进行业规范发展。

4. 多措并举营造良好环境氛围

一是建立常态化宣传机制,包括编发《金融投资防骗手册》,通过各区发放至各居委、村委干部,供广泛学习宣传;制作“常见金融骗术揭秘”宣传短视频及相关宣传海报,依托本市金融机构网点、新媒体等宣传阵地集中播放宣传;与东方明珠移动电视合作,在上下班高峰时段通过地铁等公共交通设施,对社会大众播放非法集资相关风险警示内容,集中向市民发送公益短信提示非法集资风险;组织金融常识和风险防范公益性讲座等。

二是加强舆情管理,稳定社会预期。强化对互联网等新媒体关键阵地的舆情管理,引导新闻媒体(含新媒体网站)、专家学者、市场中介、金融机构等充分发挥正面引导作用,做好与市场参与者和社会公众的沟通,合理引导市场预期,促进金融行业合规健康发展。

三是以长三角区域联动促进强化风险防控合力,建立健全长三角地区金融风险联防联控机制,强化区域金融风险联防、宣教联动、监管联手等,形成合力共治、高效协同的工作格局。

附　　录

2019 年上海金融大事记

1 月 3 日，长三角地区上海、江苏、浙江和安徽三省一市政府在上海签署《长三角地区市场体系一体化建设合作备忘录》，联合搭建进博会交易服务平台，推进长三角市场体系一体化。

1 月 17 日，人民银行等八部门联合印发《上海国际金融中心建设行动计划(2018—2020 年)》，阐述 2018—2020 年期间上海国际金融中心建设的指导思想、发展目标和主要任务，上海国际金融中心建设进入冲刺阶段。

1 月 30 日，人民银行上海总部与上海市科学技术委员会共同签署《关于深化科技创新企业金融服务支持上海科创中心建设合作备忘录》。

2 月 18 日，上海市委副书记、市长应勇主持召开金融工作调研座谈会，与中央在沪金融管理部门、金融要素市场、重点金融机构共同研究贯彻落实习近平总书记交给上海的三项新的重大任务，加快推进上海国际金融中心建设，防范化解金融风险。

3 月 3 日，上海证券交易所制定发布《上海证券交易所科创板股票发行上市审核问答》《上海证券交易所科创板企业上市推荐指引》。

3 月 13 日，摩根大通证券(中国)有限公司、野村东方国际证券有限公司获得中国证监会核准设立的批复。

3 月 15 日，上海证监局联合上海市高级人民法院和上海市司法局在第一财经电视频道联合开展以“多元化解纠纷　促进投资和谐”为主题的 3·15 投教专题宣传活动。

3 月 19 日，上海银保监局联动上海市税务局，指导上海银行同业公会对银税平台进行优化升级，共享数据从 25 项扩大到 70 项，为合作银行提供直联服务。

4 月 30 日，人民银行上海总部、市地方金融监管局、市场监管局举行“上海市动产担保统一登记试点工作启动仪式”。

5 月 1 日，上海银保监局与上海市政府相关部门共同推动，指导上海保险业在全市范围内全面推行车险电子保单，实现保险、交管数据互联共享。

5 月 14 日，人民银行上海总部会同南京分行、杭州中心支行、合肥中心支行及宁波市中心支行召开“推进长三角地区金融消费纠纷非诉解决机制合作”研讨会，形成并签署《长三角地区金融消费纠纷非诉解决机制(ADR)合作备忘录》。

5月27日,上海证券交易所发布科创板上市委2019年第1次审议会议公告,表明科创板上市委审议工作正式启动。上海票据交易所“贴现通”业务正式上线。

5月31日,上海市金融工作局、人民银行上海分行、上海银保监局、上海证监局、上海市财政局、上海市农业农村委联合印发《关于促进金融创新支持上海乡村振兴的实施意见》。

6月12日,华安三菱日联日经225ETF成立,该基金系全国首批4只中日互通ETF之一,标志首批中日ETF互通合作项目正式进入实操阶段。

6月13日,由上海市政府和中国人民银行、中国银保监会、中国证监会共同主办的第十一届陆家嘴论坛(2019)在上海举行。论坛主题为“加快国际金融中心建设,推动经济高质量发展”。中共中央政治局委员、国务院副总理刘鹤在开幕式上发表主旨演讲。开幕式上,中国证监会和上海市政府联合举办上海证券交易所科创板开板仪式。

6月14日,上海交易所国际交流合作中心举行揭牌仪式。该中心是由上海证券交易所、深圳证券交易所和上海证券交易所公益基金会联合发起设立的民办非企业单位。

6月17日,上海市高级人民法院发布《上海市高级人民法院关于服务保障设立科创板并试点注册制的若干意见》,为设立科创板并试点注册制营造良好法治环境。

6月21日,A股纳入富时罗素全球指数启动仪式举行,富时罗素宣布将A股纳入其全球股票指数体系,并于2019年6月24日开盘时正式生效。

7月12日,国家外汇管理局上海市分局印发《关于印发〈进一步推进中国(上海)自由贸易试验区外汇管理改革试点实施细则(4.0版)〉的通知》。

7月22日,科创板首批25家公司挂牌上市交易,标志着在上海证券交易所设立科创板并试点注册制这一重大改革措施正式落地。科创板首批公司中上海企业共5家,居全国各省市首位。

7月22日,上海证券交易所举行科创板首批公司上市仪式。上海市委书记李强、中国证监会主席易会满共同为科创板鸣锣开市。

8月6日,国务院印发《中国(上海)自由贸易试验区临港新片区总体方案》。

8月20日,中国(上海)自由贸易试验区临港新片区正式揭牌。

8月22日,上海银保监局发布《上海银保监局关于上海银行业保险业进一步支持科创中心建设的指导意见》,指导上海银行保险机构主动对接上海科创中心建设“四梁八柱”的任务。

8月26日,中国人民银行上海总部召开推进落实贷款市场报价利率(LPR)形成机制改革工作会议,传达学习人民银行改革完善LPR形成机制的政策精神,部署推进上海落实LPR形成机制相关工作。

9月6日，上海黄金交易所上线上海银集中定价交易业务，并于9月16日起开展上海银集中定价业务试运行。

9月20日，人民银行上海总部与上海市科委共同举办金融支持科创企业发展工作推进会暨“高企贷”授信服务方案发布会。

9月18日，上海证监局与人民银行上海总部、上海银保监局和上海市委网信办联合组织开展“金融知识普及月　金融知识进万家　争做理性投资者　争做金融好网民”投教活动。

10月18日，上海银保监局印发《关于推进上海银行业保险业廉洁金融文化建设的指导意见》，部署15项重点任务，实现机构主动、行业联动与监管推动，共同推进银行业保险业廉洁金融文化建设。

10月30日，人民银行上海总部向辖内金融机构印发《关于促进金融科技发展　支持上海建设金融科技中心的指导意见》。

11月1日，上海金融法院和上海证券交易所签署《关于协助上海金融法院办理上市公司股票司法强制执行的备忘录》，就上交所上市公司大宗股票的执行司法协助达成合作意向。

11月6日，上海银保监局印发《上海银保监局关于告知深入推进银行业务创新监管互动机制支持上海自贸试验区新片区建设的通知》。

11月8日，由人民银行上海总部倡议推动、G60科创走廊九城市与有关金融机构共同研究形成的《金融支持长三角G60科创走廊先进制造业高质量发展综合服务方案》正式发布。

11月15日，上海市金融学会、上海城市金融学会、上海市农村金融学会联合举办“第十届青年金融论坛——金融对外开放与上海国际金融中心建设”。

11月28日，由人民银行科技司指导、人民银行金融信息中心主办、交通银行数据中心承办的第八届银行业数据中心联席会议在上海召开。会议围绕“分布式和云架构下的运维管理转型”主题开展交流。

12月12日，上海银保监局联合上海市经信委、市地方金融监管局等部门，指导上海市银行同业公会组织辖内商业银行召开“百行进万企”动员大会，引导银行机构增强“主动送服务”的意识，主动对接企业提供融资服务方案。

12月20日，上海期货交易所举行黄金期权上市仪式，黄金期权正式挂牌交易。

12月23日，上海市公共数据开放普惠金融应用数据利用协议签约仪式举行，大数据普惠金融应用正式上线运行。市委常委、副市长吴清出席活动并讲话。中国金融期货交易所开展沪深300股指期权上市交易，这是我国资本市场第一个上市的指数期权产品。

2019 年上海金融统计数据

（截至 2019 年末）

主 要 指 标	当 年 值	同 比 ±%
全市 GDP(亿元)	38 155.32	6.0
银行间市场累计成交额(亿元)	14 544 340.4	15.2
中外资金融机构本外币存款余额(亿元)	132 820.27	9.7
中外资金融机构本外币贷款余额(亿元)	79 843.01	9.0
有价证券累计成交额(亿元)	2 834 818.77	7.1
其中:股票累计成交	543 844.01	35.3
债券累计成交	2 217 835.36	2.2
基金累计成交	68 589.58	−4.3
沪市 A、B 股筹资额(亿元)	7 695	4.9
金融衍生品市场累计成交额(亿元)	696 210.17	166.5
保费收入(亿元)	1 720.01	22.35
其中:财产险保费	643.39	10.53
人身险保费	1 076.62	30.71
期货市场累计成交金额(亿元)	1 125 233	19.35
黄金市场累计成交额(亿元)	143 775.4	33.18

2014—2019 年上海各金融市场重要数据

主 要 指 标	2014 年	2015 年	2016 年	2017 年	2018 年	2019 年
金融业增加值(亿元)	3 268.4	4 052.2	4 763	5 330.5	5 781.6	6 600.6
金融业增加值占全市 GDP 比重	13.9%	16.2%	17.3%	17.7%	17.7%	17.3%
中外资金融机构本外币存款余额(亿元)	73 882	103 761	110 511	112 462	121 112.3	132 820.27
当年新增额	4 613	13 329	6 750	1 951	8 421.4	11 679.94
中外资金融机构本外币贷款余额(亿元)	47 916	52 287	59 982	67 182	73 272.4	79 843.01
当年新增额	3 424	4 881	6 596	7 200	5 735.45	5 609.84
金融市场成交额(2011 年起包含外汇市场)	7 860 000	14 627 300	13 647 000	14 284 000	16 580 932	19 344 378
银行间市场成交额(亿元)	3 613 391	7 042 551	9 601 502	9 977 729	12 628 336.8	14 544 340.4
有价证券累计成交额(亿元)	1 281 498	2 663 691	2 838 724	3 063 862	2 642 084.5	2 834 818.77
其中:股票累计成交额(亿元)	375 643	1 330 992	501 700	511 243	403 184.4	543 844.01
债券累计成交额(亿元)	866 849	1 228 885	2 247 175	2 474 449	2 167 248.6	2 217 835.36
基金累计成交额(亿元)	37 479	103 814	89 360	78 170	71 651.5	68 589.58
期货市场成交额(亿元)	1 264 707	635 553	849 775	899 310	942 700	1 125 233
金融衍生品市场成交额(亿元)	1 640 170	4 177 604	182 191	246 000	261 223	696 210.17
黄金市场成交额(亿元)	65 100	107 800	174 413	97 608	106 587.7	143 775.4
保费收入(亿元)	987	1 125	1 529	1 587.1	1 405.8	1 720.01
其中:财产险保费(亿元)	343	386	411	482.67	582.1	643.39
人身险保费(亿元)	643.6	739	1 118	1 104.43	823.7	1 076.62
沪市 A、B 股筹资额(亿元)	3 962.6	10 672	9 434	7 778	7 339	7 695

2019 年上海金融管理部门和金融机构名录

序号	名　　称	地　　址	总　机
	金融管理部门		
1	上海市地方金融监督管理局(上海市金融工作局)	大沽路 100 号	23111111
2	中国人民银行上海总部	陆家嘴东路 181 号	58845000
3	上海银保监局	合欢路 35 号	38650100
4	上海证监局	迎春路 555 号	50121020
	金融市场		
1	中国外汇交易中心	张东路 1387 号 30 幢	63298988
2	上海黄金交易所	河南中路 99 号	33189588
3	上海清算所	北京东路 2 号	23198800
4	上海证券交易所	杨高南路 388 号	68808888
5	上海期货交易所	浦电路 500 号	68400000
6	中国金融期货交易所	世纪大道 1600 号 10 楼	50160666
7	上海票据交易所	半淞园路 377 号 A 区	23139988
8	中国信托登记公司	浦明路 868 弄保利国际广场一号楼 11—12 楼	68705288
9	上海保险交易所	世纪大道 1800 号陆家嘴金控广场 T3 塔楼	20708888
10	中国银联股份有限公司	含笑路 36 号银联大厦	68401888
11	上海股权托管交易中心	松涛路 560 号张江大厦 3 楼	20287876
12	跨境银行间支付清算有限责任公司	来安路 288 号	61697690
13	中央国债登记结算有限责任公司上海总部	世纪大道 1788 号	60813000
14	中国证券登记结算有限公司上海分公司	陆家嘴东路 166 号 3 楼	68870587

（续表）

序号	名　称	地　址	总　机
银行业金融机构			
一、大型银行			
1	中国工商银行上海市分行	上海市浦东新区浦东大道 9 号	58885888
2	中国农业银行上海市分行	上海市浦东新区银城路 9 号	20688888
3	中国银行上海市分行	上海市黄浦区中山东一路 23 号	63291979
4	中国建设银行上海市分行	上海市浦东新区陆家嘴环路 900 号	58880000
5	中国交通银行上海市分行	上海市黄浦区江西中路 200 号	63213400
6	中国邮政储蓄银行股份有限公司上海分行	上海市虹口区东大名路 1080 号	35965500
二、法人银行			
1	上海银行	银城中路 168 号	68475888
2	上海农村商业银行	黄浦区中山东二路 70 号	61899999
3	上海华瑞银行	上海市浦东新区世纪大道 1239 号 2 号楼 101、102 室	33268888
4	上海崇明沪农商村镇银行	崇明区城桥镇东门路 366 号	69695696
5	上海奉贤浦发村镇银行	奉贤区南桥镇南亭公路 281 号	60973802
6	上海松江民生村镇银行	松江区文诚路 230 号	67811320
7	上海浦东江南村镇银行	周浦镇祝家港路 228 号一楼东半部分及祝家港路 230 号四楼整楼	38230718
8	上海浦东中银富登村镇银行	川沙镇北市街 26 号	58385928
9	上海闵行上银村镇银行	闵行区七莘路 646 号 2 楼	34795398
10	上海嘉定民生村镇银行	嘉定区金沙路 245 号	69016339
11	上海宝山富民村镇银行	宝山区宝林路 460 号	66680797
12	上海金山惠民村镇银行	卫清东路 3008—3018 号	37213111
13	上海青浦惠金村镇银行	青浦镇浦仓路 528 号	39272818
14	上海嘉定洪都村镇银行	嘉定区塔城路 455 号	61277899
15	上海浦东恒通村镇银行	浦东新区民生路 550 号	68585977
16	上海松江富明村镇银行	松江区新松江路 1501 号	57731616
17	上海宝山扬子村镇银行	宝山区殷高西路 711 号	66832508

(续表)

序号	名　　称	地　　址	总　机
三、股份制银行			
1	中信银行上海分行	世博馆路138号中信银行大厦	20268888
2	中国光大银行上海分行	世纪大道1118号	63606360
3	华夏银行上海分行	浦东南路256号	38839666
4	中国民生银行上海分行	浦东南路100号1楼营业大厅、8楼至15楼、36楼	61877000
5	招商银行上海分行	中国(上海)自由贸易试验区陆家嘴环路1088号招商银行上海大厦1幢1至4楼、B2楼、2幢10至13楼、14楼一单元03号、25至27楼	58795555
6	兴业银行上海分行	江宁路168号、北京西路968号29楼05—08单元	62677777
7	广发银行上海分行	中国(上海)自由贸易试验区银城路88号6楼602单元、7楼702单元、28、29、30、31、32、33楼	63901022/63901033
8	平安银行上海分行	陆家嘴环路1333号1楼	58877777
9	上海浦东发展银行上海分行	浦东南路588号	68887000
10	浙商银行上海分行	威海路567号1、2、3、13、24楼	61333333
11	渤海银行上海分行	银城中路68号1楼大堂102部位及相邻公共部分和25、26楼	50106666
12	恒丰银行上海分行	张杨路1353号1楼,源深路419号2、3、5、6、7、8楼	61182370
13	中国民生银行上海自贸试验区分行	浦东南路100号40、41楼	61876887
14	平安银行上海自贸试验区分行	杨高南路799号1楼02单元	20776277
15	渤海银行上海自贸试验区分行	上海市浦东新区世纪大道1229号1楼01单元、2楼及世纪大道1239号15楼	51827100
16	宁波银行上海分行	上海市浦东新区银城中路8号106室、201室、203室、15—20楼	31158021
17	北京银行上海分行	浦东南路1500号、1530号	20612300
18	杭州银行上海分行	上海市黄浦区中山东二路558号2幢103单元3楼、5楼、6楼、11楼、12楼、15楼、16楼	63798905
19	南京银行上海分行	中山北路933号1、2、3楼	66069888
20	江苏银行上海分行	世纪大道1128号1楼、2楼	22258000

（续表）

序号	名　　称	地　　址	总　机
21	天津银行上海分行	上海市浦东新区世博大道1859号宝境商务大厦	63299199
22	浙江泰隆商业银行上海分行	上海市浦东新区浦明路868弄1号1楼101室、102室、103室，2楼202室，6楼601—607室	38868000
23	温州银行上海分行	九江路333号1、2、3楼	63601116
24	大连银行上海分行	中国（上海）自由贸易试验区世博大道1919号2号楼	60201177
25	浙江民泰商业银行上海分行	桂林路928号2号楼	33561991
26	盛京银行上海分行	虹桥路1452号102、103、202室	63605070
27	浙江稠州商业银行上海分行	中山西路1600号1楼01—03室、6、7楼01—09室	33635000
28	宁波通商银行上海分行	上海市浦东新区杨高南路428号由由世纪广场2号楼1楼、15楼、22—26楼	60587888
29	厦门国际银行上海分行	上海市虹口区杨树浦路88号1楼、2楼	31788888
30	上海浦东发展银行小企业金融服务中心	北京东路689号东银大厦15楼	61618000
31	中国民生银行中小企业金融事业部	浦东南路100号32楼	61878087
四、外资法人银行			
1	三菱日联银行（中国）有限公司	上海市浦东新区陆家嘴环路1233号汇亚大厦22楼	68881666
2	华侨永亨银行（中国）有限公司	上海市浦东新区源深路1155号华侨银行大厦B101，B103，B106A—C，B108—109，103，104A—C，106A—B，107—108，201—204，206—208，301—306，308，401—408，501—508单元	20833252
3	华美银行（中国）有限公司	上海浦东新区世纪大道88号金茂大厦33楼01—08单元	50499999
4	国泰世华银行（中国）有限公司	上海市浦东新区陆家嘴环路1366号富士康大厦8楼01—03单元	68863785
5	大华银行（中国）有限公司	上海市浦东新区银城路116号、128号大华银行大厦3楼、5楼501室（实际4楼）、13楼（实际12楼）、15楼（实际13楼）、16楼（实际14楼）、17楼（实际15楼）、18楼（实际16楼）、19楼（实际17楼）、20楼（实际18楼）	60618888

(续表)

序号	名　　称	地　　址	总　机
6	富邦华一银行有限公司	上海市世纪大道1168号A座1楼101室、18楼、19楼及20楼	20619888
7	恒生银行(中国)有限公司	上海市浦东新区陆家嘴环路1000号恒生银行大厦34楼、36楼	38658888
8	星展银行(中国)有限公司	上海市浦东新区陆家嘴环路1318号1301、1701、1801单元	38968888
9	法国巴黎银行(中国)有限公司	上海市浦东新区世纪大道100号上海环球金融中心25楼、2610室	28962888
10	浦发硅谷银行有限公司	上海市杨浦区大连路588号宝地广场办公楼B座21楼整楼(该层数为名义楼层,实际楼层18楼)及22楼01、06B室(该层数为名义楼层,实际楼层19楼)	35963088
11	澳大利亚和新西兰银行(中国)有限公司	上海市浦东新区陆家嘴环路166号未来资产大厦17楼D、E、F单元、15楼A、B、C、D2、E、F单元及12楼B1单元	61696001
12	瑞穗银行(中国)有限公司	上海市浦东新区世纪大道100号上海环球金融中心21、23楼	38558888
13	花旗银行(中国)有限公司	上海市浦东新区花园石桥路33号花旗集团大厦主楼28楼01A和04单元、29楼、30楼、33楼01单元、34楼和35楼	28966000
14	三井住友银行(中国)有限公司	上海市浦东新区世纪大道100号上海环球金融中心11楼、12楼、13楼	38609000
15	东方汇理银行(中国)有限公司	上海市静安区南京西路1266号上海恒隆广场二座12楼1201,1202,1206,1207,1208,1209,1212,1213室	38566888
16	南洋商业银行(中国)有限公司	上海市浦东新区世纪大道800号3楼、6楼至9楼(不含6楼A座)(实际楼层为3楼、5楼至8楼(不含5楼A座))	38566666
17	正信银行有限公司	上海市黄浦区中山东一路17号大楼底楼大厅及第1楼、第2楼(实际楼层为1楼、2楼、3楼)	63351511
18	盘谷银行(中国)有限公司	上海市黄浦区中山东一路7号2楼B区、C区、3楼及4楼	23290100
19	汇丰银行(中国)有限公司上海分行	上海市浦东新区世纪大道8号国金中心汇丰银行大楼	38883888
20	渣打银行(中国)有限公司上海分行	上海市浦东新区世纪大道201号渣打银行大厦	38693000
21	东亚银行(中国)有限公司上海分行	上海市浦东新区花园石桥路66号东亚银行金融大厦27楼	38675033

（续表）

序号	名　　称	地　　址	总　机
五、外资银行分行			
1	澳大利亚西太平洋银行有限公司上海分行	上海市浦东新区银城中路 501 号 54 楼 5401，5402，5407，5408	61657673
2	澳大利亚澳洲联邦银行公众股份有限公司上海分行	上海市浦东新区陆家嘴环路 1233 号汇亚大厦 1101—1103 室	61238912
3	澳大利亚国民银行有限公司上海分行	上海市浦东新区银城中路 68 号时代金融中心 42 楼 4201—4204 室	20890231
4	德国商业银行股份有限公司上海分行	上海市浦东新区世纪大道 100 号 37 楼	38559633
5	法国外贸银行股份有限公司上海分行	上海浦东新区陆家嘴环路 1000 号 19032 室	61633279
6	韩国产业银行上海分行	上海市浦东新区世纪大道 100 号上海环球金融中心 38 楼 3810 室	68775089
7	荷兰合作银行有限公司上海分行	上海市徐汇区陕西南路 288 号上海环贸广场办公楼二期 20 楼 2002—07 室	28934646
8	荷兰安智银行股份有限公司上海分行	上海浦东新区世纪大道 100 号环球金融中心 19 楼	20208228
9	马来西亚马来亚银行有限公司上海分行	上海市浦东新区陆家嘴环路 333 号金砖大厦 6 楼 03、04 室	60287688
10	美国纽约梅隆银行有限公司上海分行	上海市浦东新区陆家嘴环路 1000 号恒生银行大厦 41 楼	38661260
11	美国富国银行有限公司上海分行	上海市浦东新区世纪大道 100 号上海环球金融中心 32 楼 30 单元	28927659
12	美国银行有限公司上海分行	上海市陆家嘴环路 1233 号汇亚大厦 17 楼、16 楼 1601—1606、1607A 和 1608A 单元	61608712
13	西班牙桑坦德银行有限公司上海分行	上海市浦东新区银城中路 501 号 73 楼 7301、7304 室	61686077
14	第一商业银行股份有限公司上海分行	上海市长宁区荣华东道 86—90 号(双)(西部) 2 楼	22270628
15	台湾土地银行股份有限公司上海分行	上海市浦东新区富城路 99 号震旦国际大楼 17 楼 1703—1704 室	50372495
16	台湾银行股份有限公司上海分行	上海市静安区南京西路 1788 号 30 楼	32569900
17	台湾中小企业银行股份有限公司上海分行	上海市长宁区凯旋路 399 号 38 楼 3803—3806 室	62627171
18	中国信托商业银行股份有限公司上海分行	上海市浦东新区世纪大道 100 号上海环球金融中心 27F	20805801

(续表)

序号	名　　称	地　　址	总　机
19	阿布扎比商业银行公开合股公司上海分行	上海浦东新区世纪大道100号环球金融中心64楼6470单元	80228604
20	埃及国民银行股份公司上海分行	上海市浦东大道1号船舶大厦12B07室	68861889
21	巴西银行有限公司上海分行	南京西路1515号静安嘉里中心一座北楼2801—02&2806室	60103621
22	比利时联合银行股份有限公司上海分行	上海市浦东新区浦东大道1号船舶大厦15楼1501—1505单元	58791599
23	德国北德意志州银行上海分行	上海市浦东新区世纪大道88号金茂大厦办公楼37楼01、07—08单元	68673871
24	俄罗斯外贸银行公众股份公司上海分行	上海市浦东新区银城中路501号2503—2505室	60610159
25	韩国大邱银行股份有限公司上海分行	上海长宁区红宝石路500号东银中心B栋11楼03室	62369209
26	荷兰银行有限公司上海分行	上海市浦东新区陆家嘴环路1233号汇亚大厦3107—3108单元	20532699
27	科威特国民银行股份有限公司上海分行	上海市浦东新区陆家嘴环路1233号汇亚大厦1501—1502室	80360868
28	马来西亚联昌银行股份有限公司上海分行	上海浦东新区陆家嘴环路1233号汇亚大厦1805—1807室	20261898
29	摩洛哥外贸银行股份有限公司上海分行	上海市浦东新区银城中路501号60楼6001室和6002室	60589557
30	挪威银行公共有限公司上海分行	上海市徐汇区淮海中路999号上海环贸广场办公楼一期23楼2304—2307室	61322868
31	日本横滨银行股份有限公司上海分行	上海市浦东新区世纪大道100号上海环球金融中心19楼T71室	68776800
32	日本三井住友信托银行股份有限公司上海分行	上海市浦东新区世纪大道88号金茂大厦50楼01室	50476661
33	北欧银行瑞典有限公司上海分行	上海市静安区南京西路1539号嘉里中心办公楼二座27楼2701—2703室	63405111
34	瑞典北欧斯安银行有限公司上海分行	浦东新区世纪大道8号上海国金中心办公楼二期33楼3301—05、15—16室	20521888
35	瑞典商业银行公共有限公司上海分行	上海市黄浦区天津路155号2005—07室	63298877
36	瑞典银行有限公司上海分行	上海市浦东新区花园石桥路33号花旗集团大厦601室	38612666

（续表）

序号	名　　称	地　　址	总　机
37	瑞士信贷银行股份有限公司上海分行	上海市浦东新区世纪大道 8 号上海国金中心二期 2801—04、2813—16、2901—06、2916 单元	38560016
38	泰国汇商银行大众有限公司上海分行	上海市浦东新区世纪大道 100 号环球金融中心 74 楼 T15 室	60587701
39	西班牙对外银行有限公司上海分行	上海浦东新区世纪大道 88 号金茂大厦 45 楼 01、08 单元	80233236
40	意大利联合圣保罗银行股份有限公司上海分行	上海市银城中路 501 号上海中心大厦 56 楼 5601 室	20822701
41	意大利西雅那银行股份有限公司上海分行	上海市太仓路 233 号新茂大厦 2501—2504 室	53830417
42	意大利裕信银行股份有限公司上海分行	上海市浦东新区世纪大道 88 号金茂大厦 2401 室	50470077
43	印度爱西爱西爱银行有限公司上海分行	上海市静安区南京西路 1717 号 2705 室	80171576
44	印度国家银行上海分行	上海市淮海中路 1010 号嘉华中心 4206 室	54670029
45	印度尼西亚曼底利银行有限责任公司上海分行	上海市浦东新区银城中路 168 号上海银行大厦 12 楼 01—04 室	20332632
46	英国巴克莱银行有限公司上海分行	上海浦东新区陆家嘴环路 1233 号汇亚大厦 3101 室	38966150
47	约旦阿拉伯银行公众有限公司上海分行	上海市浦东新区世纪大道 8 号上海国金中心办公楼二期 45 楼 4505—06 室	61607717
48	大丰银行股份有限公司上海分行	上海市黄浦区中山东一路 23 号 4 楼 401—404、406、408A 室	53218626
49	加拿大丰业银行有限公司上海分行	上海市浦东新区世纪大道 88 号金茂大厦 2904 室	60728998
50	招商永隆银行有限公司上海分行	上海浦东新区世纪大道 8 号国际金融中心二期 26 楼 2601—2609 室	20357157
51	上海商业银行有限公司上海分行	上海市浦东新区陆家嘴东路 161 号上海招商局大厦 913 室	20891828
52	华南商业银行股份有限公司上海分行	上海市南京西路 1788 号 35 楼 0304 单元	60100855
53	创兴银行有限公司上海分行	上海市浦东新区福山路 388 号越秀大楼大厦 28 楼	60853031
54	德意志银行（中国）有限公司上海分行	上海市浦东新区世纪大道 8 号上海国金中心办公楼二期（B 座）30 楼 3001—16 室、38 楼 3804—11 室、39 楼 3901—16 室、40 楼 4001—16 室	20802229

(续表)

序号	名　　称	地　　址	总　机
55	法国兴业银行(中国)有限公司上海分行	上海市浦东新区世纪大道88号金茂大厦48楼4801、4802、4806B、4807—4810、4812单元	38669629
56	首都银行(中国)有限公司上海分行	上海市延安西路1152号101、102、103室,延安西路1160号301、302、303室,延安西路1168号305室	61918129
57	韩亚银行(中国)有限公司上海分行	上海市黄浦区延安东路550号海洋大厦1楼103—105A室、5楼507—515室	50372121
58	新韩银行(中国)有限公司上海分行	上海市浦东新区陆家嘴环路958号华能联合大厦1楼	68865566
59	友利银行(中国)有限公司上海分行	上海市浦东新区峨山路505号1楼104B室,第五楼502室	50810707
60	国民银行(中国)有限公司上海分行	上海市长宁区娄山关路523号金虹桥国际中心2楼02、03、04单元	52319110
61	加拿大蒙特利尔银行(中国)有限公司上海分行	上海市浦东新区世纪大道8号上海国金中心办公楼二期(即B座)20楼2001—10&15—16室	61363602
62	摩根大通银行(中国)有限公司上海分行	上海市静安区南京西路1601号越洋国际广场41楼,4201A室、4201B室、4202室、4203室、4205A室、4206室、4207A室、4207B室、4901室、4902A室、4902B室、4903A室、4905C室	52002367
63	开泰银行(中国)有限公司上海分行	上海市浦东新区世纪大道88号金茂大厦办公楼2区14楼02单元	80111510
64	瑞士银行(中国)有限公司上海分行	上海市黄浦区黄陂南路333号领展企业广场特色商店第2、3、5、6、7、8、9号商铺	23057015
65	大新银行(中国)有限公司上海分行	上海市虹口区东大名路501号上海白玉兰广场15楼06—07单元	55987020
66	中信银行国际(中国)有限公司上海分行	上海市浦东新区银城中路200号中银大厦4401B、4402—4407室	61006105
67	永丰银行(中国)有限公司上海分行	上海市长宁区古北路666号嘉麒大厦1楼102室、2楼202室、1902室及1903A室	52036800
六、非银行金融机构			
1	上海国际信托有限公司	九江路111号	23131111
2	安信信托股份有限公司	广东路689号29楼	63410777
3	华澳国际信托有限公司	花园石桥路33号17楼	68883098
4	中泰信托有限责任公司	中华路1600号黄浦中心大厦18楼	63871888

（续表）

序号	名　称	地　址	总　机
5	中海信托股份有限公司	蒙自路763号36楼	23191688
6	华宝信托有限责任公司	世纪大道100号环球金融中心59楼	38506666
7	上海爱建信托有限责任公司	肇嘉浜路746号3—8楼	64396600
8	上海汽车集团财务有限责任公司	中国(上海)自由贸易试验区华京路8号3楼317室	62311010
9	东航集团财务有限责任公司	上海市吴中路686弄3号15楼	64068672
10	上海华谊集团财务有限责任公司	浦东南路1271号华融大厦15楼	23535315
11	上海上实集团财务有限公司	淮海中路98号金钟广场30楼	53850011
12	日立(中国)财务有限公司	茂名南路205号瑞金大厦1908室	64721002
13	中远海运集团财务有限责任公司	浦东新区滨江大道5299号8楼	65966654
14	中船财务有限责任公司	浦东大道1号607室	68862699
15	上海浦东发展集团财务有限责任公司	上海浦东新区浦东南路256号34—35楼	68865986
16	锦江国际集团财务有限责任公司	延安东路100号3楼	63264000
17	申能集团财务有限公司	陆家嘴环路958号华能联合大厦10楼	68866372
18	光明食品集团财务有限公司	南京西路1539号办公楼二座33楼	52437003
19	宝钢集团财务有限责任公司	上海市世博大道1859号1号楼	38671888
20	上海电气集团财务有限责任公司	中国(上海)自由贸易试验区富特北路211号302—382室	52895555
21	百联集团财务有限责任公司	中山南路315号8楼	63327503
22	上海复星高科技集团财务有限公司	上海市普陀区江宁路1158号1903A	60760695
23	松下电器(中国)财务有限公司	虹口区吴淞路575号虹口SOHO大厦9楼906—907	38667299
24	上海外高桥集团财务有限公司	杨高北路2001号管理楼1楼B部位及2楼B、C部位	51307855
25	上海文化广播影视集团财务有限公司	上海世纪大道1号东方明珠塔3号门1楼	58335015
26	上海华信国际集团财务有限责任公司	浦东新区东园路18号中国金融信息中心21楼	23561900
27	红星美凯龙家居集团财务有限责任公司	浦东新区沪南路2218号东楼10楼	68587805
28	东方国际集团财务有限公司	长宁区虹桥路1488号3号楼	22110288
29	商飞集团财务有限责任公司	上海市浦东新区世博大道1919号B座二楼	20880369
30	城投集团财务有限责任公司	上海市浦东新区浦东南路500号39楼	68508965
31	中国电力财务有限公司华东分公司	广东路500号27楼、28楼	38733900

(续表)

序号	名　　称	地　　址	总　机
32	中国石化财务有限责任公司上海分公司	张杨路500号时代广场25楼	58367898
33	交银金融租赁有限责任公司	陆家嘴环路333号东方汇经中心大厦28、29楼	53559858
34	招银金融租赁有限公司	陆家嘴环路1088号招商银行上海大厦22楼	61059981
35	农银金融租赁有限公司	黄浦区延安东路518号(5—6楼)	20686873
36	浦银金融租赁股份有限公司	龙腾大道2865号	33566676
37	太平石化金融租赁有限责任公司	富特北路211号302—378室	56177115
38	长江联合金融租赁有限公司	锦康路308号12楼	20576958
39	广融达金融租赁有限公司	浦东新区浦电路360号10楼A单元	20700933
40	交银航空航运金融租赁有限责任公司	马吉路2号17楼1704室	53559858
41	招银航空航运金融租赁有限公司	陆家嘴东路161号7楼	61059981
42	华融航运金融租赁有限公司	浦东大道2123号3楼3E-246室	63265913
43	上汽通用汽车金融有限责任公司	中国(上海)自由贸易试验区浦明路160号财富广场F幢	28936000
44	福特汽车金融(中国)有限公司	上海市浦东新区芳甸路1155号浦东嘉里城办公楼19楼、20楼	20894666
45	东风日产汽车金融有限公司	中国(上海)自由贸易试验区福山路500号1101—1104,1107—1110单元	38576000
46	菲亚特克莱斯勒汽车金融有限责任公司	上海市黄浦区黄陂南路838弄1号4幢17楼	23109000
47	上海东正汽车金融股份有限公司	上海市自由贸易试验区陆家嘴环路166号未来资产大厦30楼ABC单元	20689999
48	华晨东亚汽车金融有限公司	中国(上海)自由贸易试验区东方路1267弄8号第12楼	80237100
49	吉致汽车金融有限公司	中国(上海)自由贸易试验区锦康路308号9楼01、04单元	20535830
50	中银消费金融有限公司	中国(上海)自由贸易试验区银城中路200号14楼1409—1410室	63291680
51	上海尚诚消费金融股份有限公司	上海市长宁区延安西路889号23楼、24楼、25楼	52508866
52	平安消费金融有限公司	上海市浦东新区陆家嘴环路1333号18楼	20668554
53	上海国际货币经纪有限责任公司	中国(上海)自由贸易试验区陆家嘴环路1233号汇亚大厦2601—02、2605—08室	38617888
54	上海国利货币经纪有限公司	中国(上海)自由贸易试验区陆家嘴环路1318号1001室	38789777

（续表）

序号	名　　称	地　　址	总　机
七、其他银行机构			
1	国家开发银行股份有限公司上海市分行	中国(上海)自由贸易试验区浦明路 68 号	20266688
2	中国进出口银行上海分行	中国(上海)自由贸易试验区东方路 2 号	20265288
3	中国农业发展银行上海市分行	上海市黄浦区延安东路 45 号	63366336
4	中国华融资产管理股份有限公司上海市分公司	中山东二路 15 号	68869601
5	中国长城资产管理公司上海市分公司	浦东南路 379 号金穗大厦	68869601
6	中国东方资产管理公司上海市分公司	茂名南路 205 号	64729268
7	中国信达资产管理股份有限公司上海市分公司	北京西路 1399 号	52000808
8	中国华融资产管理股份有限公司上海自贸区分公司	中山东二路 15 号 7 楼	63265959
9	中国长城资产管理公司上海自贸区分公司	陆家嘴环路 1000 号恒生大厦 32 楼	68688989
10	中国信达资产管理股份有限公司上海自贸区分公司	杨高南路 759 号 2 号楼 12 楼 03、04 单元	68581956
八、专营机构			
1	中国工商银行股份有限公司票据营业部	天潼路 133 号	61235588
2	中国工商银行股份有限公司贵金属业务部	中山东二路 11 号	63299299
3	中国工商银行股份有限公司私人银行部	中山东一路 24 号	23229500
4	中国农业银行股份有限公司票据营业部	银城路 9 号	20686900
5	中国农业银行股份有限公司信用卡中心	银城路 9 号农银大厦	20686000
6	中国农业银行股份有限公司私人银行部	中山东一路 26 号	53211761
7	中国银行股份有限公司上海人民币交易业务总部	银城中路 200 号	58774907
8	中国建设银行股份有限公司信用卡中心	银城路 99 号	60639000
9	中国交通银行股份有限公司太平洋信用卡中心	松涛路 80 号	38769888
10	中国交通银行股份有限公司私人银行部	仙霞路 18 号	32169999
11	招商银行股份有限公司信用卡中心	来安路 686 号	38834600
12	兴业银行股份有限公司资金营运中心	银城路 167 号 3 楼	32174699

(续表)

序号	名　　称	地　　址	总　机
13	兴业银行股份有限公司信用卡中心	来安路500号	20320999
14	平安银行股份有限公司资金营运中心	陆家嘴环路1333号	4008866338
15	上海浦东发展银行股份有限公司信用卡中心	浦东南路588号	51957997
16	南京银行资金运营中心	中山北路909号屹申商务大厦11楼	36698006
17	宁波通商银行资金营运中心	杨高南路428号	60587888
18	浙江泰隆商业银行资金营运中心	浦明路868弄1号楼4楼404室	61710708
19	中国民生银行信用卡中心华东分中心	浦东南路100号民生大厦	61876077
20	平安银行股份有限公司信用卡中心上海分中心	上海市浦东新区张杨路2389弄1—2号置汇旭辉广场5楼01、02、03、05、06、07室	38647091
21	中信银行股份有限公司信用卡中心上海分中心	世博馆路112号、138号中信银行大厦7—3部分	58335670
22	华夏银行股份有限公司信用卡中心上海分中心	天钥桥路1号煤科大厦	31275658
23	江苏银行股份有限公司资金营运中心	浦东新区东方路18号E座19楼	20536000
24	宁波银行股份有限公司资金营运中心	世纪大道210号二十一世纪中心大厦第19楼	23262620
25	杭州银行股份有限公司资金营运中心	黄浦区中山东二路558号2幢9楼	63799899
26	昆仑银行股份有限公司上海国际业务结算中心	浦东新区世纪大道1200号	20356666
证券业金融机构			
一、证券公司			
1	爱建证券有限责任公司	上海市浦东新区世纪大道1600号32楼	32229888
2	长江证券承销保荐有限公司	上海市世纪大道1589号长泰国际金融大厦21楼	38784899
3	德邦证券股份有限公司	上海市福山路500号26楼	68761616
4	东方花旗证券有限公司	上海市中山南路318号2号楼24楼	23153888
5	东方证券股份有限公司	上海市中山南路318号2号楼21—23、25—29、32、36、39、40楼；上海市中山南路119号	63325888
6	光大证券股份有限公司	上海市新闸路1508号	22169999
7	国泰君安证券股份有限公司	上海市银城中路168号；上海市南京西路768号	38676666
8	海通证券股份有限公司	上海市广东路689号	23219300

（续表）

序号	名　　称	地　　址	总　机
9	华宝证券有限责任公司	上海市世纪大道 100 号环球金融中心 57 楼	68777222
10	华金证券股份有限公司	上海市浦东新区杨高南路 759 号 30、31 楼	20655588
11	华菁证券有限公司	上海市虹口区吴淞路 575 号虹口 SOHO 2501、2502、2503、2505、2506、2507 室	60156666
12	摩根大通证券(中国)有限公司	中国(上海)自由贸易试验区银城中路 501 号 4901 至 4908 室	61066000
13	摩根士丹利华鑫证券有限责任公司	上海市世纪大道 100 号环球金融中心 75 楼	20336000
14	上海证券有限责任公司	上海市黄浦区四川中路 213 号久事商务大厦 7 楼	53686888
15	申港证券股份有限公司	上海市世纪大道 1589 号长泰国际金融大厦 16 楼	20639666
16	申万宏源证券有限公司	上海市长乐路 989 号世纪商贸广场 45 楼	33389888
17	野村东方国际证券有限公司	上海市黄浦区淮海中路 381 号中环广场 10 楼	66199000
18	中银国际证券有限责任公司	上海市银城中路 200 号中银大厦 39、40、41 楼	20328000
19	长江证券(上海)资产管理有限公司	上海市浦东新区世纪大道 1589 号 11 楼 10—11 单元	95579
20	东证融汇证券资产管理有限公司	上海市浦东新区源深路 305 号	20361067
21	华泰证券(上海)资产管理有限公司	上海市浦东新区东方路 18 号保利广场 E 栋 21 楼	4008895597
22	上海东方证券资产管理有限公司	上海市中山南路 318 号 2 号楼 31 楼	63325888
23	上海光大证券资产管理有限公司	上海市新闸路 1508 号 17 楼	22169999
24	上海国泰君安证券资产管理有限公司	上海市银城中路 168 号上海银行大厦 24 楼	38676666
25	上海海通证券资产管理有限公司	上海市黄浦区广东路 689 号 32 楼	23219000
26	中泰证券(上海)资产管理有限公司	上海市浦东新区花园石桥路 66 号东亚银行大厦 17 楼	20315305
二、外资证券公司代表处			
1	野村证券株式会社上海代表处	上海市淮海中路 381 号中环广场 35 楼 3501 室	021-61937200
2	美国美林国际有限公司上海代表处	上海市浦东新区陆家嘴环路 1233 号汇亚大厦 1607B—1608 单元	021-20367816
3	中信里昂证券有限公司上海代表处	上海市浦东新区世纪大道 100 号环球金融中心 9 楼 0910 室	021-20205888
4	新鸿基投资服务有限公司上海代表处	上海静安区新闸路 1508 号 913 室	021-63276850

(续表)

序号	名　称	地　址	总　机
5	高盛(中国)有限责任公司上海代表处	上海自由贸易试验区世纪大道8号国金中心2期47楼4712室	021-24018686
6	韩国农协投资证券公司上海代表处	上海市浦东新区浦东南路528号证券大厦北塔1205室	021-68826100
7	群益国际控股有限公司上海代表处	上海市浦东新区浦东南路360号新上海国际大厦18楼A座	021-58887188
8	韩国国民证券公司上海代表处	上海市浦东新区浦东南路528号证券大厦北塔1405室	021-68817007
9	永丰金证券(亚洲)有限公司上海代表处	上海市浦东新区世纪大道1528号1903A室	021-68865358
10	日盛嘉富证券国际有限公司上海代表处	上海市长宁区遵义路150号南丰城C幢765室	021-62375055
11	凯基证券亚洲有限公司上海代表处	上海市静安区南京西路1601号越洋广场办公楼1507室	021-61373760
12	内藤证券公司上海代表处	上海市茂名南路205号瑞金大厦1101室	021-64672900
13	香港摩根大通证券(亚太)有限公司上海代表处	上海市静安区南京西路1601号越洋广场50楼5001A、5001B、5002、5003A、5005B	021-52003889
14	法国巴黎资本(亚洲)有限公司上海代表处	上海市世纪大道100号环球金融中心3513室	021-60969000
15	法国兴业证券(香港)有限公司上海代表处	上海市浦东新区世纪大道88号金茂大厦4806A室	021-38669900
16	台湾元大证券股份有限公司上海代表处	上海市浦东新区陆家嘴环路1233号7楼705—708室	021-61873888
17	香港大和投资管理(香港)有限公司上海代表处	上海市浦东新区陆家嘴环路1000号汇丰大厦45楼012室	021-58401886
18	瑞士信贷(香港)有限公司上海代表处	上海市浦东新区世纪大道8号上海国金中心办公楼二期28楼2809—2812和29楼2915单元	021-38560288
19	日本瑞穗证券股份有限公司上海代表处	中国(上海)自由贸易试验区世纪大道100号环球金融中心17楼T10室	021-68778000
20	日本三井住友德思资产管理股份有限公司上海代表处	上海市南京西路1168号中信泰富广场1002单元	021-52925960
21	德意志银行股份有限公司(证券业务)上海代表处	上海市浦东新区世纪大道8号上海国金中心办公楼二期38楼01—02和15—16室	021-20801630
22	冈三证券股份有限公司上海代表处	上海市浦东新区世纪大道100号上海环球金融中心1730室	021-68811001
23	英国马丁可利投资管理有限公司上海代表处	上海市浦东新区花园石桥路33号2350室	021-28909888

（续表）

序号	名　　称	地　　址	总　机
24	麦格理证券（澳大利亚）股份有限公司上海代表处	上海静安区石门一路288号兴业太古汇2号楼27楼2701—08单元	021-24129000
25	致富证券有限公司上海代表处	上海市浦东新区陆家嘴东路161号招商局大厦1309室	021-38870772
26	东洋证券股份有限公司上海代表处	上海市南京西路1376号上海商城416室	021-62798112
27	韩国新韩金融投资股份有限公司上海代表处	上海市浦东新区银城中路68号时代金融中心22楼2262室	021-61946624
28	蓝泽证券股份有限公司上海代表处	上海市南京西路1376号上海商城536室	021-62798906
29	韩国爱思开证券股份有限公司上海代表处	上海市浦东新区浦东南路360号6C室	021-58215392
30	华南永昌综合证券股份有限公司上海代表处	上海市徐汇区漕溪北路18号19C座	021-34241158
31	韩国投资信托运用株式会社上海代表处	上海市浦东新区世纪大道100号上海环球金融中心64楼64T50室	021-68776880
32	韩国未来资产大宇股份有限公司上海代表处	上海浦东陆家嘴环路166号未来资产大厦5楼C1单元	021-50136392
33	海通国际证券有限公司上海代表处	上海市淮海中路222号力宝广场21/F2112—13室	021-53087527
34	星展唯高达香港有限公司上海代表处	上海市浦东新区陆家嘴环路1318号1306室	021-68883375
35	富兰克林华美证券投资信托股份有限公司上海代表处	上海市浦东新区福山路450号新天国际大厦2701室	021-31197712
36	马来西亚城市信贷投资银行有限公司上海代表处	上海市静安区南京西路555号555大厦601A	021-60900309
37	香港上海汇丰银行有限公司（证券业务）上海代表处	上海市浦东新区世纪大道8号上海国金中心汇丰银行大楼20楼2013—2016单元	021-38882609
38	坤信国际证券有限公司上海代表处	上海市浦东新区陆家嘴环路1233号汇亚大厦15楼1507及1508B单元	021-20532505
三、基金管理公司			
1	长信基金管理有限责任公司	上海市浦东新区银城中路68号时代金融中心9楼	021-61009999
2	东吴基金管理有限公司	上海市浦东新区源深路279号	021-50509888
3	富国基金管理有限公司	中国（上海）自由贸易试验区世纪大道8号上海国金中心二期16—17楼	021-20361818
4	光大保德信基金管理有限公司	上海市黄浦区中山东二路558号外滩金融中心1幢6楼	021-80262888

(续表)

序号	名　称	地　址	总　机
5	国海富兰克林基金管理有限公司	浦东新区世纪大道8号上海国金中心办公楼二期(即B座)9楼	021-38555555
6	国联安基金管理有限公司	中国(上海)自由贸易试验区陆家嘴环路1318号9楼	021-38992980
7	国泰基金管理有限公司	上海市虹口区公平路18号8号楼嘉昱大厦16—19楼	021-31081600
8	华安基金管理有限公司	上海市浦东新区世纪大道8号国金中心二期31—32楼	021-38969999
9	华宝基金管理有限公司	上海市浦东新区世纪大道100号上海环球金融中心58楼	021-38505888
10	华富基金管理有限公司	上海市浦东新区陆家嘴环路1000号31楼	021-68886996
11	汇丰晋信基金管理有限公司	上海市浦东新区世纪大道8号上海国金中心汇丰银行大楼17楼	021-20376868
12	海富通基金管理有限公司	上海市浦东新区陆家嘴花园石桥路66号东亚银行金融大厦36—37楼	021-38650999
13	汇添富基金管理股份有限公司	上海市浦东新区富城路99号震旦国际大楼20楼	021-28932888
14	金元顺安基金管理有限公司	中国(上海)自由贸易试验区花园石桥路33号花旗集团大厦36楼3608室	021-68881801
15	交银施罗德基金管理有限公司	上海市浦东新区世纪大道8号国金中心二期21—22楼	021-61055050
16	诺德基金管理有限公司	上海市浦东新区富城路99号震旦国际大楼18楼	021-68985199
17	农银汇理基金管理有限公司	上海市浦东新区银城路9号农银大厦50楼	021-61095588
18	浦银安盛基金管理有限公司	上海市黄浦区淮海中路381号38楼	021-23212888
19	上投摩根基金管理有限公司	中国(上海)自由贸易试验区富城路99号震旦国际大楼25楼	021-20628000
20	申万菱信基金管理有限公司	上海市中山南路100号金外滩国际广场11楼	021-23261188
21	泰信基金管理有限公司	上海市浦东新区浦东南路256号37楼	021-20899188
22	天治基金管理有限公司	上海市徐汇区复兴西路159号	021-60371155
23	万家基金管理有限公司	上海市浦东新区360号陆家嘴投资大厦9楼	021-38909600
24	中信保诚基金管理有限公司	上海市浦东新区世纪大道8号上海国金中心汇丰银行大楼9楼	021-68649788

（续表）

序号	名　　称	地　　址	总　机
25	兴全基金管理有限公司	上海市浦东新区芳甸路 1155 号浦东嘉里城办公楼 28—29 楼	021-20398888
26	华泰柏瑞基金管理有限公司	上海市浦东新区民生路 1199 弄证大五道口广场 1 号楼 17 楼	021-38601777
27	银河基金管理有限公司	上海市浦东新区世纪大道 1568 号中建大厦 15 楼	021-38568888
28	中海基金管理有限公司	上海市浦东新区银城中路 68 号时代金融中心 2905—2908 及 30 楼	021-38429808
29	中欧基金管理有限公司	上海市浦东新区陆家嘴环路 333 号 5 楼	021-68609600
30	中银基金管理有限公司	上海市浦东新区银城中路 200 号中银大厦 26/27/45 楼	021-38834999
31	西部利得基金管理有限公司	上海市浦东新区杨高南路 799 号陆家嘴世纪金融广场 11 楼 02—04	021-38572888
32	富安达基金管理有限公司	上海市浦东新区世纪大道 1568 号中建大厦 29 楼	021-61870999
33	财通基金管理有限公司	上海市银城中路 68 号时代金融中心 41 楼、43 楼	021-20537888
34	长安基金管理有限公司	上海市浦东新区芳甸路 1088 号紫竹大厦 16 楼	021-20329700
35	德邦基金管理有限公司	上海市黄浦区中山东二路 600 号 S1 幢 2101—2106 单元	021-26010852
36	华宸未来基金管理有限公司	上海市虹口区四川北路 859 号中信广场 1608 室	021-26066933
37	太平基金管理有限公司	上海市浦东新区花园石桥路 33 号花旗集团大厦 1708 室	021-38556666
38	东海基金管理有限责任公司	上海市浦东新区世纪大道 1528 号陆家嘴基金大厦 15 楼	021-60586900
39	兴业基金管理有限公司	上海市浦东新区银城路 167 号 13、14 楼	021-22211888
40	上银基金管理有限公司	上海市浦东新区竹林路 101 号陆家嘴基金大厦 9 楼	021-60232799
41	永赢基金管理有限公司	上海市浦东新区世纪大道 210 号 21 世纪大厦 27 楼	021-51690188
42	鑫元基金管理有限公司	上海市静安区中山北路 909 号 12 楼	021-20892012
43	兴银基金管理有限责任公司	上海市浦东新区陆家嘴环路 1088 号招商银行上海大厦 16 楼	021-20296200

(续表)

序号	名　称	地　址	总　机
44	圆信永丰基金管理有限公司	上海市浦东新区世纪大道1528号陆家嘴基金大厦19楼	021-60366000
45	嘉合基金管理有限公司	上海市杨浦区秦皇岛路32号A楼1—2楼	021-60168300
46	华泰保兴基金管理有限公司	中国(上海)自由贸易试验区世纪大道88号金茂大厦4306室	021-80299000
47	凯石基金管理有限公司	上海市黄浦区延安东路1号凯石大厦2楼	021-80365000
48	恒越基金管理有限公司	上海市浦东新区龙阳路2277号2102—2104室	021-80363999
49	博道基金管理有限公司	上海市浦东新区福山路500号1601室	021-80226288
50	弘毅远方基金管理有限公司	上海市黄浦区圆明园路149号哈密大楼6楼	021-53682888
51	中庚基金管理有限公司	上海市浦东新区陆家嘴环路1318号星展银行大厦703—704	021-20639999
52	蜂巢基金管理有限公司	上海市浦东新区竹林路101号陆家嘴基金大厦10楼	021-68886277
53	湘财基金管理有限公司	上海市浦东新区杨高南路428号由由世纪广场1号楼5楼	021-50606800
54	睿远基金管理有限公司	上海市浦东新区芳甸路1155号浦东嘉里城办公楼42楼	021-38173201
55	朱雀基金管理有限公司	上海市浦东新区芳甸路1155号浦东嘉里城办公楼3303室	021-20305888
56	淳厚基金管理有限公司	上海市浦东新区丁香路778号丁香国际大厦西塔7楼	021-60607088
57	西藏东财基金管理有限公司	上海市徐汇区龙田路190号天华信息科技园(北区)2号楼3楼	021-23526999
四、期货公司			
1	东航期货有限责任公司	上海市闵行区吴中路686弄3号D幢16楼	021-64068796
2	东吴期货有限公司	上海市黄浦区西藏南路1208号6楼	021-63123019
3	东兴期货有限责任公司	上海市虹口区杨树浦路248号22楼	021-65456870
4	光大期货有限公司	中国(上海)自由贸易试验区杨高南路729号陆家嘴世纪金融广场1号楼6楼	021-22169060
5	国富期货有限公司	中国(上海)自由贸易试验区杨高南路799号25楼	021-20776198
6	国泰君安期货有限公司	上海市静安区延平路121号三和大厦6楼、10A、10F、26楼、28楼、31楼	021-52138857

（续表）

序号	名　　称	地　　址	总　机
7	国投安信期货有限公司	上海市虹口区杨树浦路168号17楼A区域	4008-001-001
8	国信期货有限责任公司	上海市虹口区东大名路358号20楼	021-68865815
9	海通期货股份有限公司	上海市浦东新区世纪大道1589号17楼、6楼01—04单元、25楼、2楼05、03单元	021-61871688
10	海证期货有限公司	上海市虹口区临平北路19号3楼	021-65218887
11	恒泰期货股份有限公司	上海浦东新区峨山路91弄120号2楼201单元	021-68405178
12	华闻期货有限公司	上海市黄浦区北京东路666号H楼31楼	021-50368918
13	华鑫期货有限公司	上海市黄浦区福州路666号21、22楼	021-63558998
14	建信期货有限责任公司	上海市浦东新区银城路99号502、503室	021-60635518
15	瑞银期货有限责任公司	中国(上海)自由贸易试验区花园石桥路33号1608室	021-38668216
16	上海大陆期货有限公司	上海市徐汇区凯旋路3131号明申中心大厦25楼、26楼	021-54071888
17	上海东方期货经纪有限责任公司	上海市浦东新区松林路300号1603室	021-68401477
18	上海东亚期货有限公司	上海市浦东新区松林路300号期货大厦2202—2205室	021-68400499
19	上海东证期货有限公司	上海市浦东新区松林路300号期货大厦14楼	021-68400610
20	通惠期货有限公司	上海市浦东新区陆家嘴西路99号7楼	021-68866986
21	上海浙石期货经纪有限公司	上海市浦东新区浦电路438号	021-50586902
22	中财期货有限公司	上海市浦东新区陆家嘴环路958号23楼	021-68866688
23	上海中期期货股份有限公司	上海市浦东新区世纪大道1701号1301单元	021-61090799
24	申银万国期货有限公司	上海市浦东新区东方路800号7、8、10楼	021-50588811
25	天鸿期货经纪有限公司	上海市虹口东大名路501号32楼01、07、08室	021-60769640
26	上海东方财富期货有限公司	上海市浦东新区世纪大道1500号12楼北座	021-68416966
27	铜冠金源期货有限公司	上海市浦东新区源深路273号(1、2、3楼)	021-68559999
28	新湖期货有限公司	上海市静安区裕通路100号36楼，38楼3801—5室	021-22155599
29	中辉期货有限公司	上海市浦东新区新金桥路27号10号楼5楼A区	021-60281688
30	中融汇信期货有限公司	上海市(上海)自由贸易试验区东育路255弄5号29楼	021-51557588

(续表)

序号	名　　称	地　　址	总　机
31	中银国际期货有限责任公司	中国(上海)自由贸易试验区世纪大道 1589 号 903—907 室	021-61088088
32	渤海期货股份有限公司	中国(上海)自由贸易试验区新金桥路 28 号 1201、3503 室	021-61257890
33	天风期货股份有限公司	上海市虹口区黄浦路 99 号 504、06、08 室	021-56556181
34	国盛期货有限责任公司	上海市虹口区黄浦路 99 号 21 楼 2107A、2108、2109、2110 室	021-60738488
五、独立基金销售机构			
1	诺亚正行基金销售有限公司	上海市杨浦区长阳路 1687 号 2 号楼 2 楼	021-80359202
2	上海好买基金销售有限公司	上海市虹口区欧阳路 196 号 26 号楼 2 楼 41 号	021-36696200
3	上海天天基金销售有限公司	上海市徐汇区宛平南路 88 号东方财富大厦	021-54509977
4	上海长量基金销售有限公司	上海市浦东新区东方路 1267 号陆家嘴金融服务广场二期 11 楼	021-20691942
5	上海利得基金销售有限公司	上海市虹口区东大名路 1098 号浦江国际金融广场 18 楼	021-50585353
6	通华财富(上海)基金销售有限公司	上海市浦东新区金沪路 55 号通华科技大厦 7 楼	021-60818141
7	海银基金销售有限公司	中国(上海)自由贸易试验区银城中路 8 号 402 室	021-80133222
8	上海久富财富基金销售有限公司	上海市浦东新区民生路 1403 号上海信息大厦 1215 室	021-68682279
9	上海大智慧基金销售有限公司	上海市浦东新区杨高南路 428 号 1 号楼 1102 单元	021-20292031
10	上海财咖啡基金销售有限公司	上海市浦东新区世纪大道 1168 号东方金融广场 B 座 1701A 室	021-61600500
11	上海联泰基金销售有限公司	上海市长宁区福泉北路 518 号 8 座 3 楼	021-52822063
12	上海汇付基金销售有限公司	上海市徐汇区宜山路 700 号普天信息产业园 C5 栋 1 楼	021-34013999
13	上海钜派钰茂基金销售有限公司	上海市浦东新区浦东南路金穗大厦 14 楼 C	021-68670358
14	上海凯石财富投资管理有限公司	上海市黄浦区西藏南路 765 号 602—115 室	021-63333389
15	上海基煜基金销售有限公司	上海市浦东新区银城中路 488 号太平金融大厦 1503 室	021-65370077
16	上海陆金所基金销售有限公司	上海市浦东新区陆家嘴环路 1333 号(中国平安金融大厦裙楼 4 楼)	021-22066653

（续表）

序号	名　称	地　址	总　机
17	上海景谷基金销售有限公司	上海市浦东新区陆家嘴环路958号华能联合大厦402K	021-61621602
18	利和财富（上海）基金销售有限公司	上海市虹口区四平路257号31D室	021-68811806
19	上海朝阳永续基金销售有限公司	上海市浦东新区碧波路690号4号楼2楼	021-80234888
20	上海攀赢基金销售有限公司	上海市浦东新区陆家嘴银城中路488号太平金融大厦603单元	021-68889082
21	上海中正达广基金销售有限公司	上海市徐汇区龙腾大道2815号302室	021-33768132
22	中民财富基金销售（上海）有限公司	上海市浦东新区民生路1199弄1号楼27楼	021-33356728
23	上海云湾基金销售有限公司	上海市浦东新区新金桥路1幢1楼103—1、103—2办公区	021-20538888
24	上海爱建财富管理有限公司	上海市浦东新区民生路1299号丁香国际大厦西塔1902/03室	021-60608999
25	上海万得基金销售有限公司	上海市浦东新区浦明路1500号万得大厦11楼	021-32278308
26	上海陆享基金销售有限公司	上海市浦东新区世纪大道1196号2座16楼	021-53398816
27	上海挖财基金销售有限公司	上海市浦东新区杨高南路799号5楼	021-50810673
28	上海有鱼基金销售有限公司	上海市徐汇区桂平路391号B座19楼	021-60907379
29	民商基金销售（上海）有限公司	上海市浦东新区张杨路707号生命人寿大厦32楼	021-50206003
六、证券投资咨询机构			
1	上海东方财富证券研究所有限公司	上海市徐汇区平福路188号1幢第3楼	021-24099099
2	上海海能证券投资顾问有限公司	上海市陆家嘴东路161号1509室	021-65010818
3	上海凯石证券投资咨询有限公司	上海市黄浦区延安东路700号港泰广场20楼A1室	021-80198565
4	上海迈步投资管理有限公司	上海市黄浦区复兴中路1号306B室	021-33634353
5	上海荣正投资咨询有限公司	上海市青浦区华浦路500号6幢D区6288室	021-52588686
6	上海森洋投资咨询有限公司	上海市普陀区中山北路2911号701室	021-61491266
7	上海申银万国证券研究所有限公司	上海市南京东路99号	021-23297818
8	上海世基投资顾问有限公司	上海市浦东新区东方路971号钱江大厦5楼A、G、H、I区	021-51348888
9	上海新兰德证券投资咨询顾问有限公司	上海市杨浦区国定路323号11楼1101室	021-55900526
10	上海亚商投资顾问有限公司	上海市延安西路2558号1号楼	021-62959001
11	益盟股份有限公司	上海市中山西路2020号503A1室	021-61958888

(续表)

序号	名　　称	地　　址	总　机
12	上海智蚁理财顾问有限公司	中国(上海)自由贸易试验区民生路1199弄1号2807室	95188-8
13	上海证券通投资资讯科技有限公司	上海市杨浦区国权路98号703、705、706、707、708室	021-34611107
14	上海证券之星综合研究有限公司	中国(上海)自由贸易试验区张江路368号22幢2003室	021-50803180
15	上海益学投资咨询有限公司	上海市虹口区黄浦路99号302H5室	021-60841032
16	上海汇正财经顾问有限公司	上海市普陀区中江路388弄5号20楼	021-39916388
17	上海新汇通投资顾问有限公司	上海市浦东新区东方路3261号振华企业广场B座H1楼	021-61435453
七、境外证券期货交易所代表处			
1	巴西证券期货交易所上海代表处	上海市浦东新区世纪大道210号510室	021-51720956
保险业金融机构			
一、人身险总公司			
1	中国太平洋人寿保险股份有限公司	上海市黄浦区中山南路1号	021-58776688
2	太平人寿保险有限公司	上海市浦东新区陆家嘴银城中路488号5楼	021-50614888
3	建信人寿保险股份有限公司	中国(上海)自由贸易试验区银城路99号建行大厦29—33楼	021-60638212
4	国华人寿保险股份有限公司	上海市浦东新区银城中路501号上海中心大厦32楼(经营地址)	021-61058666
5	上海人寿保险股份有限公司	上海市浦东新区世纪大道201号12楼、13楼0304单元	021-60289880
6	中宏人寿保险有限公司	中国(上海)自由贸易试验区世纪大道88号金茂大厦6楼,35楼和36楼	021-20698888
7	中德安联人寿保险有限公司	上海市浦东新区浦东南路360号新上海国际大厦2楼A区、C区及37楼A区、B区及38楼A区、B区	021-61653814
8	中美联泰大都会人寿保险有限公司	上海市浦东新区世纪大道1196号世纪汇办公楼二座31、32楼整楼	021-23103636
9	工银安盛人寿保险有限公司	中国(上海)自由贸易试验区陆家嘴环路166号18楼C、D、E、F单元及19楼	021-58792288
10	交银康联人寿保险有限公司	中国(上海)自由贸易试验区陆家嘴环路333号22—23楼	021-22192288

（续表）

序号	名　　称	地　　址	总　机
11	北大方正人寿保险有限公司	上海市浦东新区世纪大道1168号东方金融广场A座21楼	021-31077777
12	长生人寿保险有限公司	上海市静安区南京西路688号5楼	021-38999888
13	陆家嘴国泰人寿保险有限责任公司	中国(上海)自由贸易试验区世纪大道1168号东方金融广场B座19楼及A座11楼1104室	021-61006168
14	汇丰人寿保险有限公司	中国(上海)自由贸易试验区世纪大道8号汇丰银行大楼18楼，21楼2101、2113、2113A、2115及2116单元	021-38509200
15	复星保德信人寿保险有限公司	中国(上海)自由贸易试验区芳甸路1155号浦东嘉里城办公楼36楼3601—3605室	021-20692888
16	友邦人寿保险有限公司	上海市中山东一路17号友邦大厦3—8楼	021-53599988
二、人身险分公司			
1	中国人寿保险股份有限公司上海市分公司	中国(上海)自由贸易试验区银城路88号102A、18、19、20楼	021-20712000
2	中国太平洋人寿保险股份有限公司上海分公司	上海市虹口区吴淞路400号	021-66779900
3	新华人寿保险股份有限公司上海分公司	上海市虹口区东大名路558号8—10楼、B1楼B1101、B1201、B1202、B1203、B1204、B1205	021-65677695
4	太平人寿保险有限公司上海分公司	上海市浦东新区民生路1399号太平人寿大厦	021-62722100
5	建信人寿保险股份有限公司上海分公司	上海市杨浦区通北路589号5、6楼	021-31787900
6	民生人寿保险股份有限公司上海分公司	上海市虹口区塘沽路463号6楼601、602、606、607、608及7楼整楼	021-61355555
7	太平养老保险股份有限公司上海分公司	上海市静安区南京西路1788号18楼	021-60456666
8	中国人民健康保险股份有限公司上海分公司	上海市黄浦区制造局路130号1201—1206、1301—1306、1403及1405室	021-61001166
9	农银人寿保险股份有限公司上海分公司	上海市浦东新区银城路9号农银大厦49楼4906—4912室	021-60279898
10	中国人民人寿保险股份有限公司上海市分公司	上海市黄浦区福佑路8号4楼、10楼	021-63338686
11	中国人寿养老保险股份有限公司上海市分公司	中国(上海)自由贸易试验区银成路88号26楼01—05、08单元	021-20713600
12	英大泰和人寿保险股份有限公司上海分公司	上海市虹口区天潼路133号第14楼01—10室	021-51160000
13	幸福人寿保险股份有限公司上海分公司	上海市静安区北京西路1399号23楼	021-61031155

(续表)

序号	名称	地址	总机
14	中邮人寿保险股份有限公司上海分公司	上海市静安区恒丰路601号3幢7楼	021-63178888
15	大家人寿保险股份有限公司上海分公司	上海市浦东新区浦东南路1118号鄂尔多斯大厦16楼1606室	021-58825219
16	大家养老保险股份有限公司上海分公司	中国(上海)自由贸易试验区浦东南路1118号706—709室	021-60453872
17	太保安联健康保险股份有限公司上海分公司	上海市浦东新区世纪大道1229号15楼02、03单元	021-33966542
18	中国平安人寿保险股份有限公司上海分公司	上海市静安区常熟路8号静安广场	4008866338
19	泰康人寿保险有限责任公司上海分公司	上海市浦东新区南泉北路429号泰康保险大厦6楼整楼、702A和703、705、706、18楼	021-80105588
20	天安人寿保险股份有限公司上海分公司	上海市静安区天目西路128号嘉里不夜城企业中心第一座13楼	021-60945267
21	光大永明人寿保险有限公司上海分公司	上海市黄浦区淮海中路200号29、30楼	021-23162369
22	富德生命人寿保险股份有限公司上海分公司	中国(上海)自由贸易区试验区张杨路707号生命人寿大厦6楼、36楼、37楼,901、902室	021-58773333
23	平安养老保险股份有限公司上海分公司	上海市静安区常熟路8号7楼	4008866338
24	中融人寿保险股份有限公司上海分公司	上海市静安区北京西路1465号国立大厦19楼	021-22301699
25	合众人寿保险股份有限公司上海分公司	上海市浦东新区东方路69号12楼	021-68634567
26	华夏人寿保险股份有限公司上海分公司	上海市徐汇区瑞平路275号C座2楼、3楼、5楼	021-60476788
27	君康人寿保险股份有限公司上海分公司	上海市浦东新区锦康路258号11楼01、02单元	021-23561888
28	信泰人寿保险股份有限公司上海分公司	上海市浦东新区浦东大道720号国际航运金融大厦15楼	021-61803066
29	昆仑健康保险股份有限公司上海分公司	上海市长宁区虹桥路1386号3楼	021-22198299
30	和谐健康保险股份有限公司上海分公司	上海市长宁区延安西路1288号3—4楼	021-31025800
31	国华人寿保险股份有限公司上海分公司	中国(上海)自由贸易试验区向城路288号8楼801、802、803、809A室	021-68595576
32	泰康养老保险股份有限公司上海分公司	中国(上海)自由贸易试验区南泉北路429号8楼(实际楼层7楼)	021-80101888
33	阳光人寿保险股份有限公司上海分公司	上海市虹口区四川北路1318号盛邦国际大厦16楼	021-61673263
34	利安人寿保险股份有限公司上海分公司	上海市普陀区凯旋北路1288号A座35楼	021-60152888
35	前海人寿保险股份有限公司上海分公司	上海市闵行区申贵路669号虹桥绿谷E座2楼	021-80105988

(续表)

序号	名　称	地　址	总　机
36	东吴人寿保险股份有限公司上海分公司	上海市虹口区公平路 18 号 1 号楼 5 楼	021-35365300
37	弘康人寿保险股份有限公司上海分公司	上海市浦东新区浦电路 438 号双鸽大厦 9C	021-58878880
38	上海人寿保险股份有限公司上海分公司	上海市浦东新区世纪大道 201 号 8 楼 01—04 单元、13 楼 01 区	021-60289888
39	复星联合健康保险股份有限公司上海分公司	上海市虹口区海伦路 440 号 19 楼 01、05、06 单元，11 楼 05、06 单元	021-60191966
40	中宏人寿保险有限公司上海分公司	上海市虹口区西江湾路 388 号凯德龙之梦虹口广场 B 栋 8 楼，11 楼—12 楼，15 楼—20 楼，23 楼 01—03 单元，A 栋 25 楼 04 单元	021-36691888
41	中德安联人寿保险有限公司上海分公司	上海市浦东新区浦东南路 360 号新上海国际大厦 2 楼 B 区	021-61653688
42	中信保诚人寿保险有限公司上海分公司	上海市浦东新区世博馆路 138 号中信银行大厦 7 楼	021-60561188
43	中意人寿保险有限公司上海分公司	上海市虹口区吴淞路 218 号 20 楼	021-61055588
44	中荷人寿保险有限公司上海分公司	上海市浦东新区竹林路 101 号 601、604 室	021-60362999
45	中英人寿保险有限公司上海分公司	上海市浦东新区张杨路 500 号 17 楼 ABC 单元	021-80361888
46	同方全球人寿保险有限公司上海分公司	上海市虹口区海伦路 440 号 26 楼 06 单元	021-80281818
47	招商信诺人寿保险有限公司上海分公司	上海市浦东新区杨高南路 759 号陆家嘴世纪金融广场 2 号楼 8 楼 9 楼	021-61871288
48	瑞泰人寿保险有限公司上海分公司	上海市黄浦区淡水路 299 号复兴广场 A 楼 2201 室	021-23562500
49	华泰人寿保险股份有限公司上海分公司	上海市浦东新区商城路 506 号新梅联合广场二期 24 楼	021-80361688
50	中美联泰大都会人寿保险有限公司上海分公司	上海市虹口区乍浦路 89 号星荟中心 1 座 5 楼 501—502 单元	021-36152688
51	平安健康保险股份有限公司上海分公司	上海市静安区常熟路 8 号 9 楼	021-20660333
三、财产险总公司			
1	中国太平洋财产保险股份有限公司	上海市浦东新区银城中路 190 号交银金融大厦南楼	021-58776688
2	中国大地财产保险股份有限公司	上海市浦东新区自由贸易试验区银城中路 501 号上海中心大厦 26、27、28 楼	021-68577317
3	天安财产保险股份有限公司	上海市浦东新区浦东大道 1 号 18 楼	021-61017878
4	华泰财产保险有限公司	上海市浦东新区康桥镇秀浦路 68 号 1 号楼五楼 F、G 区	021-60205128

(续表)

序号	名　　称	地　　址	总　机
5	安信农业保险股份有限公司	上海市闸北区共和新路3651号	021-66982992
6	永诚财产保险股份有限公司	上海市浦东新区世博馆路200号	021-51105888
7	国泰财产保险有限责任公司	上海市杨浦区上海市杨浦区黄兴路221号E座(1181幢)	021-61032288
8	苏黎世财产保险(中国)有限公司	上海市浦东新区世纪大道100号环球金融中心16楼T20室	021-20895500
9	安盛天平财产保险有限公司	上海市浦东新区上海市世纪大道201号渣打银行大厦10、11楼	021-50158888
10	史带财产保险股份有限公司	上海市浦东新区福山路500号0104单元	021-38295888
11	美亚财产保险有限公司	上海市浦东新区世纪大道1589号长泰国际金融大厦5楼501B、503B及504单元	021-38578000
12	东京海上日动火灾保险(中国)有限公司	上海市浦东新区中国(上海)自由贸易试验区陆家嘴环路1000号恒生银行大厦38楼	021-68414455
13	众安在线财产保险股份有限公司	上海市黄浦区上海市黄浦区圆明园路169号协进大楼45楼	021-62078660
14	中远海运财产保险自保有限公司	上海市浦东新区滨江大道5299号中国远洋海运大厦7楼	021-65966916
15	三井住友海上火灾(中国)有限公司	上海市浦东新区上海市浦东新区世纪大道100号上海环球金融中心34T70	021-68777800
16	瑞再企商保险有限公司	上海市浦东新区上海市世纪大道1198号世纪汇广场第9楼0206号	021-60359188
17	安达保险有限公司	上海市浦东新区中国(上海)自由贸易试验区世纪大道1229号801、802、803A和804室	021-23256611
18	三星财产保险(中国)有限公司	上海市闵行区上海市闵行区吴中路1799号B座7楼(名义楼层)整楼	021-62080080
19	劳合社保险(中国)有限公司	上海市中国(上海)自由贸易试验区银城中路501号30楼3001、3004、3005、3006、3007、3008单元	021-61628200
四、财产险分公司			
1	中国人民财产保险股份有限公司上海市分公司	上海市黄浦区福佑路8号8楼801、802室、13楼1301、1302室、14楼1401、1402室	021-23200000
2	中国大地财产保险股份有限公司上海分公司	上海市虹口区吴淞路130号13楼0103单元、14楼	021-36128000
3	中国大地财产保险股份有限公司营业部	上海市浦东新区民生路1199弄1号1001室、1003室、1005室、1012室、1013室	021-58827966

（续表）

序号	名　称	地　址	总　机
4	中国出口信用保险公司上海分公司	上海市浦东新区杨高南路 428 号由由世纪广场 4 号楼	021-63306030
5	中华联合财产保险股份有限公司上海分公司	上海市虹口区杨树浦路 248 号 6 楼	021-53554600
6	中国太平洋财产保险股份有限公司上海分公司	上海市虹口区吴淞路 400 号	021-66779900
7	中国平安财产保险股份有限公司上海分公司	上海市静安区常熟路 8 号	021-62494927
8	华泰财产保险有限公司上海分公司	上海市浦东新区浦东大道 720 号 26 楼 2601、2605、2607、2609、2615 室、3 楼 A 室	021-51163399
9	华泰财产保险有限公司营业部	上海市浦东新区浦东大道 720 号 26 楼 2602、2604、2606、2608 室	021-51163399
10	天安财产保险股份有限公司上海分公司	上海市浦东新区浦东大道 2000 号阳光世界大厦 7 楼 AH 室、8 楼 AC、EI 室	021-58219955
11	华安财产保险股份有限公司上海分公司	上海市浦东新区浦建路 727 号 201 室 A 单元	021-38570000
12	永安财产保险股份有限公司上海分公司	上海市浦东新区峨山路 91 弄 130 号 6 楼	021-23571511
13	太平财产保险有限公司上海分公司	上海市浦东新区陆家嘴东路 166 号中保大厦 13 楼、1007、1010 室	021-58877888
14	亚太财产保险有限公司上海分公司	上海市静安区万荣路 777 弄 12 号 7 楼 7013、702 室	021-68877157
15	中银保险有限公司上海分公司	上海市黄浦区四川中路 321 号中央大厦 9 和 11 楼	021-63392880
16	安信农业保险股份有限公司上海分公司	上海市静安区共和新路 3651 号一楼西侧和二楼东侧	021-66988000
17	永诚财产保险股份有限公司上海分公司	上海市浦东新区陆家嘴环路 958 号华能联合大厦第 2 楼 C 区	021-58525999
18	大家财产保险有限责任公司上海分公司	上海市浦东新区浦东新区浦东南路 1118 号 1601 室	021-61601166
19	国任财产保险股份有限公司上海分公司	上海市静安区北京西路 1399 号 18 楼	021-62792888
20	阳光财产保险股份有限公司上海市分公司	上海市静安区广中西路 777 弄 55 号启迪大厦 9 楼、6 楼 604 室	021-36696843
21	都邦财产保险股份有限公司上海分公司	上海市静安区天目西路 218 号嘉里不夜城 1 座 34 楼 3406、3410 室	021-60930301
22	渤海财产保险股份有限公司上海分公司	上海市闵行区申虹路 1088 弄 38 号 201 室	021-51325900
23	中国人寿财产保险股份有限公司上海市分公司	上海市浦东新区银城路 88 号尚悦中心（中国人寿金融中心）16、17、102B 楼	021-36720888
24	安诚财产保险股份有限公司上海分公司	上海市黄浦区中山南路 969 号 17 楼	021-61358788

(续表)

序号	名　称	地　址	总　机
25	长安责任保险股份有限公司上海市分公司	上海市浦东新区浦东大道 1085 号 C 座 401 室	021-51821350
26	国元农业保险股份有限公司上海分公司	上海市浦东新区崮山路 538 号 10 楼 01、02 及 07 室	18955221357
27	鼎和财产保险股份有限公司上海分公司	上海市浦东新区上海市浦东新区东方路 818 号 13 楼整楼	021-60198608
28	英大泰和财产保险股份有限公司上海分公司	上海市浦东新区国耀路 211 号鲁能国际中心 C 座 20 楼 02 单元	021-51168168
29	浙商财产保险股份有限公司上海分公司	上海市虹口区四川北路 1717 号嘉杰国际广场 1909、1910、1911 室	021-36531290
30	紫金财产保险股份有限公司上海分公司	上海市长宁区淮海西路 666 号 702、704 室	021-20301234
31	众诚汽车保险股份有限公司上海分公司	上海市宝山区殷高路 1 号 1 号楼 1705、1707 室	021-63071000
32	东海航运保险股份有限公司上海分公司	上海市市辖区上海市世纪大道 1229 号世纪大都会 1 号楼 1601、1604 室	18616967090
33	史带财产保险股份有限公司上海分公司	上海市浦东新区上海市浦东新区浦电路 577 号 3 楼 308、309 单元	021-51300892
34	美亚财产保险有限公司上海分公司	上海市浦东新区世纪大道 1589 号长泰国际金融大厦 5 楼 502 单元和 3 楼 301B 单元和 301C 单元	021-38578000
35	东京海上日动火灾保险(中国)有限公司上海分公司	上海市浦东新区陆家嘴环路 1000 号恒生银行大厦 37 楼 011 室	021-62786680
36	京东安联财产保险有限公司上海分公司	上海市浦东新区银城中路 501 号上海中心大厦 14 楼 1406、1407 和 1408 单元	021-20339669
37	安盛天平财产保险股份有限公司上海分公司	上海市黄浦区淮海中路 1 号 21 楼	021-58367612
38	日本财产保险(中国)有限公司上海分公司	上海市浦东新区陆家嘴环路 1000 号恒生银行大厦 20 楼 021 室	021-54075828
39	苏黎世财产保险(中国)有限公司上海分公司	上海市浦东新区世纪大道 100 号上海环球金融中心 16 楼 16T10、16T18 室	021-20895500
40	中意财产保险有限公司上海分公司	上海市浦东新区上海市浦东新区世纪大道 1200 号 1301 室	021-60283666
41	国泰财产保险有限责任公司上海分公司	上海市杨浦区杨树浦路 18 号航运服务大厦 25 楼 08、09、10 室、26 楼 08、11 室	021-55509810
42	中国人民财产保险股份有限公司航运保险运营中心	上海市浦东新区浦东南路 1085 号华申大厦 10 楼	021-63671003

（续表）

序号	名　　称	地　　址	总　机
43	中国太平洋财产保险股份有限公司航运保险事业营运中心	上海市虹口区吴淞路 400 号 1112 楼	021-66085500
44	中国平安财产保险股份有限公司航运保险运营中心	上海市浦东新区浦东南路 360 号 28 楼	021-33935244
45	阳光财产保险股份有限公司航运保险运营中心	上海市浦东新区上海市浦东新区张杨路 2389 弄 12 号置汇旭辉广场 9 楼 03 室	13381995216
46	永安财产保险股份有限公司航运保险运营中心	上海市浦东新区上海市浦东新区峨山路 91 弄 130 号 8 楼	18092612121
47	华泰财产保险有限公司航运保险运营中心	上海市浦东新区浦东大道 720 号国际航运金融大厦 26 楼 2616、2617 室	021-51178561
48	天安财产保险股份有限公司航运保险中心	上海市浦东新区浦东大道 1 号船舶大厦 702 室	13801632998
49	中国大地财产保险股份有限公司航运保险运营中心	上海市浦东新区中国（上海）自由贸易试验区民生路 1199 弄 1 号 10 楼 1013 室	021-68577587
50	中国人寿财产保险股份有限公司航运保险运营中心	上海市浦东新区基隆路 1 号 626 室	021-58350608
51	太平财产保险有限公司航运保险运营中心	上海市浦东新区杨高南路 799 号第 15 楼 04 单元	13602547761
52	美亚财产保险有限公司航运保险运营中心	上海市浦东新区世纪大道 1589 号长泰国际金融大厦 5 楼 501A 单元	021-38578000
五、再保险分公司			
1	中国财产再保险有限责任公司上海分公司	上海市浦东新区世纪大道 826 号 20 楼（名义楼层，实际楼层第 18 楼）01 单元	021-33830079
2	中国人寿再保险股份有限责任公司上海分公司	上海市浦东新区陆家嘴环路 1318 号 304 室	021-58369788
3	太平再保险〈中国〉有限公司上海分公司	上海市浦东新区上海市浦东新区银城中路 488 号太平金融大厦 1102B 室	021-80198800
4	信利再保险（中国）有限公司	上海市浦东新区世纪大道 8 号上海国金中心一期 10 楼 1013、1014 单元	021-60583900
5	汉诺威再保险股份公司上海分公司	上海市浦东新区世纪大道 1568 号中建大厦 3305A、3306、3307 室	021-50583888
6	RGA 美国再保险公司上海分公司	中国（上海）自由贸易试验区陆家嘴环路 166 号未来资产大厦 10 楼 ABEF 单元	021-20670691
7	德国通用再保险股份公司上海分公司	上海市浦东新区陆家嘴东路 161 号招商局大厦 1803 室	021-61006300
8	大韩再保险公司上海分公司	上海市浦东新区世纪大道 88 号金茂大厦 4702 室	021-58887879

后　记

在上海市领导的关心下，在市金融工作党委、市地方金融监管局领导的指导下，在中国人民银行上海总部、上海银保监局、上海证监局以及在沪金融市场、金融机构、金融行业组织的大力支持下，《上海金融发展报告 2020》出版了。《上海金融发展报告 2020》较为全面地反映了 2019 年以来上海国际金融中心建设取得的进步，准确记载了 2019 年以来上海金融市场、金融业、金融环境等方面的发展变化，是一本关于上海国际金融中心建设的综合性发展报告。在此，谨向所有关心和支持金融发展报告编写的领导以及付出辛勤劳动的各位作者，表示衷心的感谢。

本书的初稿，按章节顺序由下列同志提供：第一章上海市地方金融监督管理局黄醉清，第二章中国人民银行上海总部李冀申，第三章、第四章中国外汇交易中心刘俊山，第五章上海黄金交易所谢国晨，第六章上海票据交易所沈艳兵，第七章上海证券交易所孟婧，上海证监局陈澄、上海市股权托管交易中心沈蔚、郭越，第八章上海期货交易所高天翼、中国金融期货交易所冯波，第九章上海保险交易所常明，第十章中国信托登记公司詹君怡，第十一章上海联合产权交易所贾彦，第十二章上海清算所吴韵、中国国债登记结算公司上海总部黄超、中国证券登记结算公司上海分公司王焱、跨境银行间支付清算（上海）公司段瑀清，第十三章上海银保监局吴苹，第十四章、第十五章、第十六章上海证监局陈澄，第十七章上海银保监局吴苹，第十八章中国银联上海分公司周涛，第十九章上海市地方金融监督管理局张锴、陈伟，第二十章上海银保监局吴苹，上海证监局陈澄，上海市地方金融监督管理局冯旭光、张锴、陈伟、吴超，第二十一章上海市银行同业公会、上海市证券同业公会、上海市期货同业公会、上海市基金同业公会、上海市保险同业公会、上海市互联网金融行业协会，第二十二章浦东新区金融工作局周玉媛、黄浦区金融服务办公室李琼、虹口区金融工作局朱胜勤，第二十三章上海市地方金融监督管理局刘熠，第二十四章中国人民银行上海总部钱国根、赵田园，第二十五章上海金融法院祝媛、上海市地方金融监督管理局林可挺。专栏 1 上海市地方金融监督管理局邢勇，专栏 2 上海市地方金融监督管理局翁璇，专栏 3 上海市地方金融监督管理局吴超，专栏 4、5 上海市地方金融监督管理局郑东伟，专栏 6 中国外汇交易中心刘俊山，专栏 7 上海证券交易所孟婧、上海证监局陈澄，专栏 8 上海市地方金融监督管理局沈轶雯，专栏 9 上海证券交易所孟婧，专栏 10、11、12、13 上海期货交易所高天翼，专栏 14 中国金融期货交易所冯波，专栏 15 上海保险交易所常明，专栏 16 中国信托登记公司詹君怡，专栏 17 上海清算所吴韵，专栏 18 中国国债登记结算公司上海总部黄超，专栏 19 上海银保监局吴苹，专栏 20、21、22 上海证监局陈澄，专栏 23 上海银保监局吴苹。附录由中国人民银行上海总部、上海银保监局、上海证监局提供数据，市地方金融监管局黄醉清、陈磊、王靖整理。统稿：市地方金融监管局石淇玮、钱瑾、顾全、严晨、李广、余欣怡、黄醉清、邹春昊、陈磊、王靖。在此表示衷心的感谢。

在编写过程中，尽管我们力求能准确、全面地反映上海金融业发展的特点和趋势，但由于水平有限，缺点和错误在所难免。我们真诚地欢迎广大读者批评、指正。

编　者
2020 年 8 月

图书在版编目(CIP)数据

上海金融发展报告.2020/严旭,解冬主编.—上海:上海人民出版社,2020
ISBN 978-7-208-16713-1

Ⅰ.①上… Ⅱ.①严… ②解… Ⅲ.①地方金融事业-经济发展-研究报告-上海-2020 Ⅳ.①F832.751

中国版本图书馆 CIP 数据核字(2020)第 184822 号

责任编辑 马瑞瑞
封面设计 陈酌工作室

上海金融发展报告 2020
严 旭 解 冬 主编

出 版 上海人民出版社
(200001 上海福建中路 193 号)
发 行 上海人民出版社发行中心
印 刷 上海华业装璜印刷厂有限公司
开 本 889×1194 1/16
印 张 17.25
字 数 318,000
版 次 2020 年 12 月第 1 版
印 次 2020 年 12 月第 1 次印刷
ISBN 978-7-208-16713-1/F·2658
定 价 88.00 元